幼儿园课程与活动设计

李 梅　孙伯乐　麦迪娜·米尔扎　著

吉林摄影出版社
·长春·

图书在版编目(CIP)数据

幼儿园课程与活动设计/李梅,孙伯乐,麦迪娜·米尔扎著.--长春:吉林摄影出版社,2023.6
ISBN 978-7-5498-5868-2

Ⅰ.①幼… Ⅱ.①李…②孙…③麦… Ⅲ.①幼儿园－课程－教学研究②幼儿园－教育活动－课程设计 Ⅳ.①G612

中国国家版本馆CIP数据核字(2023)第123369号

幼儿园课程与活动设计
YOUERYUAN KECHENG YU HUODONG SHEJI

著　　者	李　梅　孙伯乐　麦迪娜·米尔扎
出 版 人	车　强
责任编辑	岳青霞
封面设计	刘　芸
开　　本	787mm×1092mm　1/16
字　　数	266千字
印　　张	12.5
版　　次	2023年6月第1版
印　　次	2023年6月第1次印刷

出　　版	吉林摄影出版社
发　　行	吉林摄影出版社
地　　址	长春市净月高新技术产业开发区福祉大路5788号
	邮编:130118
电　　话	总编办:0431－81629821
	发行科:0431－81629829
印　　刷	北京银祥印刷有限公司

ISBN 978-7-5498-5868-2　　　　定　价:48.00元

版权所有　侵权必究

【前　言】

　　学前教育是基础教育的重要组成部分,是儿童身心发展的重要阶段,对于儿童的个体发展和国民素质的提高具有极为重要的作用。随着社会的不断发展和教育改革的不断深入,人们对早期教育的重视程度越来越高,社会对早期教育的需求越来越迫切,我国学前教育专业已经迈入了一个蓬勃发展的新阶段。

　　幼儿园课程是幼儿园教育的核心点,是幼儿教育思想、教育理论转化为实践的桥梁。同时,幼儿园课程也是学前教育专业的基础课程之一,对于学生的整个专业知识体系的构建具有不可忽视的作用。本书是幼儿园课程与活动设计方向的著作,本书从幼儿园课程概述介绍入手,针对课程概述、幼儿园课程、幼儿园课程与幼儿园教育活动进行了分析研究;另外对幼儿园课程编制与课程设计、幼儿园课程的组织与实施、幼儿园课程评价进行了一定的介绍;还剖析了幼儿园活动设计、幼儿园健康、语言、社会领域活动设计、幼儿园科学与艺术领域活动设计以及组织幼儿园活动的技能。本书旨在摸索出一条适合幼儿园课程与活动设计的科学道路,帮助幼儿教育工作者在应用中少走弯路,运用科学的方法提高效率,因此对幼儿园课程与活动设计研究有一定的借鉴意义。

　　在本书的策划和编写过程中,作者曾参阅了国内外相关的大量文献和资料,并从其中得到启示。同时也得到了有关领导、同事、朋友及学生的大力支持与帮助,在此致以衷心的感谢。本书的选材和编写还有一些不尽如人意的地方,加上作者学识水平和时间所限,书中难免存在疏漏,敬请同行专家及读者指正,以便进一步完善提高。

【目　录】

第一章　幼儿园课程概述 ·· 1
　　第一节　课程概述 ·· 1
　　第二节　幼儿园课程 ·· 6
　　第三节　幼儿园课程与幼儿园教育活动 ······························· 12

第二章　幼儿园课程编制与课程设计 ···································· 25
　　第一节　幼儿园课程编制 ··· 25
　　第二节　幼儿园课程设计 ··· 28

第三章　幼儿园课程的组织与实施 ······································· 47
　　第一课　幼儿园课程实施的理念 ······································· 47
　　第二课　幼儿园课程目标 ··· 51
　　第三课　幼儿园课程内容选择的原则 ·································· 53
　　第四课　幼儿园课程的实施 ·· 54

第四章　幼儿园课程评价 ·· 63
　　第一课　幼儿园课程评价概述 ··· 63
　　第二课　幼儿园课程实施的评价 ······································· 65
　　第三课　幼儿园课程实施效果的评价 ·································· 76

第五章　幼儿园活动设计 ·· 81
　　第一节　幼儿园活动设计概述 ··· 81
　　第二节　幼儿园活动设计的基本理论 ·································· 82
　　第三节　幼儿园活动设计的基本环节 ·································· 86

第六章　幼儿园健康、语言与社会领域活动设计 ······················ 91
　　第一节　幼儿园健康活动设计 ··· 91
　　第二节　幼儿园语言活动设计 ··· 97
　　第三节　幼儿园社会活动设计 ··· 104

第七章 幼儿园科学与艺术领域活动设计 ·· 113
    第一节 幼儿园科学领域活动设计 ·· 113
    第二节 幼儿园艺术领域活动设计 ·· 151

第八章 组织幼儿园活动的技能 ·· 169
    第一节 组织幼儿园教育活动的基本技能 ·· 169
    第二节 听课、评课、说课技能 ··· 178
    第三节 教师适应幼儿园工作的策略 ··· 187

参考文献 ·· 193

第一章 幼儿园课程概述

第一节 课程概述

一、课程的含义

要对课程下定义的确是一件很不容易的事,因为不同的学者从不同的视角对课程下定义,其结果就会不同。目前,对课程的定义还没有一个统一的界定,要对课程准确界定,就应该对课程有基本的了解。

(一)从课程的词源学方面了解课程

在中国,课程一词最早在唐朝开始使用。唐朝孔颖达在《五经正义》中为《诗经·小雅·巧言》中"奕奕寝庙,君子作之"一句注疏:"维护课程,必君子监之,乃依法制。"这句话理解为"好大的殿堂,由君子来主持建成"。宋朝理学家朱熹在《朱子全书·论学》中也多次提到"课程"一词,如:"宽着期限,紧着课程""小立课程,大作工夫"等。朱熹的课程的含义是"功课及其进程",跟今天讲的课程的含义已经很接近了。

(二)课程的含义

目前对课程的定义众说纷纭,许多学者在进行课程定义时都偏向于强调课程的其他意义和内涵。

定义一:课程即永恒科目,例如语法、阅读、逻辑、修辞、数学和包含基本知识的西方名著。这一定义可以理解为课程仅限于一些学术性科目。

定义二:课程即对当代社会生活最有用的科目。这一定义更多地是从社会重大时代问题中选出来的,但是并不排除学生个体选择对自己最有用的科目。它强调学校和学生要适应当代的东西,鼓励学校和学生适应现存的社会环境。

定义三:课程即学校负责的所有计划的学习。计划学习的内容可以是长篇文件里所规定的内容,可以是对预期学习结果的罗列,也可以是教师对学生应该学习的内容的总体设计。

定义四:课程即为学生提供的能在不同学习场合获得一般技能与知识的学习经验的总和。这一定义强调学生的学,尤其是学生在各种场合所学到的知识和技能。因此学者鼓励国家要有一个统一的要求和最低标准。也有学者认为,一个国家的经济发展除了需要职业技能外,还需要其他方面的能力。

定义五:课程即学生运用计算机或网络系统进行建构的产物。有的学者认为,新的技术已经为学习者创造了一个新的学习氛围,学生可以在网上搜索资源,进行自我建构意义、解决问题以及和他人交流来提升一些社会技能。

定义六:课程即对权威的质疑和对人类处境的多维探寻。这一定义与古代苏格拉底的格言"未经反思的生活是毫无意义的人生"是完全一致的。这个定义促使人们对课程的理解与课程是什么相背离,使其成为一种后现代主义的定义。尽管许多学者对后现代主义的思维方式满怀激情,但还是有一些学者认为后现代主义过于概括、模糊、含混,这主要是受相对主义的影响。

所以,在众多课程的定义中,有的学者带着欣赏的态度称之为"具有相当丰富的面貌与样态"。有的学者则是冷静地叙说课程是教育领域中的"歧义最多的概念之一"。较有代表的课程定义有以下几种。一种是古德莱德所提出的五种不同的课程:理想的课程、正式的课程、领悟的课程、运作的课程、经验的课程。事实上,课程可以从不同层次上去理解,即关注某一个层次的课程。另一种对课程的理解可以从课程的典型性去理解。因此,课程可以从两个视角去看。第一个视角是强调课程中的认识客体成分,如课程即教学科目、教学计划、教学目标。另一个视角是强调课程中的认识主体成分,如强调课程即经验。

目前较为普遍地认为课程的含义有以下三种。

1.课程即学科

将课程理解为学科是最普遍最常见也是目前最为被人们所接受的一种含义。如《中国大百科全书·教育》中对课程的界定是:所有学科(教学科目)的总和,或学生在教师指导下各种活动的总和,这通常被称为广义的课程;狭义的课程则是指一门学科或一类活动。这种定义将课程内容与课程过程割裂开来,其最大的不足就在于把课程看作外在于学习者的静态的东西,对学习者的经验和主动性等方面考虑不够。

观点一:课程是由一定的育人目标、基本文化成果及学习活动方式组成的用以指导学校育人的规划和学生认识世界、了解自己、提高自己的媒体。

观点二:课程的范围可以很窄,窄到只是学校所教的科目,课程的范围也可以很宽,宽到包括学校内的一切内容和学校以外的学生能够学习到的一切经验。潘洁在《早期儿童课程概念的探索》一文中阐述了广义的课程"还包括不体现在课程计划中,不以正式教学的方式呈现,面对学生的知识、情感、信念、意志行为和价值观等方面起潜移默化的作用,促进或干扰教育目标的实现,具有潜在性和非干预性特点的'隐性课程',包括物质环境、人际环境和文化环境;从学校开放性看,课程系统不仅仅涉及学校和教师,还与家庭与家长、社会与社区相关联"。

2.课程即目标或计划

课程即目标或计划,即课程是教学过程即将要达到的目标或教学预期要达到的结果或教学预先所制订好的计划。如:课程是"学习计划";课程是"一组行为目标";课程是"一系列有组织的、有意识的学习结果",等等。这种把课程看作教学过程之前或者教育情境之外的情况,把课程目标、计划与课程过程、手段等割裂开来,其最大的不足就在于忽视了学习者的现实经验。

3. 课程即学习经验或体验

课程即学习经验或体验,即把课程看作是学生在教师指导下所获得的经验或体验,以及学生自发学习时获得的经验或体验,杜威就是这种观点的代表人物。美国课程理论家卡斯威尔进一步发展了杜威的观点:儿童在教师指导下获得的一切经验都是课程。这种定义的最突出的特点就是将学生的直接经验放在课程的中心位置,消除了课程的内容与课程过程、目标与手段割裂开来的现象。

(三)课程内涵的发展趋势

课程学者们对课程含义的不断探讨,逐渐形成了一定的发展趋势。主要表现在以下几个方面。

1. 由强调学科内容逐渐转变为强调学习者的体验或经验

由强调学科内容逐渐转变为强调学习者的体验或经验是从课程内容角度出发的。最初的课程内容主要是强调学科的内容,将课程理解为一种静态的东西,相应地就排斥了儿童的直接经验。这样的结果是:课程变成了社会控制儿童的工具。从某种意义上讲,儿童的权利以及儿童应该得到的发展就不能得到有力保障。后来国外以杜威为代表,我国以陈鹤琴、陶行知等为代表的教育家们主张儿童在做中学,以经验为儿童的课程内容。要保障儿童发展,必须要把儿童的发展放在课程的核心位置。强调儿童的经验并不等于排斥人类的文化遗产,而是将人类的文化等学科知识与儿童的现实体验结合起来整合为儿童要学的学科知识,使学科知识成为学习者的发展资源。

2. 由强调课程结果逐渐转变为强调过程

由强调课程结果逐渐转变为强调过程是从课程结果与课程过程角度出发的。只强调课程结果而不考虑实施课程的过程,终将导致把教育过程本身的非预期性因素排斥在课程之外。但人的影响是会受到多种因素影响的,人更是创造性的主体。课程实施过程中的人(教师与学生)在教育情境中得到充分发挥的时候,教育进程的创造性才会表现出来,而这些就是非预期性的因素。这些创造性的和非预期性的因素具有无限的教育价值。因此,人们开始走出只强调课程结果的误区,同时开始强调课程的过程,即开始关注教育过程本身。

3. 由强调教材单一因素到强调教师、学生、教材、环境四个因素

由强调教材单一因素到强调教师、学生、教材、环境四个因素是从课程影响因素角度出发的。由于只强调课程作为学科内容、目标和计划的结果是把教材当作课程,课程由教材来控制,这样的课程即教材的静态课程观,只把教材作为课程的单一因素。随着课程观点的转变,课程内容强调学生的经验,强调教育过程本身,必然会考虑到教师、学生、教材、环境四个因素。这样的课程就是由多因素构成的动态的、生长性的课程。这是课程观念的一种重大改变。

4. 由只强调显性课程到显性课程和隐性课程并重

由只强调显性课程到显性课程和隐性课程并重是从课程是否可见性角度出发的。在课程论中根据课程是否具有可见性将课程分为显性课程和隐性课程两种。显性课程又叫正式课程或官方课程,是指有计划、有目的、有组织地在学校所实施的课程。隐性课程是指学生

在学习环境中学习到的非预期的或非计划性的知识、价值观念、规范和态度。20世纪初杜威和他的学生克伯屈就详细说明了隐性课程对儿童发展的重要意义。后来学者们又对隐性课程的社会价值和个体价值方面做了深入研究。

5. **加强家园联系和社区联系**

联合国教科文组织在《学会生存——教育世界的今天和明天》的报告中明确强调教育机构要与社会进行联系：第一，要利用社会上的各种因素和各种资源来发展教育；第二，把教育延伸并渗透到社会的各个方面，形成面向社会的大教育体系。世界各国已逐渐形成了幼教机构与家庭、社区相融合的和谐局面，使幼儿教育成为一种开放的教育，使幼儿园课程与家庭、社区形成资源互补、优势互补。

6. **重视幼小衔接**

幼儿园教育是基础教育的基础，与小学紧密相连，也是与基础教育的其他阶段共同构成了不可分割的统一整体。幼儿园教育与小学教育具有连续性和一贯性，因此二者的课程之间也要保持一种紧密的联系。各国都很重视对幼儿园课程与小学课程之间的整体设计。从终身教育的思想来看，幼儿园教育不仅是为入小学做准备，也是教育机构之间相互衔接，形成一个统一的整体。因此，许多国家都把幼儿园课程和小学课程放在一起来统筹安排，形成"一体化"的格局。

7. **重视婴幼课程一体化**

传统的幼儿园教育主要招收3~6岁幼儿，但是随着早期教育理念的影响，我国幼儿园也出现了招收低龄幼儿的现象。过去的幼儿园课程内容已不适应扩大了教育对象的幼儿学习，婴幼儿课程一体化逐渐成为一大趋势，使原来以养育为主的课程模式转化为以保教为主的课程模式，这就使0~3岁和3~6岁两个不同年龄段的教育自然融为一体了。

二、课程的分类

（一）从课程计划角度划分为规划课程与被接受课程

从课程计划角度将课程划分为规划课程与被接受课程。规划课程又称为官方课程，是指在课程标准或者在学校教育规划其他计划中所制定的课程。被接受课程又称为实际课程，是指学生实际经验的课程。出现规划课程与被接受课程有以下两个方面的原因。一是教师或他人有意制定一些规划课程，其目的是吸引学生更好地学习。二是并非所有课程规划者所制定的课程都能完全满足学生的需要，教师和学生是人，人都会有自己的观点和想法的。因此，常常要通过一些实际课程来弥补规划课程的不足。但二者在促进儿童发展方面是同等重要的。因此，课程研究者要尽可能缩小规划课程与被接受课程之间的差距，形成一种成功的连接，达成一种和谐的课程关系。

（二）从课程的正规程度划分为正规课程与非正规课程

从课程的正规程度将课程划分为正规课程与非正规课程。正规课程常常是出现在课表上的课程，有明确的教学时间和固定的场所，有计划、有组织地完成的课程内容。"正规课程是由学校计划和指导的发生在个人或集体、校内或校外的一切学习活动。"而非正规课程没有固定和明确的时间,常常是教师和学生自愿、利用课余时间所开展的一些活动,如运动会、俱乐部、社交活动等。非正规活动同样具有教育的效果和意义,如英国在20世纪60年代中期的《纽瑟姆报告》中提出,将非正规活动看作"整体教育计划的一个完整的部分"。

(三)从课程中文化主流程度划分为一元文化课程和多元文化课程

一元文化课程是只有一种"主流中心的课程",是一种以占主导地位的民族文化、历史、立场和经验为中心而设置的课程。在当今时代一元文化课程的影响已经越来越小了。随着科技的发展,社会关系的变化和人口流动迅速而频繁,社会已经呈现出多元文化的趋势。这种趋势已经在课程中体现出来从而形成了多元文化课程。多元文化课程以让儿童参与多元文化社会为出发点,让儿童能在多元文化社会活动中获得有效的知识、技能和其他能力。

在多元文化中,课程选择文化时也会遇到困难。尤其是在文化积累十分丰富和复杂时,课程对文化的选择难度就会大。课程的选择既要维护社会成员的思想和行为习惯,又要增进不同文化群体之间的相互尊重和理解。既要考虑文化差异,又要考虑主流文化与少数民族文化的整合。如果将所有文化都纳入到课程中,必然导致课程内容的容量过大,无疑会加重学生的学习负担。

(四)从课程形式角度划分为分科课程和活动课程

从辩证唯物主义认识论的角度来认识分科课程与活动课程,更能清楚地把握二者的关系。辩证唯物主义认识论认为,人的认识过程是一个"实践—认识—再实践—再认识"的过程。而学生的学习就是遵循这样的一个认识过程。分科课程主要是让学生在原有直接经验的基础上,借助书本知识,通过概念和推理来学习和获得前人积累和留下的间接经验。活动课程是让学生亲自参与各种实践而获得对周围世界和社会事物的直接经验的过程。

从课程形式上将课程划分为分科课程和活动课程。分科课程又称科目课程,是指根据培养目标和科学发展水平,从各门学科中选择适合一定年龄阶段儿童的发展水平的知识,组成教学科目。分科课程将科学知识加以系统组织,使教材按照一定的逻辑顺序加以编排,注重儿童在学习过程中知识和技能的掌握。分科课程从学校教育产生时就存在了,到文艺复兴时期,随着科学的发展而日益细化。夸美纽斯在"百科全书"式课程中几乎将科学的各门学科都包括在教学科目中。赫尔巴特从心理学角度提出将培养和激起儿童的兴趣作为基础,让儿童通过不同的学科进行学习的观点。斯宾塞则从社会学角度根据他所区分的社会生活所需要的各种活动,安排了相应的课程。

活动课程是以儿童的兴趣、需要和能力出发点,通过儿童自己组织的活动而实施的课程。活动课程不再以学科本身的逻辑顺序来组织课程,而是强调儿童学习过程。有的人将活动课程又称为经验课程或者儿童中心课程等。一般认为活动课程源自19世纪末20世纪初欧美的新教育运动和进步主义教育运动,其代表人物为杜威。他提出儿童在做中学,让儿童通过活动的方式主动地去获得经验。

分科课程强调学生掌握系统的、逻辑的知识和技能,而且这种知识和技能容易被教师掌控,但是分科课程只注重学科的逻辑性,忽视了学生的兴趣,也脱离了学生的生活实际。相应地,活动课程就注重学生的兴趣和需要,学生所学的内容与其生活实际贴近。但是活动课程的内容缺乏计划性、系统性。因此,两种课程各有优缺点,教师在教学时可根据需要灵活运用,采取取长补短的方式进行。

活动课程和分科课程虽然在教育过程中所处的位置、课程目标、课程内容和学习方式等不同,但是二者在课程目标、课程内容、学习方式、课程功能等方面有着紧密的关系。

1. 课程目标上的一致性

活动课程和分科课程都以学校培养人为自己的根本任务,只是二者在培养过程中所选择的角度不同。如分科课程从培养学生基础的系统知识,在德、智、体、美、劳等方面具备较为全面的知识和技能,强调学生的综合素质发展。活动课程在培养人时主要目的是让学生在各种实践活动中与其理论知识结合起来,培养学生的实践能力和解决各种问题的能力,培养学生的主动性、创造性等品质,发展学生的兴趣、爱好和个人专长。

2. 课程内容上的互补性

活动课程和分科课程在课程内容上的互补性主要表现在以下两个方面。首先,二者在知识上的不同可以起到互补的作用,分科课程强调知识的逻辑顺序性。这能根据学生的身心发展规律进行有序教育,从而保证了学生知识的完整性。活动课程在内容上具有开放性和灵活性,可以因时因地地弥补学生知识的滞后性。其次,二者在形式上具有互补性。分科课程的组织形式决定了其课程内容更加强调知识的系统性和理论性,因此其在具体实际操作技能的培养方面相对不足。活动课程的内容更多地围绕一个活动或一个主题来开展,因此它更强调学生对知识的应用。二者互相补充、有机渗透,更能让学生掌握完整的联系实际的系统知识。

3. 学习方式上的相互促进作用

关于学生的学习方式目前尚有争议。参考奥苏贝尔的学习分类观点,分科课程的学习方式更趋向于接受学习。参考杜威的"做中学"的观点,活动课程的学习方式更趋向于实践活动中学习。二者的学习方式的相互促进作用是通过这两种课程对学生产生的影响来实现的。一是分科课程的接受学习方式更适合学生在短暂的时间内学习到大量的间接经验,培养学生的逻辑思维能力,为学生在活动课程中的实践活动提供基本的知识和基本的思考方法,避免学生走弯路。二是活动课程让学生在"做中学"的学习方式中培养了学习的主动性和动手操作能力,避免了学生在分科课程的学习中形成机械记忆和不灵活的课学习。

第二节 幼儿园课程

一、幼儿园课程的定义

(一)幼儿园课程即教学科目

自20世纪50年代以来很长时间,我们都认为幼儿园课程是教学科目。教育部在20世纪50年代初颁布的《幼儿园暂行教学纲要(草案)》,并在全国推行。《幼儿园暂行教学纲要(草案)》设置了六项教养活动项目:体育(包括日常生活、卫生习惯、体育游戏、舞蹈和律动)、语言(包括谈话、讲故事、歌谣、谜语)、认识环境(包括日常生活环境、社会环境、自然环境)、图画手工(包括图画、纸工、泥工、其他材料作业)音乐(包括唱歌、听音乐、乐器表演)和计算(包括认识数目、心算、度量)。可见,《幼儿园暂行教学纲要(草案)》将幼儿园课程看成一门教学科目。而且这种观点对我国幼儿园课程的影响范围广、时间长。20世纪80年代初期颁布的《幼儿园教育纲要(试行草案)》规定的幼儿园课程设置语言、计算、常识、音乐、美术和体育等六门课程。这种定义强调系统的知识教学,强调教师应该向幼儿传授那些必要的有价值的知识。

(二)幼儿园课程即教育活动

将幼儿园课程定义为教育活动是从广义的角度来定义的。如张宗麟认为:"幼稚园课程者,由广义地说之,乃幼稚生在幼稚园一切活动也。"该定义认为幼儿园课程是幼儿园教育活动的总和。"幼儿园课程是实现幼儿园教育目标,是帮助幼儿获得有益经验,以促进其身心全面和谐发展的各种活动的总和。"这种定义,不再将幼儿园课程看成一门门教学科目,而是看成一系列教育活动,包括生活活动、游戏活动、体育运动等。

(三)幼儿园课程即学习经验

20世纪80年代末我国出现了另一种对幼儿园课程的理解:"幼儿园课程是儿童在幼儿园环境获得的旨在促进其身心全面发展的教育性经验。"幼儿必须通过活动才能获得经验,而且,提供给幼儿习得的经验应是经过精选的、有价值的经验,而不是零散的、杂乱的自然经验。从这个层面上理解,幼儿园课程是为幼儿提供的有目的、有计划、有组织的学习经验。这一定义反映了幼儿园课程的目的是促进儿童身心的全面发展,幼儿园既要注重教师精心设计的显性课程即正规课程对幼儿发展的作用,又要注重环境中的其他因素对幼儿潜移默化的影响,即潜在课程对幼儿的影响,发挥课程对幼儿的教育作用。

二、幼儿园课程的特点

从学前教育课程到高等教育课程都有着所有课程的共同点,它们都体现了社会价值和文化价值,并且将这些价值与学习者的经验整合在一起。但由于幼儿园课程与其他阶段课程最大的区别在于幼儿园教育对象的特殊性,这也决定了幼儿园课程的特殊性。幼儿园课程呈现出与其他课程最明显的不同在于以下一些特点。

(一)幼儿园课程具有基础性与启蒙性

幼儿园课程是所有年龄段课程的第一个阶段课程,是为整个课程体系奠定基础的课程。幼儿在这一阶段所获得的经验直接影响其以后的发展甚至会影响其一生的发展,因此具有基础性。幼儿园课程是学前教育的载体,3~6岁幼儿的身心发展是其人生发展的一个关键期,又是人生的启蒙阶段,开始由家庭迈向社会,因此又具有启蒙性,这一阶段的学习和发展对幼儿一生的影响都是最大的。

(二)幼儿园课程具有活动性与生活性

瑞士的儿童认知发展心理学家皮亚杰将2~7岁阶段的儿童思维阶段归类为"前运思阶段"。他认为在这一阶段儿童的思维主要属于表象性思维,其特点是相对具体性和形象性。因此,这一阶段的儿童的学习方式应该在活动中学习。只有在活动中亲身感受、探究,以直接经验为基础的学习才是有意义的。因此,幼儿园的课程具有活动性。而幼儿处于身心发展的关键时期,他们的生活卫生习惯、生活自理能力、与人交往的技能等基本常识都需要在幼儿园中学习。这些知识的习得只能在幼儿生活的过程中进行。幼儿园的很多课程内容也主要来源于幼儿自身的生活,课程实施主要是在幼儿的一日生活的各个环节中进行。因此,幼儿园课程与幼儿的生活是紧密联系在一起的,带有生活性,也体现出生活化的原则。

(三)幼儿园课程具有适宜性与潜在性

在儿童早期,幼儿的学习能力在很大程度上是依赖于其自身的发展而顺利开展的,但同时又受幼儿自身内在发展秩序和成熟程度的影响,以幼儿为教育对象的幼儿园课程的决策,要求教育者更多地关注儿童个体的发展水平。因此,幼儿个体之间又会存在差异性。所以,幼儿园课程的设置必须考虑幼儿的个体发展的需要。换句话说,幼儿园课程具有个体适宜性。由于幼儿模仿力强、知识相对贫乏、辨别是非的能力差等特点,周围的人和物都极易影响幼儿。因此,幼儿园课程不仅仅体现在各种活动中,也体现在幼儿园的一切环境中。这些环境也会潜移默化地影响幼儿。与其他年龄段的课程相比,幼儿园课程有明显的潜在性。

(四)幼儿园课程具有整合性与全面性

"完整儿童"已是人们普遍接受的教育理念。完整儿童要求培养全面、和谐发展的儿童。因为幼儿身心发展的特点决定了幼儿园要培养身心发展的"完整儿童"。因此幼儿园的课程内容设置也应该是包括多领域知识的学习,而且每个领域知识在单独学习的时候也不可能是截然分开的。幼儿园各种活动的组织也强调综合性、趣味性、生活性、游戏性等多种方式来融合幼儿园各种课程资源。因此,幼儿园课程既具有整合性,又具有全面性的特点。

三、幼儿园课程的性质

幼儿园课程不同于其他阶段的课程,是由其特殊矛盾、特殊问题、特殊形式、特殊方式、特殊价值取向等决定的。幼儿园课程是幼儿园教育的核心组成部分。换个角度说,幼儿园课程同幼儿园教育一样,其性质是由幼儿与社会发展的内部矛盾决定的。具体性质主要表现在以下一些方面。

(一)幼儿园课程是为基础教育课程奠定基础的课程

幼儿园教育主要是通过幼儿园课程来实现的。幼儿园教育是为以后的小学教育打基础的教育,因此,幼儿园课程是为小学教育的课程奠定基础的课程。幼儿园课程是小学教育课程的前一阶段,二者是连续的和不可逆向的。

我国是将幼儿园教育纳入基础教育制度之中的。90年代中期我国颁布的《幼儿园工作规程》总则规定:"幼儿园是对三周岁以上学龄前幼儿实施保育和教育的机构,是基础教育的有机组成部分,是学校教育制度的基础阶段。"目前世界上大多数国家都把大约6岁以后的儿童纳入义务教育。有的国家将义务教育与幼儿园教育合称为基础教育;有的国家将义务教育的某一阶段称为基础教育。不管哪种观点,都将义务教育与幼儿园教育重视起来,并将幼儿园教育与小学教育紧密联系起来。

幼儿园教育的基础性是客观存在的,是为初等教育打基础的。从这个意义上讲,小学教育课程是幼儿园课程的延伸和拓展,是在幼儿园课程的基础上发展起来的。正因为如此,幼儿园课程不能仅仅局限在小学教育课程,还应该放眼于未来全局课程的发展。因此,幼儿园课程是人的一生发展的基础课程。

(二)幼儿园课程是终身教育的开端课程

幼儿园课程是针对幼儿的。幼儿是处于整个人生的起始阶段,生理开始迅速发育,心智开始迅速发展,个性开始萌芽。幼儿在这个阶段的发展,直接影响到其青少年时期甚至一生的发展。因此,把幼儿园教育放眼于人生教育的整个过程去看待,才不会将幼儿园课程局限在幼儿的现状和狭小的范围内,才能将幼儿园课程看得清晰,才能有更正确的幼儿园课程观。因为人是社会人,而未来的社会是学习的社会,人只有在终身学习中才能适应社会的需要。因此,终身教育课程是一个有机整体,幼儿园课程是这个整体课程的开始部分。

(三)幼儿园课程是非义务教育课程

我国义务教育适龄儿童是从六七岁开始计算的。我国义务教育法规定:凡年满六周岁的儿童,其父母或者其他法定监护人应当送其入学接受并完成义务教育;条件不具备的地区的儿童,可以推迟到七周岁。21世纪初,全国人民代表大会常务委员会颁布修订后的《中华人民共和国义务教育法》。我国义务教育法规定,义务教育是国家统一实施的所有适龄儿童、少年必须接受的教育。因此,义务教育具有强制性。因此,我国义务教育课程是针对六七岁以后的适龄儿童所开设的课程,同样具有强制性。但是,我国幼儿园教育是针对3~6岁的儿童,是非义务教育的,不具有强制性。幼儿园教育不具有强制性,相应地,幼儿园课程没有强制性,就多了灵活性,国家鼓励各幼儿园因地制宜开发"园本课程"等具有地方特点的课程。

(四)幼儿园课程是适宜发展性课程

幼儿园课程是教育幼儿的课程。幼儿是社会人,因此,不能局限在幼儿现在的教育,还应该放眼于幼儿未来的生存、发展、幸福等基本需要。因此,幼儿园的教育要为幼儿一生的发展奠定良好的基础。因此,幼儿园的教育必须适宜于幼儿的发展。幼儿园的课程也必须是适宜幼儿发展的课程。适宜发展性课程可以从以下几个方面去理解。第一,课程要适合幼儿身心发展的客观需要,并不违背幼儿身心发展的规律。第二,课程对幼儿身心发展是适当的,对幼儿的影响是积极的,课程是经过选择的。第三,课程要为幼儿提供适当的刺激,对幼儿所形成的是正向变化的且对幼儿来说是得到了充分发展的。第四,课程对所有幼儿来说具有普遍性,既考虑到所有幼儿的共性又考虑到不同幼儿的个性。第五,课程既要适当考虑教育者的实际情况又要考虑到社会发展的需要。总之,适宜发展性课程必须具有发展性与适宜性。这里要强调的是,适宜发展性课程中讲的发展是有序发展。即幼儿园课程不能只停留在幼儿现状,还应该考虑到幼儿的未来。

(五)幼儿园课程是基础素质教育课程

人的素质包括生理素质和心理素质。生理素质是人先天的遗传的生理结构特征,是人发展的自然基础和生物性物质基础。心理素质是在生理素质的基础上加上外界影响而产生的特征,是包括人的感知、意志、个性等智力因素和非智力因素的有机综合体。素质是一切发展的前提条件。幼儿园教育是为小学教育做准备的,使幼儿身心两方面的基础素质得到充分发展才能为小学教育做好准备,才能为小学教育的学习与发展奠定基础。因此,以发展幼儿素质为定向的课程才是适合幼儿的,也就是说,幼儿园课程应该是素质教育课程。因为幼儿身心发展的开端性、迅速性、整体性等特点,要求幼儿园课程必须以发展基础素质为定向才合适。因此,幼儿园课程具有基础素质的教育性质。把幼儿园课程定向为素质教育课程,是未来社会发展的客观需要,是世界教育发展的总趋势,也是我国教育方针的总要求。只有这样,才能符合幼儿身心全面和谐发展的实际需要。

四、幼儿园课程的本质

课程的本质是关系到正确进行课程研究与课程实践的首要问题。课程本质从某种意义上讲是所有课程最普遍的共性,它揭示了所有课程子系统的共同的特点。但是它不能包括所有子系统自身的特点。因此,幼儿园课程是课程整体的组成部分之一,它有课程的共同特性,也有其独特的个性。了解幼儿园课程的本质有助于进一步了解幼儿园课程的特性,从而有助于进一步实施幼儿园课程。

(一)自然即课程

卢梭在他的著作《爱弥尔》中这样描述:"几根有叶子和果实的树枝,一只可以听到其中的颗粒发响的窑粟壳,一截既可以供他咂,又可以供他嚼的甘草。这些东西,同那些漂亮的小玩具一样,也能使他玩得挺高兴,并且还没有使他一生下来就习于奢侈的弊害。"自然环境中的物也同样让幼儿感兴趣和体验到快乐,让幼儿在自然环境中学习很多知识。所以,自然环境同样可以成为幼儿的课程。在现代课程中虽然科学领域包括了自然和数学等知识,但往往在实际的教育过程中,幼儿所学习到的课程与自然脱离了,使幼儿对大自然陌生,甚至都不知道植物的生长季节和生长规律等知识。幼儿园课程应该充分利用自然环境中的自然资源。

人类的生存和发展对自然的依赖是必需的,也是永恒的。人类与自然之间应该是和谐的,否则人类就会受到自然的惩罚。人类在自然环境中成长,同时又具有认识和改造自然的能力。人类通过教育,最终要让人面对自然,与自然融为一体。这之前,人类必须充分与自然接触与交往。对幼儿来说,自然有无穷无尽的探究源泉和探究魅力,培养幼儿喜欢与热爱大自然,从而养成亲近自然、观察自然、探究自然的科学精神。

(二)生活即课程

幼儿生活中所接触和所经历的一切事物都可以成为幼儿的生活。现象学家胡塞尔首次提出"生活世界"的概念。他认为,生活世界是一个直观的、奠基性的世界,生活世界是科学世界的根基,科学世界产生于生活世界。在此,我们也沿用胡塞尔所提出的概念"生活世界"描述幼儿的生活世界。幼儿入园前所获得的知识,有大部分都来源于他自己的生活世界。虽然幼儿入园后也会学习到很多远远超过其以前生活中所学习到的知识,但是,幼儿园的课程还是应该贴近幼儿的生活,同幼儿的生活联系起来,从幼儿生活中去选取教育内容,这样更容易让幼儿学习和理解要学的知识。

陶行知先生认为,只有与生活联系起来的教育才是真正的教育。21世纪初教育部颁布的《幼儿园教育纲要(试行)》也反复强调,幼儿园教育应"密切结合幼儿的生活"而"应渗透在多种活动和一日生活的各个环节中"进行。所以,幼儿园课程应尽可能在幼儿生活中选取课程内容并在幼儿生活中来实施课程内容。

(三)自我即课程

杜威说:"儿童是起点,是中心,而且是目的。儿童的发展、儿童的成长,就是理想所在。"儿童的课程应是儿童"生动的和个人亲身的体验。"陈鹤琴说:"一切课程是儿童自己的。"幼儿的思维是遵循从自我到他人再到社会这样一个认识世界的规律的,即是以自我为中心开始认识世界的。自我也是幼儿认识世界并走向世界的途径。所以,对于幼儿来说,自我知识和自我本能经验就是幼儿的课程。因此,幼儿园课程要充分尊重幼儿的自我体验。只有这样,才能对幼儿进行有效教育,才能更好地促进幼儿的发展。

教师要真正实现幼儿园自我课程,可以借鉴卢梭的观点。卢梭认为,人有两种需要和兴趣。一是自然的需要和兴趣,是受内部动机驱使的;二是人为的需要和兴趣,是后天养成的,是外部动机的需要。幼儿园课程很容易忽视了自然的需要和兴趣,也就是说,不关注幼儿的自身的需要和兴趣。因此,幼儿园课程要尽可能地考虑幼儿自身的兴趣和需要,即将幼儿自我努力考虑到幼儿园课程中去,而不是只去追求人为的需要和兴趣。

美国哥伦比亚大学师范学院格林教授针对课程如何提升自我意识的问题提出了三个策略:第一,鼓励学习者以不同角度来观察"实体",脱离"理所当然"的限制。第二,分析和理解所获得的经验,发觉主体的意义,加强内在联系。第三,自我意识觉醒需要与外界事物及他人有所关联。

(四)文化即课程

幼儿正处于人生的启蒙阶段,正在接受人类文化的熏陶和教育,是从自然人向社会人过渡的阶段。在这个过程中,幼儿会接触或者学习到文艺作品、各地风土人情、我国传统文化以及世界各地的文化等,所有这些都可以成为幼儿园的课程内容。

五、幼儿园课程的要素

要弄清楚幼儿园课程要素,就要首先弄清楚幼儿园课程的最核心部分是什么。幼儿园课程最核心部分是该课程所依据的教育哲学和该课程的教育目的。幼儿园课程的其他部分也是在教育哲学和教育目的基础上产生和发展起来的。幼儿园课程的要素主要有课程理念、课程目标、课程内容、教育方法、教育形式、课程评价等方面。

课程有三种流派。这三种流派均来源于不同的理念,每种理念都与不同的发展理论的观点基本一致。第一种课程理念是浪漫主义理念,其代表人物是卢梭、弗洛伊德等人。他们主张将发展看成是成熟,将教育看成是内在美德和能力的自然展现。根据浪漫主义理念,幼儿园课程应体现"准备状态"的理念。通过一种发展性的测验,看儿童是否达到了某种水平,如果达到了,才可以进行下一个阶段的学习,即达到了儿童的准备状态。第二种理念是文化传递理念。这种理念相信教育是知识、技能、价值以及社会道德规范是通过人类传递的方式来延续的。按照文化传递理念的观点,幼儿园课程通过测试以确定儿童是否已经具备在课程所规定的学习任务中所必须具备的知识和技能并按照已经具备的水平才可以进行学习。第三种理念是进步主义理念。其代表人物是杜威、皮亚杰等人。这种理念是把教育看作帮助儿童通过有物质和社会环境的交互作用而达到的较高发展水平。这种理念认为教师应该成为儿童发展的专家。按照进步主义理念的观点,幼儿园课程应根据儿童的发展水平,教师为幼儿提供活动的经验,使他们在不同发展水平阶段都能得到发展。实际上,幼儿园课程在教育哲学、教育目的、儿童发展等方面会完全坚持相互对立的课程流派中的其中一个流派。课程理念一经确立后,课程目标、内容、方法和评价等课程各要素也就随之确立并在课程理念的统合下发挥各自的优势并形成一个协调的整体。

如果幼儿园课程理念强调教师教学的学业知识和技能的话,那么幼儿园课程常被视为学科或科目,课程目标就是以教育结果来取向,课程内容以系统的逻辑知识来加以组织和实施,课程评价则以客观结果为评价的标准。

如果幼儿园课程理念强调儿童的发展和一般能力的获得,那么幼儿园课程就视为儿童在幼儿园中所获得的全部经验。课程目标就以儿童在活动过程中获得的经验为目标。课程内容就以儿童的生活经验为主,课程的实施主要以个体或小组的方式开展。课程评价就以教师的自我批评为主开展。

第三节　幼儿园课程与幼儿园教育活动

无论是幼儿园教师还是其他幼教工作者,首先弄清楚幼儿园课程与幼儿园教育活动,是为了更好地应用幼儿园课程开展幼儿园教育活动或教育教学研究。其中,弄清楚幼儿园课程与游戏的关系、幼儿园课程与教学的关系以及再细化的幼儿游戏与幼儿学习的关系、教学与幼儿游戏的关系,等等,对于广大幼教工作者都是非常重要的。

一、幼儿园课程与游戏的关系

游戏与幼儿身心的发展有着紧密关系。这在幼教界早已达成共识。我国教育部颁布的《幼儿园管理条例》和《幼儿园工作规程》对此作出规定:幼儿园要以游戏为幼儿的基本活动。因此,教师要尽可能地运用游戏来发挥其教育价值。

(一)幼儿游戏与学习的关系

学习是教学的基础,要从根本上扭转幼儿园教学过程中存在的重上课、轻游戏的现象,必须以正确认识游戏与学习的关系为前提。

1. 幼儿的学习特点在游戏中得以体现

学习是由经验引起的比较持久的能力或倾向的变化。"经验"对于学习来说是一个关键概念,如果说能力或倾向的变化是学习的结果,那么学习过程正是获取经验的过程。传统上人们把学习理解为一个接受由他人建构好的知识体系的过程。现在人们的学习观已发生了改变。游戏作为幼儿的基本活动,是幼儿学习的重要途径。游戏过程可以让幼儿在经验的主动建构过程和经验的社会性建构过程中获得多方面的经验。

(1)游戏过程是幼儿经验的主动建构过程

经验是在人与环境的相互作用过程中获得。游戏过程是幼儿与环境相互作用的基本形式。学者关于探索与游戏关系的研究中发现:游戏活动中幼儿与环境相互作用的基本过程揭示了游戏过程是幼儿经验的主动建构过程。其研究结果为:特殊性探究与多样性探究是幼儿在游戏过程中主要与物质环境相互作用的两种基本方式。游戏过程是这两种探究交替轮流的过程。研究结果表明:这两种探究以3分钟为一时段,先后轮流,构成了游戏的微观结构与流动过程。借助于这两种探究方式,幼儿与环境的相互作用过程表现为三个阶段。

①特殊性探究阶段

特殊性探究阶段是由于外部刺激所引起和控制的寻求对于外部刺激意义的理解的认知性行为。当一个幼儿第一次接触一种玩具或游戏材料时所表现出的反应是这种特殊性探究。这种探究往往是视觉、听觉、触觉以及本体觉等多种感知觉的联合运动。在这个阶段,所要解决的基本问题是:"这是什么?""它有什么用处""我应该拿它做什么或怎么做?"通过这种探索,主体获得对于当前刺激物的信息以及意义的理解,或者获得某种技能。例如,从不会滑滑梯到学会爬上梯子然后滑下来。

②多样性探究阶段

通过第一阶段的探究,外部刺激物的新异性消失,这时幼儿或者已经熟悉了玩具或游戏材料的一般玩法,或者已经掌握了特定的动作技能如滑滑梯。在这种情况下开始转入第二阶段的探索,即多样性探究阶段。这种探究不是由外部刺激引起的,而是由主体自身的动作或愿望所引起的,例如还能拿这个玩具或游戏材料来玩什么。如果坐着滑梯向下滑已经学会了,试一试倒着爬上去再滑下来。在多样性探究阶段,所解决的问题是:"它还有些什么用处?""我还能拿它来干什么?"这种多样性探究要求打破已经形成的手段—目的之间的联系,发现活动主体的想象与创造。多样性探究标志着自我挑战、主动学习。通过这种探究,重组改造原有的经验,发现物体新的用途或组合的潜能,可以进一步加深对原有意义的理解,丰富和扩展已有的心理结构。

③重新定向阶段

当第二阶段由主体通过多样性探究寻求或新异性再次消失时,主体会重新定向,进行新的特殊性探究。如此循环往复,不仅扩大了游戏者与环境之间相互作用的可能性范围,而且也在不断丰富与改造游戏者本身的经验与心理结构。这种多样性探究的循环往复,可以解释幼儿为什么可以重复玩同样的玩具与游戏材料而不厌烦的现象。

(2)探究与游戏的区分

20世纪60年代以后,受信息加工的认知主义心理学和动机心理学中"唤醒"理论的影响,人们试图区分探究与游戏。探究被看作是一种有目的的、收集信息的行为,而游戏则是一种更随意、多样化的行为。区分探究与游戏的三个标准:第一,从行为模式来看,探究的行为方式变化不大,总是视觉与触觉等的联合运动,而在游戏中则卷入了很多行为方式,而且往往以夸张的或新的方式组合起来；第二，从注意的集中程度来看，由于探究的目的在于获得信息，因此探究时的注意力更为集中，在游戏中注意力则容易分散；第三，从情绪状态来看，探究中的情绪是中性的或偏向否定的，在游戏中则是肯定的。

但是探究与游戏无论在个体发生学上还是活动的微观仿生学上两者都是紧密相关的。在活动的微观仿生学上，当出现新的刺激时，首先是探究，然后是游戏。前者可看作"特殊性探究"，指向于特定的环境刺激，当这种刺激的新异性消失后，儿童移向"游戏"或"多样性探究"。在这种探究中，儿童的探究超出单一的特定的刺激的影响而移向更大的环境。探究和游戏的区分是游戏的进一步延伸。"我们认为游戏的活动至少可分成两种不同的行为类型，探究与游戏"。在这里实际有广义游戏和狭义游戏之分。广义游戏指游戏活动，狭义游戏指游戏活动过程中与"特殊性探究"相对应的"多样性探究"行为。

(3) 游戏过程是经验的社会性建构过程

人们往往把幼儿在游戏中的学习看作是幼儿独自面对世界的独立发现，例如，皮亚杰认为，事实上并不是幼儿独自面对世界，从个体仿生学的角度来看，幼儿的游戏从一开始就是社会性的。处在人所特有的社会文化环境中，游戏活动中所使用的物品以及幼儿在游戏中的交往对象（包括成人或伙伴）都构成了游戏发生的社会文化背景。成人，尤其是父母或婴儿的其他看护者，不仅是婴儿生活的照料者，也是儿童最早的交往对象与游戏伙伴。成人在婴儿的游戏中起着发动游戏并为游戏提供框架的作用，这种作用既影响着婴儿的实物、玩具游戏，也影响着婴儿以后与同龄伙伴的游戏，同时也影响着婴儿对玩具的性别偏好与游戏风格等。一些研究表明，亲子游戏与伙伴游戏对于儿童的学习具有不同的作用，亲子游戏可以使婴儿形成并发展新的技能，而伙伴游戏可以帮助他们练习并巩固在与成人游戏过程习得的技能。

3岁以后，伙伴逐渐代替成人成为儿童游戏中主要的交往对象。伙伴交往对于幼儿的学习具有与成人交往不同的但同样重要的作用。而且由于伙伴交往过程中双方地位的平等性，伙伴共同游戏往往具有与成人的交往活动不具备的功能与特点。

① 范例作用

在与伙伴共同的游戏过程中，伙伴的行为为幼儿提供模仿的直接对象，促进幼儿的观察学习。

② 修正与强化

在共同游戏的过程中，一个幼儿的行为构成了对另一个幼儿行为的刺激或反馈，对于伙伴的行为具有修正与强化的功能。例如，在共同游戏中，玩具往往成为幼儿之间冲突的中心问题。不同的幼儿往往使用不同的策略（包括适宜的和不适宜的），试图得到自己所想要的玩具，而拥有玩具的伙伴的行为（包括退让、拒绝、反抗等）都构成了对于同伴行为的反馈或强化因素。如果一个幼儿在第一次使用某种策略取得成功后，会出现反复使用这一"成功"策略的倾向，从而形成个体交往风格的某种倾向性。

交往策略包括教师教给幼儿的规则，要经过伙伴交往与相互作用的过程，才能真正使幼儿建构对于交往策略或规则"意义"的理解，才能内化为支配幼儿行动的原则。所以游戏过程中的伙伴交往对于幼儿积累社会性交往经验具有重要的意义。

③经验互补

来自不同家庭背景、生活经验不同的幼儿在一起共同游戏，游戏过程就成为幼儿交流经验，发现他人的经验与观点的过程，有益于幼儿思维活动的"去中心化"过程。

幼儿与成人以及伙伴在游戏过程中相互作用，为幼儿在游戏过程中经验的建构提供了人类学习活动的社会文化背景，使游戏活动中的幼儿经验建构成为发生在社会文化背景中的社会性过程。

（二）游戏与教学的关系

教育的两大原理促进个人的发展和促进社会的发展，具体到幼儿园阶段的教育来说，一是促进幼儿的发展；二是要把幼儿的发展纳入符合社会发展的需要上来。只有通过游戏和教育才能够真正完成这两大任务。因此在幼儿园课程中，要正确处理好游戏与教学的关系。

1. 游戏与教学的区别

游戏更强调"过程""活动"本身以及幼儿在活动过程中的表现，遵循幼儿发展规律，顺应幼儿发展。教学的目的性更强，更多地追求"活动"或"过程"的结果，需要完成一定的教学任务，传递一定的文化知识。教学对教师的要求也不同于游戏。在《幼儿园教育指导纲要》（简称《纲要》）中，游戏本身不承载一定的领域知识，仅仅是一种教学手段而已，但是教学是要承载一定的知识的。

2. 游戏与教学的联系

幼儿园课程的具体实施是通过游戏活动和教学活动共同完成的，二者在幼儿园课程实施中起着非常重要的作用。当游戏作为完成教学内容的手段时，游戏与教学就是一种平行的关系。当游戏作为教学内容时，如角色游戏、表演游戏、结构游戏、智力游戏、音乐游戏、体育游戏等，其自身就是教学内容时，游戏与教学又统一在某一活动中。因此，游戏与教学是相互影响、互相结合的关系。二者在幼儿园课程实施中相互补充，共同为幼儿的发展服务。

学者曾经对儿童的游戏与教师的教学的结合提出："要知道儿童的打算，只能来自一种能鼓励儿童自由表达和自我完成的课程，也要求教育者对儿童在游戏中的交流所包含的意义以及如何将它们进一步编入课程计划十分敏感。这需要师生两个方面的立场以及双方的交流，这有赖于对儿童游戏的观察，有赖于在儿童游戏中对儿童的支持性的交互作用，还有赖于为儿童建立的与之相连并能给予反映的反馈系统。这些结构能使教育者理解儿童学习的样式、产生图式、认知的关注点以及游戏的意义，也能使他们仔细地考虑。在教师为中心的背景下，什么外加的东西才是必需的，不管是通过提供资源重组环境，还是丰富活动的内容。课程的这种结构应该是不强加于儿童的，特别是我们指的课程是工作和游戏、教师指导和儿童中心的活动连续体之间的一个位置，它为课程如何被接受和解释提供了反馈。"

在幼儿园的课程实施中，课程作为一个整体出现在教师与幼儿面前，游戏渗透了课程内容的方方面面。从课程表面看，难以估量游戏与教学各自所占的比例，尤其是从幼儿园的课程表上更难看出。只有在课程实施过程中，从幼儿的学习趣味性体验才能判断教师是否采用了游戏或者游戏的成分。

(三)游戏与教学的整合

1. 幼儿游戏的教育作用

(1)游戏促进幼儿身体的发展

几乎所有的游戏都能促进幼儿身体的发育,使幼儿身体的各种器官得到锻炼,促进其机体的新陈代谢、骨骼和肌肉的成熟、内脏和神经系统的发育。游戏发展了幼儿的基本动作和基本技能,如爬、跑、跳、钻、攀登等体育游戏,锻炼了幼儿的大肌肉;插塑、搭积木、穿珠等结构游戏,发展了幼儿的小肌肉。如"捞鱼"游戏锻炼了幼儿的躲闪能力和动作的灵活性。"蜻蜓点水"游戏发展了幼儿的平衡能力等。在户外进行游戏,使幼儿直接接触到充足的阳光、新鲜的空气,增强幼儿对环境变化的适应能力,促进幼儿身体健康。游戏令幼儿产生愉快的心情,这有利于幼儿身体健康。

(2)游戏促进幼儿的智力发展

国内外许多研究结果都表明,游戏能唤起幼儿的兴趣,使幼儿集中注意力,充分发挥想象力和创造力,在轻松、愉快的气氛中学习和发展。也就是说,游戏促进幼儿的智力发展。有人试验研究游戏与智力的关系表明:把3～5岁的幼儿编成4组,进行不同内容的活动。第一组是表演游戏组,幼儿按童话故事"三只山羊"和"三只小猪"的情节进行表演游戏。第二组是想象讨论组,幼儿听"三只山羊"和"三只小猪"的情节的故事,并讨论故事。第三组是角色游戏组,幼儿按日常生活经验玩游戏,如"医院"游戏、"幼儿园"游戏。第四组是控制组,幼儿进行传统的剪纸、粘贴等活动。试验六七个月后,所有幼儿经过同一内容的测验,结果表演游戏组和角色游戏组得分较高,特别是表演游戏组得分更高。这一试验表明,表演游戏和角色游戏可以促进幼儿智力发展。

①游戏扩展和加深幼儿对周围事物的认识

游戏是幼儿认识事物的有效方法之一。幼儿在游戏中接触到各种游戏材料,通过具体的活动,认识各种物体的性质和用途,获得有关事物之间关系的经验。例如,幼儿在玩水游戏中可以了解到水的特性,同时还可以认识盛水的器具。不同的游戏可以让幼儿获得丰富的知识和经验,促进幼儿的学习。

②游戏促进幼儿想象力的发展

游戏是具有象征性的,它以假想为条件。幼儿在游戏中常扮演生活中的角色,如"我当爸爸""你当妈妈""这(椅子)是我的汽车""这是我的轮船(纸做的)"。幼儿在游戏中任意地展开想象。象征性游戏的"假装"和"好像"的性质,有利于培养幼儿的想象力。

③游戏促进幼儿的思维能力的发展

在强调幼儿主动性和创造性的游戏中,幼儿不断地在思考,不断地解决一个个问题。例如,玩角色游戏"公共汽车",幼儿要分配角色,谁当售票员,谁当司机,谁当乘客。当司机的幼儿要决定用什么当方向盘,或许用两件积木当加油和刹车;当乘客的幼儿把自己当成老爷爷或老奶奶,要假装去某个地方做一件事情。总之,在游戏中幼儿的思维不断活跃起来,游戏的内容和情节逐渐丰富。在需要开动脑筋的智力游戏中,幼儿思考的积极性更是突出,计算游戏、语言游戏、猜谜语等科学常识游戏都有利于促进幼儿思维的发展。

(3)游戏促进幼儿的社会性发展

社会性是指人们进行社会交往,建立人际关系,理解、掌握和遵守社会行为准则,以及人们控制自身行为的心理特征。幼儿出生以后,在环境和教育的影响下,在参与社会生活的过程中,他们的社会性逐步发展,学习与他人进行交往,学习建立人际关系,如亲子关系、同伴关系、师生关系,学习按社会行为规范去行动。总之,学前期幼儿正处于从"自然人"向"社会人"转变的时期,游戏活动对幼儿社会性发展具有重要意义。

①游戏提供幼儿社会交往的机会,发展幼儿社会交往的能力

幼儿与同伴的交往对幼儿的发展是十分重要的,在交往中,幼儿逐渐熟悉、认识周围的人和事,了解自己和同伴的想法、行为、愿望与要求,理解他人的思想、行为和情感,学习与同伴分享、互相谦让、合作等人际交往技能。游戏是幼儿进行社会交往的起点,在游戏中幼儿学习怎样与同伴相处,怎样处理和协调同伴之间的关系,共同完成游戏活动。在游戏过程中,幼儿学习相互配合,互相谦让,发展同伴之间的友好关系。

②游戏使幼儿学习社会角色,掌握社会性行为规范

幼儿出生后,就不可避免地处在一定的人际关系和社会地位中,他们不可避免地被赋予某种角色。有些角色是一出生就决定的,如男人或女人,有些角色是随着社会生活范围的扩大而出现的,如在家里是儿子,在幼儿园是小朋友,进入学校后是学生,长大后会成为丈夫、爸爸、教师等。每种角色都是社会接受的角色行为,幼儿需要不断学习社会角色行为。如果非角色行为成为幼儿的习惯行为,那么,幼儿将在社会生活中遭受挫折。在学校肆无忌惮、为所欲为是学生的非角色行为,男孩子过于娇柔纤弱也是社会不接受的非性别角色行为。

游戏是幼儿学习和掌握社会角色的一条途径。在幼儿游戏中,常常是女孩子当"妈妈",男孩子当"爸爸"。在扮演"妈妈"和"爸爸"的过程中,幼儿在学习与自己性别相适应的行为方式。在角色游戏和表演游戏中,幼儿通过扮演角色,模仿现实生活中人们的行为,在学习社会行为规范。例如,在"公共汽车"游戏中,"售票员"主动到"乘客"中去卖票,并提醒"谁给老人、抱小孩的让个座"。幼儿在游戏中模仿学习的社会行为规范,会对幼儿的实际生活产生影响,有利于幼儿社会性的发展。

③游戏锻炼了幼儿的意志

意志是个性的重要构成因素。在现实生活中行动的果断性、对无意义行为的自我控制能力、遵守规则、克服困难等意志品质,是幼儿社会性构成的重要方面。幼儿自制力、意志行为尚未充分发展,但在游戏中,幼儿却表现出较高水平的意志行为,游戏能培养和锻炼幼儿的意志。苏联心理学家马努依连柯曾做过"哨兵"站岗的实验,要求幼儿在空手的情况下,保持哨兵持枪的姿势。有两种情境:一种是非游戏情境,其他小朋友在一边玩,让他在一边以哨兵持枪的姿势站着;另一种是游戏情境试验者以游戏方式向他提出要求,告诉他其他小朋友是"工人",他们正在包装糖果,你来当哨兵,为保护工厂而站岗。结果表明,在第二种游戏情境下,幼儿当"哨兵"站立不动的时间远远超过非游戏情境站立不动的时间。游戏使幼儿发展控制自己冲动的能力。在体育游戏、智力游戏等规则中,幼儿使游戏得以进行,必须学

习控制自己。游戏为幼儿提供了大量的让幼儿依靠自己的努力克服困难的机会。

(4)游戏在幼儿情感中的作用

游戏可以丰富幼儿的情绪体验,有助于培养幼儿的高级情感。

①游戏丰富幼儿的情绪体验

游戏的内容和形式灵活多样,幼儿在游戏中体验着各种情绪情感。在"娃娃家"游戏中,扮演父母的幼儿体验着父母对孩子的关心与爱护。幼儿教育学家门捷利茨卡娅指出:尽管游戏词典里有"好像""假装"等词,但幼儿在游戏时产生的情感永远是真诚的,孩子不会作假,也不会装样子。

随着幼儿游戏主题和构思的发展和复杂化,幼儿的情绪情感体验更丰富,更深刻。在"医院"游戏中,幼儿会像一个医生一样吩咐"病人"按时吃药。当"护士"的幼儿主动搀扶病人,让"病人"好好休息,培养幼儿的同情心。在表演游戏中,幼儿深深地体验着故事中的人物的喜怒哀乐。在竞赛游戏中,幼儿经历着紧张,体会着紧张后的放松。总之,游戏使幼儿体验各种情绪情感,学习表达和控制情感的不同方式。

②游戏发展着幼儿的成就感和美感

幼儿在游戏中没有对成功或失败的担忧,他们可以任意摆弄玩具、材料,按自己的意愿扮演各种角色,体现自己对生活的理解。他们在游戏中不断地获得成功,发展成就感。

游戏可以发展幼儿的美感。美感是由审美的需要是否获得满足而产生的情感体验,它是根据一定美的评价而产生的。幼儿在社会化的过程中体验美感。婴儿从小就喜欢鲜艳的东西,如鲜艳的玩具等。随着幼儿年龄的增长,幼儿逐渐形成一定的审美标准,能通过对音乐、美术作品等的欣赏活动中逐渐形成美感。在游戏中,幼儿会表现出对艺术作品的美好印象,使用着艺术语言,装饰和美化自己的游戏环境,这些活动都有助于培养幼儿对自然、艺术等的审美能力,发展幼儿的美感。

③游戏可以消除幼儿的消极情绪

游戏,尤其是角色游戏,为幼儿提供了表现自己各种情绪的机会。幼儿的愤怒、厌烦、紧张等不愉快情绪,在游戏中得以发泄、缓和。以弗洛伊德为代表的游戏精神分析理论认为,游戏使儿童精神发泄,游戏可以补偿现实生活中不能满足的欲望,再现那些难以忍受的体验,缓解心理紧张,减少忧虑。

2.游戏与教学整合的思想

游戏作为教学手段其实是个很陈旧的观点。法国的卢梭、瑞士的裴斯泰洛齐和德国的福禄倍尔等人很早就提出了用游戏方法来教育幼儿。但是在19世纪70年代,由于学科中心占主导地位,游戏与教学结合起来的思想没有受到重视。现代教育界又开始认识到游戏的重要价值,因此,游戏又重新回到幼儿园课程中来并处于中心位置。主要原因是受建构主义的学习模式的影响和美国关注儿童适宜性发展等思想的影响。第一,建构主义的学习模式的观点认为,学习是一种主动地和社会互动的过程,幼儿在这个过程中根据自身已有的经验来建构个人对周围世界和事物的认识。在游戏过程中,幼儿拥有主动学习和社会互动的机会。因此,游戏教学便成为建构主义课程中的重要组成部分。第二,游戏同样被公认为能够提供给幼儿适宜发展的学习机会。游戏作为促进幼儿社会的、情感的、认知的发展及自我反省能力发展的重要手段,同时也是教师应该在教学过程中用到的教育手段。

3. 游戏与教学整合的意义

游戏能够促进幼儿的发展,游戏与教学整合的思想很早就形成了。因此,将游戏与教学整合起来是必需的。具体整合的意义有以下几点。

(1)幼儿在游戏中获得积极情感有利于幼儿形成积极学习态度

游戏最大的特点就是具有趣味性和愉悦性,幼儿在游戏中总是表现出愉快的情感体验。当教师将知识和技能放在游戏中让幼儿获得时,幼儿就会以积极的情感去对待学习态度。因此,游戏与教学自然就融合在一起了。

(2)游戏假想的特点有利于幼儿对知识的学习

游戏再现现实生活,同时又超越了外在的现实生活。尤其是在角色游戏中,幼儿以物代物的假想取代了物体原有的意义,使幼儿在游戏中的行为与生活中的行为差异很大。幼儿在假想的游戏中学习新的知识并验证原有的知识,这本身对幼儿知识的学习更有意义。

(3)幼儿在游戏中感到安全,更愿意尝试新的或冒险的事物

幼儿在游戏中的注意力、记忆力等优于现实生活中的活动,更有利于幼儿完成游戏中的任务。游戏中的冒险一般不会危及幼儿的安全,即使操作错误也无关紧要。而且幼儿在游戏中感到更安全,对游戏中的新事物或冒险活动更愿意去尝试。

(4)游戏能够提供给幼儿更多的学习机会

与完全结构化的教学相比而言,以游戏为手段的教学活动能够让幼儿以多种方式、多种途径学习,将知识与游戏结合起来,游戏与教学结合起来,幼儿在游戏中学习的机会比结构化的教学多得多。如培养幼儿控制自己的情绪的讲课中,可以让幼儿了解愉快的心情结果,让幼儿学会怎样与家人或朋友相处,让幼儿知道控制情绪的方法可以多种多样,让幼儿了解如果不能控制自己的情绪会给别人带来伤害等。为了确保所有幼儿在现有的水平有更多学习的机会,教师可以为幼儿营造更多的游戏环境。

4. 游戏与教学整合的类型

将幼儿园游戏与教学之间进行整合的目的是保证和提高幼儿园的课程实施的有效性。维果茨基曾经提出:"3岁前的儿童按照自己的大纲进行学习。"因此,根据维果茨基的观点,幼儿园的课程主要是从幼儿的角度来设置,教学方法主要根据幼儿的需要让幼儿自发、自主、自选游戏为主。教师设计的教学活动也要根据幼儿的特点来设计教学活动,并且与幼儿自发、自主、自选的游戏结合起来。

在教师实际的教学活动中,教师主要有以下几种游戏与教学整合的形式:分离型、交叉型、融合型。

(1)分离型模式

分离型模式的表现是游戏与教学在时间段上分得十分清楚,而且二者之间存在相互独立性。如在幼儿园的课程表上的一日活动的各个环节,相互之间没有关联性。如餐饮、盥洗、如厕各个环节互不相干。教师更关注教学活动环节以及其目标的达成。游戏以自由的

方式存在,教师不在意幼儿对游戏如何选择的。也就是说,这种模式中,游戏中没有教学,教学中没有游戏,二者是独立存在的。

(2)交叉型模式

交叉型模式是教学内容在游戏中应用,或者在游戏中发现了问题又放在游戏中去解决。但是二者之间仍然是独立的。如教师在进行科学活动探索物体的软硬时,教师为幼儿准备了海绵、棉花、新的小布条、一次性塑料吸管、小石头、小铁棒等。教师告诉幼儿今天的学习内容以及幼儿如何操作或运用这些材料后,就让幼儿去感知这些材料。感知的方法是幼儿自己用手去摸或捏这些材料,也可以通过对材料的相互敲打等多种方式去探索。一段时间后,教师让幼儿讨论,然后说出这些材料的软硬程度等,这种教学模式就是游戏与教学的交叉型模式。

(3)融合型模式

融合型模式是教师要以游戏为中心来开展教学活动,教师开展以游戏为中心的教学活动时要与幼儿的生活相结合。在这个过程中,教师和儿童在平等的基础上实现双向互动,通过对话、交流等活动,师幼共同在活动中得到情感、态度和经验等。教师在支持幼儿发展的过程中其自身也得到了相应的发展,幼儿在教师的指导下也得到了应有的发展。在这个过程中,游戏是幼儿的主要生活,也是幼儿积极的、自然地学习活动。融合型模式是游戏与教学整合效果最理想的一种模式,师幼在这样的活动中都得到了愉快体验和共同成长。

二、幼儿园课程与教学的关系

(一)对课程与教学的关系的不同理解

幼儿园课程与幼儿园教学的关系主要表现在以下两个方面。二者之间的关系十分紧密,共同被包含在幼儿园或幼儿教育系统之下的各种活动中,二者缺一不可。离开了幼儿园课程,幼儿教育便是空洞的,离开了教育活动,幼儿的教育便不能开展。幼儿园课程是幼儿园教学的蓝图,幼儿园教学是幼儿园课程的实践,其目的都是为了促进幼儿的学习与成长。幼儿园课程与幼儿园教学的区别主要表现在以下一些方面:第一,二者完成的任务不同,如"课程回答的是该教什么"而"教学回答的是该怎样去教";第二,二者的性质不同。课程就是教育的方案、计划、内容以及学习经验,而教学是教育的方法、教学活动以及课程的实践与呈现;课程的决策讲求计划性,教学的决策讲求方法论;课程计划先于教学,在计划过程中,既为课程也为教学做决定。

学者想象地提出了四种模式,具体说明课程与教学的关系。第一种是二元模式。这种模式是将课程与教学实践看作是两个相对独立的实体,二者之间没有任何的关联,即课程是课程设计者要做的事,教学是教师要做的事,二者互不影响。如出版社出版的教科书在设计过程中教师不得参与,教师的教学工作也不影响出版社的课程设计。这就是课程与教学的二元模式。

第二种是连锁模式。这种模式是将课程与教学看成一个整体,部分重合,即二者的关系就像一个连锁一样。如幼儿园室内环境创设已有主题(关爱家人)活动的情境,教师又在室内墙上贴上与主题相关的给爷爷奶奶捶背的图片。在此情境中,图片是教材,也是课程的一部分,又是教学活动的一部分。

第三种模式是同心圆模式。这种模式下的课程与教学是一种包含关系或层级关系。也就是说,假如课程是一个系统,教学就是课程的一个子系统,即教学是课程的一个组成部分;或者假如教学是一个系统,课程就是教学的一个子系统即课程是教学的一个组成部分。

第四种模式是循环模式。这种模式下的课程与教学都被包含在一个循环系统里,这种模式强调课程与教学之间的相互作用关系,二者被统一在一个教育活动中。

随着时代的发展变化,人们对课程与教学的理解也在发生变化。从不同角度对课程与教学的关系做了全面的分析。在不同的情境,课程与教学在某一活动中所在的地位可能不同。但对课程与教学的关系已经达成了一些共识。如课程与教学始终不能脱离某一教育活动,否则二者的价值不能得到充分体现;二者相互依存又相互独立。

(二)课程与教学的关系

从不同学者对课程与教学的关系可以看出,无论如何二者都是不可分割地被统一在教育活动之中。目前,对课程与教学关系的普遍认识是:课程是目的,教学是手段。美国学者波姆和贝克在其著作《制定教育目的》中说:"课程是指学校的意图,教学是指学校的实践;课程是为有目的的学习而设计的内容,教学是达到教育目的的手段。"教学目的转化成学校的培养目标,然后进一步转化为课程。课程体现出教育目的和学校的培养目标。同时教学必须依据课程来展开,课程是教和学的中介,课程的实现必须依赖于教师的教和学生的学这两项双向活动来实现,并且二者是相互作用、相互影响并共同参与到教学活动中的。在实践过程中,教学对课程提出了新的要求,对课程进行改革以适应于教学,更好地为教学目标服务。但是,教学是手段,课程是目的,也绝不是简单的单向关系,二者存在着一定的内在连续性,从某种意义上看,二者是可以相互转化的。教学过程是为了让学生掌握一定的课程内容,获得一定的经验,同时在实践中对课程进行检验,看课程内容是否符合学生需要;或对课程提出新的要求,作出适当的调整以适应学生发展的需要。

课程与教学为目的与手段的关系虽然在一定程度上理清了课程与教学的一种内在的关系,但是忽视了教学实施过程是一个动态的过程,这容易导致教学是一个重视课程计划的过程,只把教学理解为一个实施课程的过程是不够的,只把课程理解为教学的蓝图或施工图纸也是不行的。二者必须放在实践中相互检验。建构主义者认为,目标、计划产生于行动之前和行动之后。正如杜威所说:"规划来自行动,并在行动中得以调整。这两者是相互作用的,一个导向另一个,依赖于另一个。将此推广到课程领域,编写课程大纲或教学计划应该采用一种一般的、宽松的、多少带有不确定性的方式。随着课程或课的进行,特定性愈加明确并在合作中获得通过教师、学生和课本的合作。"可见,课程是行动者参与的行为和相互作用的结果,不是预先设计的课程。而且课程是通过教学使其价值得到实现并扩大化。

(三)幼儿园课程与教学的关系

幼儿园课程的内部和外部存在一定的关系,便于理解课程存在的依据和基础。但是了解幼儿园课程与教学的关系也有利于指导幼儿园教育实践工作。

幼儿园的教学常被称为教学活动,是教师根据教育目的、教育纲要,有计划、有目的地指导幼儿进行学习的一种活动。幼儿园的教学活动是幼儿全面发展的教育手段,通过教师指导下的集体、小组的教学活动,儿童能够获得生活、运动、社会、自然、数学、艺术等多方面的经验和知识,学习语言,发展智力,学习知识的方法,激发学习的兴趣,培养初步的学习习惯,并促进良好个性品质的形成。长期以来,我国的幼儿园教学都是采取预先设计好的课程来实施的,即教学过程是教案或教学设计预先设计好的课程实施或展现的过程。对教师来说,就是完成教学规定的目标和任务。

教学是教师和幼儿共同参与的活动,具体可以从以下几个方面进行理解:

第一,教学过程是通过将预先设计好的教案由静态转化为动态的过程,由事先的平面设计转化成了师幼共同参与的立体设计,教学过程实现了课程的教育意义。

第二,教学过程不是课程的简单呈现,而是课程的发展。通过教学才能发现预先设计的课程存在的问题并加以修改,才能根据幼儿的需要加以扩展或补充,或者生成新的课程内容。对此,教师就需要对事先设计好的课程进行调整,使事先设计好的课程更加完善。

第三,正确认识教学与设计的计划性与目的性。教学与课程的计划性和目的性是针对教师而言的。教师在教学过程中虽然不能对事先设计好的课程的每一个内容都必须展开,但是可以根据教学的实际需要做相应的调整或改动,使事先设计的课程更能符合幼儿的需要,引导幼儿更主动、更有效地学习。

在幼儿园中,往往只提课程而不提教学,主要目的是为了避免教师"小学化倾向",这是狭义地理解教学的缘故。理论界对教学与课程的关系的研究又相当缺乏,对教师的指导不够,容易使教师将教学与课程混淆。因此,对教学与课程关系应该慎重地考虑。

(四)幼儿园课程与教学的特点

幼儿园课程与教学的关系是不可分割的关系,二者共同面对身心迅速发展的幼儿。幼儿的身体柔弱,大脑发育未完全成熟,认知能力较差,经验欠缺。同时,正常幼儿的发展潜力是巨大的,可塑性强,正需要通过适宜的环境和知识去促进幼儿的智力、体能、个性等多方面的发展。要实现这一目标,幼儿园课程与教学应该具备以下一些特点:

第一,保教并重。保教并重既是幼儿园课程的内容,又是幼儿园教学的基本原则。因为幼儿的身体弱小、生活自理能力差,需要对幼儿进行身体方面的保育工作。幼儿的发展潜力巨大,智力等方面发展迅速,通过有效的教育、教学能促进幼儿体、智、德、美等方面和谐发展,为幼儿入小学做好准备。

第二,幼儿的认知水平处于前运思阶段,思维处于具体形象阶段,无法通过抽象的教学来学习。因此,在幼儿园应该通过幼儿亲自参与活动等方式来开展教学。如通过让幼儿观察、倾听、操作、探究等活动来认识周围世界和事物,了解事物之间的关系以及幼儿与周围事物之间的关系等。因此,幼儿园课程与教学要通过教师创设一定的环境,让幼儿与环境相互作用下吸取经验和得到相应地发展。

第三,幼儿处于社会性发展的初步阶段,幼儿园课程与教学活动(游戏、观察、交流、模仿等)要充分利用幼儿接触到的人来发展其社会性品质。如通过教师、同伴等来形成和谐的师幼关系和同伴关系，让幼儿学会分享、合作、帮助、同情等社会性行为和其他道德行为习惯和各种知识技能。

　　第四，随着幼儿语言的发展，幼儿不仅可以直接感知事物，还可以通过语言表达出来，甚至可以讲解一些不能直接感知的事物，从而调节自己的行为。由于幼儿还达不到用抽象符号来学习，因此，教师要通过具体事物与即将学习的知识之间的联系来进行学习，而不能用抽象的符号让幼儿学习。

　　第五，幼儿好奇心强、注意力不稳定，课程和教学容易引起幼儿探究兴趣，但是兴趣容易转移。幼儿园的课程和教学应该利用实际物品和有挑战性的真实活动来激发幼儿的探究兴趣，引导幼儿积极学习。教师在日常生活中观察到幼儿有自发性的活动要积极支持，鼓励幼儿去探究或生成新的课程内容。

　　第六，幼儿具有知识经验缺乏、思维具体形象等特点，因此幼儿园的教学应该是幼儿容易理解的，处于启蒙阶段的课程内容，方法是通过游戏或操作以及直观的教具、图片、实物等让幼儿轻松地学习。幼儿园不对幼儿布置家庭作业，尤其是书面家庭作业，不考试、不计分、不留级等，确保幼儿在园开心地学习，健康地成长。

第二章　幼儿园课程编制与课程设计

第一节　幼儿园课程编制

一、目标模式

目标模式以目标作为课程编制的出发点与归宿,围绕课程目标的确立及其实现选择课程内容,并实施课程设计,最终以目标的达成与否来评价课程的优劣。

(一)目标模式的概念

泰勒强调目标的陈述方式必须以行为为根本,泰勒的行为目标模式理论影响深广,他被后人称为"课程行为目标之父"。在 20 世纪 40 年代末期出版的《课程与教学的基本原理》一书中,泰勒系统地阐述了课程编制的程序、方法和步骤,被誉为"泰勒原理"。泰勒认为在课程编制的过程中,编制者必须回答以下四个问题:①学校应该达到哪些教育目标?②提供哪些教育经验才能实现这些目标?③怎样才能有效组织这些教育经验?④我们怎样才能确定这些目标正在得到实现?

回答这四个问题,解决的正是如何确定目标、选择经验、组织经验以及评价目标。在这四个环节中,确定教育目标是最为关键的一步。泰勒认为目标的制定是指导课程内容选择,教学活动的组织与实施与教学活动的评价都是围绕着教学目标的,可见目标模式把行为目标的确定作为课程编制的出发点与依据。泰勒的行为目标模式是一种典型的线性课程编制模式。

此后,英国课程专家惠勒对泰勒模式的线性编制模式提出了质疑,认为如果评价的结果与所预期的目标不符,就无法重新通过反馈的信息来完善课程编制。因此,他认为课程编制的模式不是线性的模式而是一个环形的模式。

(二)目标模式与幼儿园课程

课程编制的目标模式对幼儿园课程的编制产生过重要的影响,其采用行为目标的方式设置课程目标,并以此为出发点编制课程,使整个课程的运作成为一个具体化和结构化的操作程序,这样做能提高幼儿园教育教学过程的计划性、可控性和可操作性。具体来说,在幼儿园课程编制的过程中强调课程目标在纵向上和横向上的分解和细化。例如,强调课程目标在时间单元上的纵向分解,将学年目标划分为学期目标、月目标、周目标、日目标等。将课程目标在领域上划分为各种横向目标,如科学领域、体育领域、语言领域等目标。同时,在课程的实施过程中,对于目标完成与否的评判是评定课程优劣的重要标准,也是行为目标确立的依据,目标模式对于我国幼儿园课程编制也产生过深远的影响。

(三)对目标模式的评价

目标模式流程清晰,步骤明确,教师实施起来较为容易,具体而言,这一模式的长处主要有以下几点:①课程目标明确、具体,操作性强,教师能清楚意识到自己要做什么。②易把目标转化为课程目标,其转化技术也不难掌握。③教育评价和学生的达成程度都明白易见,有利于教师和学生明确努力方向。④有利于教师教学内容的描述,与家长、学校及学生本人进行交流。

目标是由教师设计,教学过程由教师主导,评价方式由教师掌握,因此在这个过程中儿童的主动性和创造性等元素被忽略了。这种行为目标模式使那些能够识别的行为得到强调,而那些不能转化为可观察的行为的某些转变则在某些程度上被忽略了,如情感、态度、价值观等无法观测到的心理素质则往往被忽视。目标模式下课程目标被分解和细化,而明确的目标势必会割裂儿童的经验,这与儿童的发展是获得整体的经验相违背。

二、过程模式

20世纪50年代后,英国课程理论家斯坦豪斯立足于教育的内在价值及实践,针对目标模式的缺陷,提出了过程模式。这种模式旨在培养儿童智慧、教养和自由的品质,以及注重理解与思维的价值。过程模式被公认为继目标模式之后出现的一个重要的课程编制模式。

(一)过程模式的基本观点

斯坦豪斯认为,教育最终目的在于增进人的自由及创造力,而教育的重要机制在于引导人们探索知识。过程模式所呈现出来的最大特征是具有开放的设计思路,不以事先确定好的行为目标为课程编制的依据,而是强调整个教学展开过程的基本规范,并使之与宽泛的目的保持一致。由此,过程模式的主要程序为:设定一般的目标—实施有创造性的教学活动—论述—评价教学活动引起的结果。

1. 课程编制的起点

斯坦豪斯并没有绝对反对目标,过程模式编制的起点也是课程目标的选择,在过程模式中一般性目标的设定同时也就是教学内容的确定。但是他所提出的过程模式的目标与目标模式的目标有着本质的区别:第一,过程模式的目标只是总体教育过程的一般性的、宽泛的目标;第二,这些目标不构成评价的主要依据;第三,这些目标是非行为性的,可以以此为依据确定课程编制的指导性原则和方法,使教师明确教育过程中内在的价值标准及总体要求,而不是课程实施后的某些预期结果。因此,斯坦豪斯的目标是一个一般性、宽泛性的目标。

2. 课程内容的选择

过程模式选择课程内容的依据是知识和活动的内在价值。那么如何鉴别知识及活动的内在价值呢?斯坦豪斯引用了拉思用于鉴别教育活动内在价值的一套准则,其中有十二条原则:①在所有其他条件相同的情况下,如果一项活动允许学生在完成它的过程中做出其所了解的选择,并能对选择带来的后果做出反应,则此活动比其他活动更有价值;②在所有其他条件相同的情况下,如果一项活动在学习情境中允许学生充当主动的角色而非被动的角色,则此活动比其他活动更有价值;③在所有其他条件相同的情况下,如果一项活动要求学生探究各种观念、探究智力过程的应用,或探究当前的个人问题或社会问题,则此活动比其他活动更有价值;④在所有其他条件相同的情况下,如果一项活动使学生涉及实物教具,即真实的物体、材料与人工制品,则此活动比其他活动更有价值;⑤在所有其他条件相同的情况下,如果一项活动能由处于不同能力水平的学生成功完成,则此活动比其他活动更有价值;⑥在所有其他条件相同的情况下,如果一项活动要求学生在新的情境里考查某一理念、理智过程的使用,或以往已经研究过的问题,那么这项活动就比其他活动更有价值;⑦在所有其他条件相同的情况下,如果一项活动要求学生在一个新的背景下审查一种观念、一项对于智力活动的应用或一个以前研究过的现存问题,则此活动比其他活动更有价值;⑧在所有其他条件相同的情况下,如果一项活动使学生与教师共同参与"冒险",一种成功或失败的冒险,则此活动比其他活动更有价值;⑨在所有其他条件相同的情况下,如果一项活动要求学生改写、重温及完善他们已经开始的尝试,则此活动比其他活动更有价值;⑩在所有其他条件相同的情况下,如果一项活动使学生应用并掌握有意义的规则和标准,则此活动比其他活动更有价值;⑪在所有其他条件相同的情况下,如果一项活动能给学生提供一个和他人分享制订计划及活动结果的机会,则此活动比其他活动更有价值;⑫在所有其他条件相同的情况下,如果一项活动与学生所表达的目的密切相关,则此活动比其他活动更有价值。

3. 课程内容的组织与教学

对于过程模式的编制方式,斯坦豪斯选择了布鲁纳的"螺旋式"编制模式,强调系统知识结构对于幼儿学习的意义。在教学方法上也倡导发现法与讨论法。课程过程就是教师和儿童共同探讨所提出的问题,在解决问题的过程中提升思考能力,发展认知能力的过程。

4. 课程评价的方法

斯坦豪斯认为,课程是一个开放而不是封闭的系统,儿童的学习不是被动的反应过程,而是主动参与和探究的过程,因此在课程评价的过程中,教师只是诊断者,而不是评分者。课程的评价是建立在学生自我评价和教师的诊断评价基础上,这种评价是一种开放式的而非只是针对目标完成与否的单一式评价。

(二)过程模式与幼儿园课程

长期以来,我国幼儿园课程编制的方式都是以课程目标为导向的编制模式,而随着一轮一轮课程改革的深入,人们也越来越认识到目标模式的弊端,关注教育过程的价值以及儿童在课程中的作用。因此,课程编制的过程模式对幼儿园课程的编制产生了相当大的影响,并将进一步产生重要的影响。例如,在幼儿园课程编制过程中,淡化课程目标的预设,强调儿童活动的过程;淡化教师在教育活动组织中的计划性和控制性,强调根据儿童的兴趣和需要组织活动,尊重儿童的选择和创造;淡化根据客观标准对幼儿园教育进行评价,强调过程性评价,强调教师在教育评价中的自我评价作用,这些指导思想和做法都与过程模式的基本思路是一致的。

(三)对过程模式的评价

过程模式批判了目标模式的许多弊端,强调教育和知识内在的本体价值;强调在教育过程中对具体情境的诊断;强调"教师即研究者"所应发挥的作用。所有这些主张对于儿童主体精神和创造性思维的培养,教师主动性、创造性的发挥以及专业成长和在教育中更多体现民主精神和人文精神都是十分有益的。

在理论上,目标模式和过程模式是对立的两种模式,但是,在幼儿园课程编制的实践中,课程编制者完全可以吸取这两种课程模式的长处,补偿对方模式的短处,在它们之间建立互补的关系,以求课程在总体设计思路上的科学性和艺术性、课程目标的预设性和生成性、课程评价的总结性与形成性等特性之间达到平衡。

第二节 幼儿园课程设计

一、幼儿园课程理念的确立

每所幼儿园的课程行动背后都有相应的课程理念做支撑,如某幼儿园的教师们相信培养孩子的创造力至关重要,因此将课程命名为"创造性课程",其课程设计、实施和评价都关注幼儿创造力的培养。一种课程模式或一所幼儿园的课程是否成熟,关键看其是否有清晰的、正确的课程理念。

(一)确立以促进幼儿整体发展为取向的课程目标

幼儿的发展是整体性的。幼儿生理、心理、道德、社会性的发展是其发展的不同方面,这些方面相互影响、彼此制约,构成一个整体。对学前儿童来说,生理发展是整体发展的基础,正像居里夫人所说,科学的基础是健康的身体。儿童生理的发展特别是神经系统的发展是其心理发展成为可能的物质基础。脑科学的研究则表明:儿童的大脑由众多细胞组成,它比全世界的电话网络还要复杂多样,大脑的重量虽然只占体重的1/47,但它消耗的氧量却是人体的1/4。经常开展体育活动、锻炼身体,能促进新陈代谢,保证大脑有充足的氧气,细胞变得活跃,大脑功能得以改善,使儿童学习、活动质量均有所提高。

应该说,儿童发展的各个方面犹如木桶的各块木板,只有每块木板都长而结实,木桶才能盛更多的水。21世纪初加拿大《早期幼儿学习报告》指出:"早期的学习和发展必须以幼儿身体的、情感的、认知的、社会性的全面发展为基础。"也就是说,幼儿的学习与发展具有整体性。在人生初期,全面和谐地发展是十分重要的,任何一方面的发展都依赖于其他方面的相应发展。因此,幼儿园课程目标就是满足儿童各方面的发展需要,促进幼儿在原有经验和水平的基础上获得整体发展。

(二)构建以生活为基点的课程内容

教育要遵循儿童成长的基本规律,尽量站在有利于儿童成长的立场上,与儿童一起建构课程。只有把儿童的成长真正地与教育联系在一起,才能实践旨在生命、促进生命的教育。关注儿童的教育,应该承认并尊重儿童固有的本性,关注并重视儿童的积极性、主动性和能动性。关怀生命、关注生活的幼儿园课程不是为了成人的需求而构建的,而是为了满足儿童成长的需要,是一系列源源不断的、引人入胜的生活活动;不是人类分门别类的学科知识的地图,而是一幅儿童自身生活的画卷。幼儿园课程不是让儿童端坐静听,更重要的是让儿童去探索、交往、体验和感受,儿童的活动过程,就是课程展开的过程,也是儿童的生活过程。

幼儿的生活就是幼儿园课程内容整合的基点,是幼儿园课程内容的重要资源。"儿童的社会生活是他的一切训练或生长的集中或相互联系的基础。"建构以生活为基点的幼儿园课程内容,不是让幼儿教育变成生活训练,也不是将幼儿教育等同于日常生活,而是承认、尊重生命的存在和生命成长的现实和需要,让幼儿在一个真正属于他的,能让他的生命得到成长的现实的、感性的、能彰显主体性的环境中生活和学习。

建构以生活为基点的幼儿园课程内容,要求我们关注幼儿的兴趣和需要。只有体现幼儿的兴趣和需要的课程内容才能促进幼儿发展。因此,关注幼儿的需要和兴趣,就是关注幼儿园课程内容的核心价值。幼儿园课程设计者的基本条件就是对幼儿身心发展特点、兴趣、需要有一定把握。

建构以生活为基点的幼儿园课程内容,要求我们将知识、技能及品德还原为经验。幼儿对知识、技能及品德的学习,不能借助概念和理论,一定要将知识、道理和技能还原为产生它们的实践探索过程,让幼儿在行动中学习,在行动中感受,在行动中发展。因此,生活化的课程内容就是行动化的课程内容。

建构以生活为基点的幼儿园课程内容,要求我们关注幼儿感兴趣的生活。从现实生活中发现和寻找课程内容资源,让幼儿在现实生活中感受世界的美好和趣味。因此,只有对生活充满好奇心和探究精神的教师,才能真正关注生活,发现生活中的教育意义。幼儿的发展就是在解决生活和游戏的问题中实现的。那些来自幼儿生活的课程内容,能让幼儿更充实;那些通过幼儿的生活来实施的课程内容,能让幼儿觉得更亲切、更有兴趣。

(三)突出以活动、体验为特点的课程实施

1. 幼儿的学习方式、学习特点决定了幼儿课程实施要突出活动性特征

幼儿具有自己的学习方式和特点。《3~6岁儿童学习与发展指南》(简称《指南》)的"说明"部分指出:"幼儿的学习是以直接经验为基础,在游戏和日常生活中进行的。"这点明了幼儿学习的特点是在做中学、在玩中学、在生活中学,幼儿只有如此学习才能学得有趣、学得有效。幼儿的学习特点是由其年龄认知特征、所持有经验的特征所决定的。

(1)做中学

做中学就是动手操作、直接体验、在做的过程中学习。心理学研究表明,儿童早期的动作发展是其自我意识发展、思维发展的一个重要标志。鉴于"做中学"的重要性,我国著名教育家陶行知先生倡导:"做是学的中心,也就是教的中心","不在做上用功夫,教固不成教,学也不成学"。可见,做中学是幼儿获得经验、认识世界的重要途径与方法。

(2)玩中学

玩中学是幼儿最好的学习方式。教育研究表明,幼儿学习着两种不同性质的知识,一是成人教给他们的现成知识,二是在游戏中自我学习的知识。成人教的知识幼儿往往容易忘记,而他们自己在游戏中自主学到的知识和能力却能持久保存并迁移使用。如在游戏中发展起来的自我意识、自信心、同伴意识、语言与交往技能、探究与想象以及对周围世界的认识等,会对幼儿日后的发展产生很大的影响,甚至一直影响到其青年期的生活及行动。建构主

义学习理论也认为:有意义的学习一定是学习者主动建构的过程,而游戏就是最适合幼儿天性的活动,是幼儿完全自主、自发、全身心投入的活动,因此游戏中的幼儿是积极主动的"自我指导的学习者",游戏中学习的效果最好。另外,在游戏中,幼儿能够体验和经历许多在现实生活中难以做到的事情,可以摆弄、操作许多材料或工具,探究自己喜欢的问题。例如,在角色游戏中,幼儿通过假扮爸爸、妈妈、医生、收银员、售货员等角色,激活日常生活中积累的经验和感受,内化人际交往规则,进而灵活地与人交往、对话。

(3)生活中学

生活中学是指幼儿的学习主要是在他们自己的生活中展开。幼儿以自己的生活为学习内容,也以自己的生活为学习途径,通过在生活中学习,幼儿可以更好地适应生活,即为了学会生活通过生活来学习生活,学习与生活相互交融。杜威认为,教育即生长,教育即生活,儿童的生长是在生活中展开的,生活是生长的条件,生长是生活的内容,发展、生长就是生活。杜威反对教育仅为未来生活做准备的观点。该观点特别适用于幼儿教育,幼儿的学习就是在其日常的吃、喝、拉、撒、睡、玩、交往、探究等活动中进行的。

总之,幼儿的学习就是在生活、游戏中通过参与活动、体验、操作、探究,进行有意义的自我建构。幼儿园课程实施要强调活动的教育价值,注重活动过程中的体验,优化教与学的方式。

2.幼儿学习品质的重要性决定了幼儿课程实施要突出体验性特征

学习品质是指学习态度、行为习惯、方法等与学习密切相关的基本素质。它在幼儿期出现、发展,并对幼儿现在与将来的学习、发展具有重要影响的基本素质。《指南》指出,幼儿期重要的学习品质有:幼儿在活动过程中表现出来的积极态度和良好行为倾向、幼儿的好奇心和学习兴趣、积极主动、认真且专注、不怕困难、敢于探究和尝试、乐于想象和创造等。

重视学习品质的培养是世界幼儿教育的潮流。美国于90年代初在国家教育目标委员会提交的有关"入学准备"的工作报告中,首次提出了学习品质的培养;许多国家的儿童学习目标中都有关于学习品质内容的明确表述。教育研究的结果表明,仅仅追求知识目标,重视立竿见影的、可测量的、可应试的外源性知识的学习,忽视幼儿内在的学习品质培养,是不利于幼儿长远的可持续发展的。因此,坚持不懈地培养幼儿爱学、会学、主动、坚持、专注、负责、活跃的思维、想象、创造等品质,培养幼儿对生活的热爱、对自己的信心、对他人的信赖、对自然和社会的亲近,为其以后形成健全人格和培养终身学习的能力打下良好的基础,这是幼儿园教育的使命。

(四)实施以发展为导向的课程评价

应充分发挥课程评价的反馈调节功能,多渠道搜集有关幼儿发展状况、教师教育行为及幼儿园课程建设的信息和意见,与改进措施相衔接,逐步形成通过评价促进幼儿发展、教师发展和幼儿园课程发展的有效机制。

1.课程评价应有利于促进幼儿发展

幼儿园课程评价应重在发现每个幼儿的优点与待发展之处,反映幼儿的发展水平。通过多种评价方式搜集幼儿的信息,据此教师才可以有效组织有针对性的教育活动,将幼儿的整体发展落到实处。教师在进行课程评价时要特别注意:明确课程评价的目的是寻找每个幼儿的优点与待发展之处,并据此提供适宜的教育活动方案;幼儿的发展要多进行个体的纵向比较;评价要兼顾幼儿身心发展的整体性,注意全面评价幼儿的发展状况。

2.课程评价应有利于促进教师发展

课程是有生命的,要经过设计—实施—评价—再研讨—再设计循环往复的过程,不断完善。作为课程活动的设计者和实施者,在课程评价中,教师的工作会被当作主要的评价对象。但课程活动的设计和实施者,也必须作为评价主体参与课程评价工作,发现问题、总结经验。评价的过程,是教师运用幼儿发展知识、学前教育原理等专业知识审视教育实践,发现、分析、研究、解决问题的过程,也是教师不断学习,不断提高的重要途径。

3.课程评价应有利于促进幼儿园课程发展

完善原有课程是幼儿园课程评价的目的之一。由于评价具有诊断功能,能及时对课程执行的情况、课程实施中的问题进行分析,进而帮助我们及时发现原有课程的不足或问题,找出问题的原因和影响因素,调整课程内容、改进教学管理,形成课程不断革新的机制。

二、幼儿园课程资源的开发和利用

幼儿园课程与学校课程不同,它没有全国或某一地区统一使用的教材,21世纪初《纲要》未具体列出教师应教授的知识技能清单,而是方向性地指出教师应做什么及怎么做才能实现教育目标,至于具体教什么和学什么则要求教师根据本地、本园、本班的实际情况自主确定。可见,《纲要》强调了课程内容对资源的依赖性。幼儿园课程内容主要由本地、本园、本班所拥有的课程资源决定。教师在进行课程设计时,必须充分考虑本地、本园、本班所拥有的课程资源,挖掘课程资源的价值,确定课程内容。此外,课程资源的多寡也决定了幼儿园课程实施可以采用的途径。因此,在进行课程设计时,教师需要了解本园本班所拥有的课程资源,根据课程资源确定课程内容和实施途径等。

(一)幼儿园课程资源的内涵及类型

1.幼儿园课程资源的内涵

幼儿园课程资源是幼儿园教育由构想变成现实的条件保障,是蕴含各种教育目标的园内外的有形和无形的各种因素。它们可能被幼儿直接利用,也可能被成人利用进而对幼儿产生影响。根据幼儿的学习特点和发展规律,幼儿是在行动中学习的。直接经验是人生的基本阶段,间接经验(知识)只有嫁接在直接经验之上,才能真正被幼儿接受和理解,并成为幼儿解释世界、改变行动的依据。对于幼儿来说,直接经验的获得主要依赖于幼儿与周围环境的相互作用;对于教师来说,要帮助幼儿获得有益的经验,必须充分挖掘幼儿生活环境中有价值的课程资源,让幼儿在与环境的互动中获得发展。

2.幼儿园课程资源的类型

幼儿园课程资源的类型可以从不同的角度来划分。

(1)按照课程资源的性质分类

按照课程资源的不同性质,课程资源可分为自然课程资源和社会课程资源。自然课程资源是指自然世界中存在的各种事物及其构成的生态环境,包括季节、天气、动物、植物、山川、河流、地形、地貌等自然环境,它是儿童接触、了解大自然,探究外部世界,获取经验的基本物质条件。课程的自然资源不仅为儿童发展提供了物质基础,还对其精神成长、人格发展、审美体验等起到巨大的促进作用。社会课程资源是指人类创造出来的社会事物、社会现象及所有社会活动资源。它包括社会生产生活活动、社会组织与机构、保存和展示人类文明成果的各类公共设施(如博物馆、图书馆、展览馆)等。课程的社会资源是儿童了解社会生活、习得社会规范、形成个体社会性的物质或精神基础。

(2)按照课程资源的空间分布分类

从课程资源的空间分布划分,幼儿园的课程资源可以分为园内课程资源和园外课程资源。园内课程资源是指幼儿园范围内的人(包括教师、幼儿、管理人员、保育员、炊事员、门卫等)、物(包括场地、设施、设备、材料等)以及幼儿园的管理制度和精神文化等。园内课程资源是实现幼儿园课程目标,促进儿童发展的最基本、最便利的教育资源,也是幼儿园课程资源利用中首选的资源。

园外课程资源是指存在于幼儿园之外的家庭、社区及整个社会环境中的各种可利用的资源。家庭资源包括幼儿的家长、家中的图书、玩具等;社区资源包括公共设施(如公园、图书馆、博物馆、邮局等)、社会机构(如医院、派出所、消防队、部队、学校等)、社会活动(如奥运会、世博会、绿博会等)、各种职业者(如工人、农民、画家、手工艺人等)以及当地的自然资源等。总的来说,园外丰富的课程资源可以有效弥补园内课程资源的不足,为幼儿园课程提供支持和保障。

(3)按课程资源的功能分类

按照课程资源的功能特点,幼儿园课程资源可以分为素材性课程资源和条件性课程资源。素材性资源是指作用于课程,并能成为课程的素材或者来源的资源。例如,常见的动植物、节日、社会风俗、文化产品、社会活动等都属于素材性课程资源。素材性资源并不能直接成为课程内容,它只是备选内容,只有经过加工并付诸实施时才能成为课程。条件性资源是指作用于课程却并不是课程内容的直接来源的资源,但它在很大程度上决定着课程实施的途径和组织方式等。例如,场地大且材料多的幼儿园有可能将区域活动作为课程实施的重要途径,反之班级规模大、空间小且材料少的幼儿园则往往将集体教学作为课程实施的主要途径。当然,脱离具体情境,素材性课程资源与条件性课程资源并不是绝对对立的。有些资源在某些活动中是素材性资源,而在另一些活动中则可能是条件性资源。例如,"纸张"在很多活动中仅仅是幼儿记录的工具、裁剪的对象,但在认识纸张的活动中,它则是素材性课程资源,孩子通过对它的探索,了解了纸张的特性。

(二)各类课程资源的开发与利用

课程资源是设计和组织课程的基础。没有资源就不可能有真正的活动,只有适宜的资源才能带来综合、有效的学习。正如陈鹤琴所言,"大自然、大社会都是活教材"。课程资源广泛存在于我们身边。教师要善于发现和充分挖掘本地本园所拥有的课程资源,使其为课程服务。因此,开发与利用课程资源是幼儿园课程设计的应有之义。

1. 开发利用社会资源

幼儿园应把当地社区的文化场所、社会生活等都作为重要的课程资源,让幼儿从社区生活中体验本土文化的深刻内涵和人文价值,感受祖国文化的悠久历史和博大精深。目前,在我国一些幼儿园开始重视博物馆、图书馆、民间艺术、戏剧表演、农事种植等社会文化资源的教育价值,并进行了有益的尝试。

2. 开发利用自然资源

幼儿园置身其中的自然环境是课程资源开发利用的重要内容。环境资源作为一种有目的、有计划的教育因素,会随时对幼儿的身心发展产生影响。大自然是一个丰富多彩的物质世界,有丰富的地形地貌,如山河湖海、水塘沙洲、山丘、田野等;有自然时令资源,如四季变化、气温气候变化等;有动植物资源,如花草树木、禽鸟鱼虫等;有矿产资源等。地形地貌资源是幼儿园开展体育活动的有利资源,教师可以利用山丘、河谷、广阔的平地开展体育活动;动植物资源是幼儿认识自然世界,探索未知世界的重要课程资源,也是对幼儿进行环境教育的重要资源;一年四季气候变化等都是幼儿园开展健康教育、环境教育、科学教育的重要资源;丰富的物产资源不仅是幼儿的认识对象,也是进行爱家乡、爱祖国情感教育的宝贵资源。教师应走进自然,挖掘身边的自然资源,积极引导幼儿开展多种多样的活动,促进幼儿身心的健康发展。

3. 开发利用家长资源

家长资源是幼儿园课程的重要资源。在幼儿园课程设计与组织过程中,需要有一定的物质和人力支撑,仅靠幼儿园单方的力量是不够的,充分利用家长资源非常重要。现在一些幼儿园积极利用家长志愿者,使课程的内容更加丰富和生活化。

(三)幼儿园课程资源开发利用的思路

在幼儿园课程资源开发利用过程中,需注意以下几点。

1. 深度开发本园所拥有的优势课程资源

在课程资源开发利用的过程中,各园要因地制宜,充分尊重和重视本地本园所拥有的资源优势,进行开发利用。例如,广东、福建、海南等地有物种繁多的热带植物和水果,教师可以利用它们进行课程设计。如凤梨,俗称菠萝,为岭南四大名果之一,品种有70余种。一些菠萝的外形虽十分相似,但引导孩子仔细观察、品尝后会发现:有的菠萝叶子不带齿、味道甘甜;有的菠萝叶子则带齿,果肉要用盐水泡过才好吃。那么不同品种的菠萝生长的地方是否也不一样?它们结果子的时间谁会长一点?它们的树是不是也长得不一样?带着孩子们的各种疑问,幼儿园可以进一步开发这方面的课程资源。如与菠萝的种植基地建立联系,请专业的果农带领孩子们参观、比较。

2. 定向开发本园欠缺的课程资源

我国幅员辽阔,地区差异和城乡差异都很大,各地各园课程资源的多寡和优劣也不相同。基于儿童身心全面和谐发展的考虑,幼儿园的课程设计应尽量弥补资源缺陷,满足幼儿各方面发展的需要。例如,对于建筑物密集、绿地稀少的大、中城市幼儿园而言,自然资源的欠缺是一个比较普遍的问题。苏霍姆林斯基、陈鹤琴等教育家都曾强调,大自然是孩子最好的老师。城市幼儿园应尽量利用园所的空地和角落,开辟自然角或种植园地,让幼儿观察植物生长,体验播种、浇水、施肥、收获的乐趣。对于一些自然资源丰富但文化资源欠缺的农村园,则需着力开发文化资源,为幼儿精选图书,开展早期阅读教育等。

3.做好课程资源的整体规划

本园拥有哪些课程资源,如何获取这些课程资源,如何利用这些资源等都需要全盘考虑。课程资源的开发不必局限于某一主题、某个教学活动的操作材料和实物,教师要主动走出园门,全面了解、搜集本地本园所拥有的自然资源、社区人文资源、家长资源等,结合幼儿园课程建设的理念,统筹规划幼儿园课程资源。

三、幼儿园课堂教学设计类型与方法

备课是整个教学过程的总策划和总设计,是教师进行课堂教学的依据,是课程内容转化为实际课堂活动的蓝图。备课在教学过程中占有非常重要的地位和作用。教师备课是上好课的前提和首要条件。根据备课的目的、任务、内容、方式和时间的不同,对备课的类型划分也就不同。

(一)按照备课的目的、任务划分备课

备课按照其目的、任务划分为学年备课、学期备课、月备课、周备课、课时(课堂)备课。

1.学年或学期备课

学年或学期备课是在一学年或一学期开始前后对下一学年或学期的课程内容进行选择与组织,制订出全年或一学期的教学计划。这里的课程内容包括对国家政策法律法规等文件的学习,如学习《幼儿园工作规程》《幼儿园教育指导纲要》《3~6岁儿童学习与发展指南》等。了解幼儿园自己制订的计划或安排,如幼儿园大型活动的安排等。结合教师所拥有的教材或参考书、教师自身的特长以及幼儿园所在地的实际情况等进行课程内容的钻研。

2.月或周备课

教师要把学期的内容分到每个月或周去完成,按照课程内容的循序渐进原则呈递进式或并列式来完成。拟订出每个月或每周完成的主题或教学内容。进一步对每个月或周的课程内容进行教学目标、教学重点、教学要求、教学方法或活动形式的确定。处理好每个月或周之间的课程内容的联系或顺序,并根据幼儿的实际情况做好调整。

3.课时(课堂)备课

在教师经过学年(学期)备课、月备课就可以对自己所教的课程内容有个较完整或较系统的认知,做到心中有数。在此基础上进行课时备课,就能更好地对课程内容进行把握。在上好每一节课前进行备课,是为了保证教育质量的完成。课时备课是根据月或周的教育目标、教育任务、教育要求等做相应的教育计划,结合每节课的实际出发,落实月或周的具体安排。例如,对上节课的活动延伸,或者对新知识的探究等做具体的设计。

(二)按照备课的形式划分为个人备课和集体备课

按照备课的形式划分为个人备课和集体备课。个人备课和集体备课的关系是个人备课是集体备课的前提,集体备课能够促使个人备课水平的提高。

1. 个人备课

个人备课是主要的备课形式,更多地体现了个人的创造性劳动,更突出教师个性特点的发挥。个人备课是提高备课质量很重要的环节,是提高集体备课质量的前提。个人备课也包括集体备课中个人学习其他人的先进经验。

2. 集体备课

集体备课是备课的辅助形式,是为了提高个人备课质量。从某个角度讲,集体备课也属于教研活动范畴。集体备课可以是同年级、同领域教师一起备课。这有利于教师之间相互探讨、相互学习、交流经验,从而有利于统一教育要求和教育目标,有利于解决教育实践中的疑难问题,也有利于新老教师之间相互学习,有利于促进教师之间的团结,形成教师集体意识。

集体备课的内容包括:确定教育目标、进度、重难点;交流教育经验;探讨幼儿的实际问题;研究教育实际中的疑难问题;通过观摩课帮助教师改进教育方法或理念;集体现场备课等。

集体备课的要求包括:集体备课前要求教师要进行个人备课;集体备课次数不宜太多,可以一月一次或两次;集体备课内容要事先进行安排并对教师提出要求;要以教育与实际结合,真正做到解决实际问题为出发点。

(三)按照备课的时间划分为平时备课、课前备课、课后小结

1. 平时备课

平时备课主要指教师在日常教学中做的准备工作,如搜集资料,学习《纲要》,看其他版本的教材,了解幼儿的行为习惯,反思自己的教育经验等。

2. 课前备课

课前备课是上课前根据新的情况进行的调整或修改、完善事先写好的教案并认真思考以前同一节课的经验与教训的备课形式。只有在课前对教育内容的熟悉,才能真正做到融会贯通,自由发挥。

课前备课的内容包括以下几个方面:第一,进一步思考教育内容和教育目标是否对幼儿合适,能否在教育实际中充分地体现出来;第二,进一步熟悉教育内容,做到熟练、准确应用;第三,斟酌教育内容或教育内容的语言表达方式是否符合幼儿特点;第四,思考教育方法是否能够解决教育内容的重难点;第五,预算课堂时间分配是否合理;第六,估计课堂教学中幼儿可能会出现哪些问题以及如何应对。

3. 课后小结

课后小结主要是指在上课结束后根据所得到的信息进行思考总结,找出得失以便改进以后的教学,为下一次课或下学期课做好准备。课前备课是教学的准备,并不等于教学的实际效果。教学设计得完美也不一定适合于幼儿。对课前准备的教育目标、教育内容、重难点、教育方法等进行思考,看哪些地方有不妥当之处,经过教育实践中的上课环节才能发现。课后备课就是通过上课环节对教学设计进行检验后总结出经验与教训,为提高教学质量创造条件。

四、幼儿园课堂教学设计的基本要求

（一）讲究导课技巧

1. 走出备课中的鸟笼逻辑

一般有经验的教师都很注意课堂导课。精彩的课堂教学一般都会有有趣的东西吸引幼儿，然后再把幼儿的注意力吸引到本次课堂上来。鸟笼逻辑又称"空鸟笼效应"，被誉为人类无法抗拒的十种心理之一，鸟笼逻辑的原因很简单，人们绝大部分的时候是采取惯性思维，所以可见生活和工作中培养逻辑思维是多么重要。因此，教师不应限制自己的思维，如果导课技巧掌握不熟练，应适合舍去，直接进入新课也是不错的选择。

2. 再好的导课都应该与主题直接相关

（1）根据新旧知识的联系导课

美国心理学家戴维·奥苏贝尔提出，有意义学习对导课具有很好的启示作用。有意义学习的实质是符号所代表的新知识与学习者认知结构中已有的适当观念建立实质性的、非人为的联系。也就是说，有意义学习需要具备两个条件：一是在幼儿的认知结构中有同化新知识的原有知识并且具有意义的学习心向或者兴趣；二是新学习的知识对幼儿来说具有潜在的意义。也就是新旧知识之间有内在的联系。根据奥苏贝尔的观点，幼儿是否能够获得新知识，主要看幼儿的认知结构中是否具有相关知识。对此，他还提出了先行组织者的概念，即先于新知识呈现的一种引导性的知识或材料。将先行组织者用于课堂中进行导课，可以将新旧知识很好地融合在一起。利用先行组织者建立一种幼儿学习的心向，利用新知识建立幼儿学习的一种潜在意义。教师灵活运用导课，搭建新旧知识的桥梁。

（2）创设情境导课

无论蒙台梭利教学法、瑞吉欧教育体系还是方案教学等，都主张幼儿是在与教师组织的环境相互作用进行活动而获得经验的。幼儿在环境中学习，这也符合幼儿的具体形象的思维特点。这就要求教师创设承上启下的课堂环境，从而形成一套完整的学习环境，激发幼儿解决实际问题的心向。

（3）巧用问答式导课

幼儿具有好问的特点，那么教师可以反过来，通过对相关教学内容进行提问，吸引幼儿学习的心向。教师要对自己的提问进行精心思考，既要考虑问题与新主题之间的联系，又要考虑幼儿的兴趣和幼儿原有知识是否具备回答该问题的能力。

（二）课前计划

在开始进行课堂设计前就应该思考教学设计的相关的内容如长期计划（即某学年、某学期或某月期间，哪些天是用来教学的，哪些天是用来安排教学相关的其他内容的），课程内容（该教学期间要传授哪些内容），程序（用什么程序来强化教学内容是最有效的、幼儿已经掌握的技巧或经验准备情况），学习活动（组织哪些活动最利于幼儿学习）。

1. 制订长期计划

在进行课堂教学之前，用一张大纸为每个学年、学期尤其是每个月制订一个长期的计划。在日历上标注好假期(包括节假日、周末等)、教研活动时间、学期结束时间等,剩下的才是教学时间。尽量将教学时间有效利用。因此,不可能把所有的教学内容都安排进去,应谨慎选择,按照重要程度依次排列、合并,考虑时间的允许程度,可以将最不重要的内容删除。长期计划的设计应围绕大主题来构建课程内容,这就要求全园的教师都来参与设计,然后整合为多样的主题,而时间与课程内容也应相匹配。

2. 确定课程内容

提供内容是课程实施最核心的部分。由于课程内容的丰富性,要求对课程内容作出重难点的区分,这需要谨慎思考。越是有利于幼儿发展的,可以把它看作越是有用的;对幼儿无关紧要的内容,可以考虑删除。所教给幼儿的内容要让幼儿清楚教师所强调的活动或事件。

3. 确定程序

程序又称过程或步骤。程序对教学来说与内容同等重要,对课程内容的完成非常关键。设置程序的目的是让幼儿思维清晰。教师要确认幼儿需要什么样的思维过程。这要根据主题内容来确定,如果是科学领域的知识,可能幼儿更需要以探究的思维方式进行;如果是语言领域的知识,可能幼儿需要以表演的思维方式进行。

4. 确定幼儿已经掌握的技巧或准备情况

在进行教学设计时,要先了解幼儿已经掌握的技巧和准备情况,这有助于更有针对性地进行教学。教师要知道:自己即将传授给幼儿的知识中,哪些内容是幼儿已经掌握的。如进行结构游戏时,幼儿基本的结构知识是否具备,如大小、颜色、厚薄等;哪些结构操作技能已经掌握,如排列、组合、拼插、镶嵌等。

5. 确定学习活动

学习活动是手把手的、交互性的经验。教师应该为幼儿创设各种各样的活动。经过长期计划后,教师自己能够很清楚哪些活动对幼儿是有帮助的,哪些活动是不太成功的。对于一个新教师,可以对前辈的经验做一些借鉴或参考。一个教师手上应该有好几套成功的活动方案,当进行长期计划时才能根据不同的课程内容加以运用。

(三)课堂教学设计要注意的问题

1. 以教育目标为课堂教学的准绳

教育的一切活动都是为了实现教育目标的。因此,教育目标一旦确定后,课堂教学就要以教学目标为核心、为准绳。整个教学过程中都不能偏离教育目标。教什么、怎么教都要与教育目标相关联。

2. 以教育内容为核心

教育内容是经过精心选择的,是符合幼儿需要的。在教育实践中,允许将新的科研成果吸收到教育内容中或对已设计好的教育内容做补充或调整,但是设计好的基本内容不能做大的改动,不能舍本逐末。

3. 要以幼儿为落脚点

幼儿园的所有教育都是为幼儿的发展和社会的发展服务的。因此,教学设计中的目标、内容、方法等都必须考虑对幼儿是否具有教育性和适宜性；幼儿自身是否具有可接受性；是否符合幼儿发展的规律性等。因为教育的目的是要促进幼儿全面发展，备课是为了要幼儿掌握一定的知识、技能、经验，形成一定的正确观念，培养其兴趣，发展其智力，形成良好人格等。由于幼儿的身心都处于最初的成长阶段，教师要特别考虑幼儿身心发展特点和成长规律，这些目标、内容、方法等是否适合幼儿，幼儿是否能接受等。因此，备课必须要最终落实到幼儿身上去。

五、幼儿园课堂教学设计内容与思路

传统的教学设计思路主要是站在教师的角度来考虑的。其教学目标主要是："我们想让幼儿得到什么？"其教学内容主要是："通过什么让幼儿得到？"其教学方法主要是："怎样让幼儿得到？"而当代的教学设计思路主要是站在幼儿的角度来考虑的。其教学目标主要是："幼儿需要什么，我们想让幼儿得到什么？"其教学内容主要是："通过什么让幼儿得到，幼儿从中可能得到什么？"其教学方法主要是："怎样让幼儿得到，幼儿可能会怎样去获得？"幼儿园课堂教学设计内容涉及幼儿的特征、幼儿的学习任务、集体教学环境、教学顺序等几个方面的内容。

（一）幼儿的特征

幼儿的学习任务是由幼儿来承担的，幼儿在先天的能力、背景知识和经验等方面都有很大不同，在接受新学习任务方面的能力就会不同，因此在进行教学设计时必须考虑幼儿自己的学习特征。考虑的内容可以有以下两个方面：第一，找一条合理的途径来缩小个别幼儿特征之间的差异，目的是确保教学计划的可行性；第二，鉴别出普通幼儿身上的共同特征有哪些表现。对幼儿身上的共同特征表现的了解能够使教学设计更有效，也为那些有差异特征的幼儿学习找到一个平衡点，即在共同特征基础上设计的教学怎样才能满足有差异的幼儿教学设计。要达到上述目的就必须对幼儿的心理发展特征进行基本的了解。

1. 幼儿的注意力水平状况

幼儿的注意是以无意注意为主，有意注意正处于形成阶段。这就是幼儿的注意力不稳定、出现好动行为的原因。从积极的观点来看，幼儿的好动更好地促进了幼儿的探索精神，是幼儿对世界进行认知的前提。但是从消极的观点来看，幼儿的好动不利于他们对事物获得清晰的认识。随着幼儿年龄的增长，其注意的稳定性会不断提高。有研究报告认为，幼儿玩玩具的注意力情况可分为以下几点：1岁幼儿的注意时间仅能持续2分钟，到2岁时注意持续时间8分钟以上。也有人观察幼儿自由活动的时间，研究结果为：5～6岁幼儿的注意持续时间平均大约7分钟。

同时，幼儿注意广度不断扩大。国外一项研究结果表明，6岁以下幼儿在看电视的时候，常只注意视觉形象，如各种拟人动物角色的衣着打扮、样貌和动作情况，幼儿不会注意对话的具体内容等。6岁以后不仅对视觉形象感兴趣，也对听觉方面的刺激信息感兴趣，开始注意对话了。有研究结果为：4～6岁幼儿对节目中的重要信息很敏感，看完后能回忆起很多重要信息，对不重要的信息回忆不起来。也就是说，幼儿的注意具有选择性的特点。

2.幼儿的记忆发展水平

外界刺激的作用对人的感官从引起注意到长久地记忆。幼儿的记忆发展表现在基本记忆能力的发展、记忆策略的发展和对周围世界的知识的发展。

(1)基本记忆能力的发展

基本记忆能力是指在短时记忆中所保持的信息总量的能力。有人对幼儿记忆数字表的实验表明:幼儿的记忆广度为,5岁儿童平均可以记住4个数字。随着幼儿年龄的增长,其记忆广度逐渐提高。有研究也表明:让幼儿将看过的图片认出来,大部分4~5岁的幼儿都能把全部图片认对。但是如果让幼儿先看玩具再把看过的玩具名称说出来,2岁幼儿一般只能说出2个,4岁幼儿能说出3~4个,这说明幼儿的再认能力比回忆能力强。

(2)记忆策略的使用

记忆策略一般有复诵、组织和精细加工三种方式。幼儿不会自发用这三种方式。因为幼儿的认知水平还达不到这种程度。但是幼儿将记忆任务与他们自身的需要联系起来可以使用一些简单的记忆策略的。如国外的一项研究表明:在2~5岁的幼儿面前呈现大小形状相同的12个盒子,有的盒子装的是巧克力,有的盒子装的是别针。如果幼儿能分辨出装巧克力的盒子,盒子里的巧克力就属于他。结果即使是4岁的幼儿也能将装巧克力的盒子找对。他们是按照装巧克力的盒子位置来帮助记忆的。国内研究也表明,五六岁的幼儿已经能够主动采用记忆策略;在无诱导的条件下,也有30%的幼儿能够主动采用策略来解决问题。

(3)对周围世界的知识发展

对周围世界的知识是指幼儿通过日常生活中积累起来的经验用于对周围客观世界的认识。这种知识对幼儿来说已经存储在长时记忆系统之中。幼儿的长时记忆系统是按照一定的方式组织起来的知识结构。有研究分析幼儿具体的知识结构类型有以下几种重要类型。

①故事结构知识

故事结构知识是指故事具有完整性,包括故事的开头和结尾部分。开头部分指故事方式的时间、地点、人物、情节。结尾部分指故事中主人公的结局。幼儿喜欢听故事、看故事。听多了、看多了,幼儿自然会形成一定的故事结构知识。故事结构知识能够帮助幼儿理解和回忆听过的故事,同时能够有助于提升幼儿自编故事的能力。

②程式知识

程式知识是指日常生活情景或事件的心理表象。幼儿建构了有关的心理表象,就能预料事件发生的先后顺序和事件中人物应该采取的行为等。如果问幼儿:如果到快餐店吃饭,进入快餐店该干什么?幼儿能够回答:进入快餐店后先排队点餐,然后付钱,等着服务员把餐端出来,放在柜台上等。幼儿一旦有了程式知识,就能轻松适应环境和进入社会与人交往,从而提高幼儿的行为效率。

③类别关系知识

幼儿学会了说话,掌握了词的应用,就开始了对事物类别关系的认识。词是语言的基本单位,是概念的载体,具有概括性。一个实物名词就代表了某一类事物。如"花"这个词,就代表了所有的花,花有菊花、牡丹花、玫瑰花等。因此,幼儿已经开始形成和发展了对事物的类别知识。

3. 幼儿对数的推理能力

幼儿数概念的形成和运算能力的发展直接影响幼儿对数的推理能力,而数概念和运算能力来源于计数活动。一般3岁幼儿已经能够口头数10以内的数。接下来,幼儿的计数能力可以发展到**按物点数**,即幼儿能够把数与客观事物的数量一一对应起来,在此基础上说出事物的总数。由按物点数到说出总数代表着幼儿的计数能力达到了一个新的水平。最后是**按数取物**,即幼儿能够按照一定的数取出该数的事物。这就是幼儿对数概念的实际应用,也就形成了数概念。

通过计数活动,幼儿对数的组成有了认识,包括对数进行分解与组合,也就是幼儿能够学习加减法了。幼儿的计数能力与运算能力是并行发展的。运算能力包括实物运算、表象运算和抽象数字运算三种层次的水平。

4. 幼儿对时间和空间认知发展的特点

(1)幼儿对时间认知的特点

幼儿对时间的认知是比较困难的,因为时间比较抽象,不能直接感知,反映各种时间的关系如"昨天""今天""明天"等也只是相对而言。因此,幼儿对时间的认知是幼儿思维能力和整个认知水平的一大挑战。成人帮助幼儿对时序(时序是反映客观现象的一种顺序)、时距(时距是客观现象的持续性的反映)和年龄(年龄是一种时间概念)等的认知,都应该与幼儿的自身经历或亲身活动结合起来。

(2)幼儿对空间的认知特点

幼儿对空间的认知首先由认知对象决定。幼儿对空间的认知内容主要有以下三个方面。一是空间知觉的发展,如认知对象的形状、大小、远近、方位等;二是有关几何的分组,如长度、面积、体积等;三是空间表征和推理能力等。但是幼儿常常是根据自身的知觉经验理解空间事物,同时幼儿又受事物的知觉属性影响。一般幼儿对空间的认知发展是从整体事物到局部事物开始,然后又从事物的局部到整体的知觉过程。

5. 幼儿的言语发展

幼儿在与成人交往的过程中,大脑皮质不断完善,随着感知、注意、记忆、思维等的迅速发展,语言能力也在飞快发展。幼儿期是学习本民族语言的最佳时期。

幼儿期是人的一生中掌握语言最迅速的时期,也是最关键的时期。在这一时期,幼儿的听觉和言语器官的发育逐渐完善,正确发出全部语音的条件已经具备,三四岁时发音已经开始定型。

3~4岁幼儿由于神经系统发育还不完善,发音器官和听觉器官的调节、控制能力相对较差,所以他们有些音发得还不够准确和清晰。此时是他们语音发展的关键期。这时的幼儿已经能听懂日常生活用语,会向别人表达自己基本的想法和要求,只是语句不够完整,有时会出现时断时续的现象。他们对词义的理解比较表面化和具体化。

4~5岁幼儿基本能够发清楚大部分语音,已能听懂日常一般句子和一段话的意思。他们掌握词汇的数量和种类迅速增加。在使用简单句的基础上,其语言逐渐连贯起来。

5～6岁幼儿在正确的教育和影响下,能够清楚地发出母语的全部语音,并能听懂更多较复杂的句子,理解一段话的意思。能够掌握表示因果、转折、假设关系的连接词,掌握表示类概念的词汇;能够用语言描述事物发展的顺序,并且会有意识地组织句子,表达时运用各种语气。

幼儿言语的发展过程中对句子的理解先于句子的产生。幼儿在能够说出句子前,往往要先理解这种句子的意思。但是成人在说出这种句子时总是千变万化的。幼儿能够采取一定的策略去理解。如国内外的研究表明,幼儿常用的理解策略有语义策略、词序策略和非语言策略。幼儿随着年龄的增长逐步说出双词句、多词句,逐渐增加句子的长度。幼儿到 2.5 岁后开始对句子进行简单的修饰,3 岁后能够用较复杂的修饰语。3.5 岁后幼儿的复杂修饰语增长速度最快。2.5 岁左右能够说出极其少量的简单复句,5 岁时发展较快,主要是联合复句和主从复句。

幼儿在语音、句法和语义规则等的掌握下,能够用语言进行交往。国外的一项研究表明,4 岁左右的幼儿已经能够按照本民族语言适宜年龄、性别和社会状态不同的听者。但幼儿的对话需要一定的情景帮助表达。因此,教师要创设一定的语言情景来帮助幼儿掌握和运用语言的能力。

(二)幼儿的学习任务分析

教学设计主要考虑的不是"幼儿要学习什么",更主要的是考虑"幼儿在这堂课学习结束后将知道什么或会做什么"。这就是对幼儿学习的任务进行确定。幼儿的学习任务的确定是教学设计的首要条件。确定好幼儿的学习任务后进行任务分析。任务分析主要有两个类型:一是程序任务分析;二是学习任务分析。程序任务分析描述完成某一个任务需要哪些步骤。比如,在结构游戏中要让幼儿学会搭建一个物品。幼儿要先搭建什么,再搭建什么,最后搭建什么三个步骤。程序任务分析揭示了两个信息:一是提供了对教学终点目标的一个清晰描述,包括所设计的每一个步骤;二是揭示了可能但又不很明显的个别步骤。

程序任务确定后,就要用另一种分析即学习任务分析来确定先决条件。先决条件又称前提条件,是在终点目标学习之前幼儿要学习的一项任务,它使幼儿的学习成为一种可能。例如,上述结构游戏案例中的先决条件是:幼儿具备搭建物品的材料的相关知识吗?对搭建物品的操作技能掌握了吗?教师为幼儿提供了搭建物品的材料吗?这些便是学习任务的先决条件。这些先决条件使终点目标(幼儿搭建物品)成为可能。

学习任务的先决条件有学习智慧技能的先决条件和其他学习类型的先决条件。学习智慧技能的先决条件分为必要性先决条件和支持性先决条件。智慧技能的必要性先决条件是指智慧技能学习的终点目标通常由两个或更多个下位技能或更简单的技能组成,因此下位技能或者更简单的技能就是学习终点智慧技能的先决条件。对于幼儿来说,如幼儿要学习绘本故事"蚂蚁搬家",其中幼儿能够表演"蚂蚁搬家"作为该堂课的终点智慧技能,那么幼儿学习蚂蚁"爬行"的动作就是其中的一个较简单的技能。对于幼儿来说,"爬行"的技能就是幼儿"表演蚂蚁搬家"的必要性先决条件。

同时,学习智慧技能的支持性先决条件是智慧技能学习的基础,对智慧技能的学习能起到支持作用或帮助作用的,包括信息的掌握、认知策略的习得、学习态度的端正程度等。对于幼儿的学习智慧的支持性先决条件的描述,还是用"蚂蚁搬家"的例子来说明。幼儿是否会说"蚂蚁""西瓜"等语言;幼儿对"搬家"的概念是否了解;幼儿对"蚂蚁搬家"的故事是否感兴趣等,便是学习绘本故事"蚂蚁搬家"的支持性先决条件。

(三)集体教学环境的设计

大量的教学任务都是在各种规模集体中开展学习的。这种集体规模有以下一些形式:第一种规模是两人组成一组。这种形式有可能是两人讨论学习或者是辅导形式学习,对于幼儿来说还可能用于合作、对话或表演等活动。集体学习环境可以是一个教师和一个幼儿之间的活动,也可以是两个幼儿之间的活动。第二种规模是小组。小组的成员一般是3~8人为一组。这种形式一般用于讨论、相互问答或者合作等活动。对于幼儿来说,可以用于讨论、表演、合作等活动。集体学习环境可以是师幼之间或者幼儿相互之间的活动。第三种规模是大组。大组成员一般由9人及以上为一大组。这种形式一般用于演示或有投影仪等有材料中介的情况下的大型活动。集体学习环境一般是师幼之间或幼儿相互之间的活动。因此,不同规模的集体教学方式是不同的。小组更支持幼儿的主动性学习,大组更支持幼儿的接受学习。

(四)教学顺序的设计

任何教学都必须要确定先决条件,之后再确定更复杂的条件,条件确立后要确定目标的顺序,教育的目的是在能促进有效学习的课程中建立顺序,这就是教学顺序的设计。最一般的顺序是由简单的学习任务到复杂的学习任务,其中复杂的学习任务需要较长时间来完成。另一种顺序就是根据学习内容的意义不同来排序。按照"教学精加工理论"的观点,从宏观理论水平对排序问题进行排序,先让幼儿学习概念化或原理性的东西,然后再具体化地学习或再进行延展学习,即先学习一般性的经验,再学习个别性的经验。但是对于幼儿的具体思维特点,先进行具体感知学习也许更有用得多。

对于一节课的设计,要在一定的时间内完成一定任务的学习。对于幼儿来说,完成学习任务所花的时间要根据幼儿的不同年龄来计算。如大、中、小班幼儿的注意力时间不同,其一节课安排的时间就会不同。一般是大班幼儿的注意力时间长于小班幼儿的注意力时间,因此,在安排学习任务时大班幼儿的学习任务多于小班幼儿的学习任务。时间确定下来后再确定操作的安排。操作安排与目标时间之间没绝对的原则,但有一些具体的要求。例如,先前的学习要支持新的学习;一节课的顺序要完整,即要有一个合理的完整安排;无关的目标不要在课堂上出现;教幼儿一定的经验时必要确定先后顺序,即先教什么再教什么,或者让幼儿先做什么再做什么。

对于一节课中技能的顺序安排可以确定一个或多个单目标作为终点目标。终点目标下可以有下位目标,如要让小班幼儿学习穿衣服作为终点目标,那先让小班幼儿了解衣服的结构,尤其是有纽扣的衣服,扣纽扣的技能可以作为穿衣服的下位目标。下位目标的获得需要让幼儿知道什么才能学习到新的经验,还需要了解幼儿已经知道了哪些经验可以帮助他

(她)获得新的经验。教师要从幼儿已有的经验中作为该节课设计的起点。在针对幼儿的一节课的教学中,还要考虑幼儿的动作技能、智慧技能、语言水平、学习兴趣和认知策略等。

在设计一节课的教学顺序时,要把先决条件中的支持条件放在首要的位置,如小班幼儿学穿衣服,幼儿可以准备有纽扣的衣服作为其中一个必要条件。幼儿认识纽扣作为扣纽扣的先决条件中的第一个支持条件,掌握扣纽扣的顺序作为扣纽扣的先决条件中的第二个支持条件。这里的教学顺序应该是:准备有纽扣的衣服—幼儿认识纽扣—掌握扣纽扣的方法。如果幼儿扣纽扣失败,那么教师就要思考:幼儿是否已掌握了先决条件。这样,教师就要回到学习顺序的轨道上来,从而继续对已经掌握新经验的幼儿起到积极的强化作用。

六、幼儿园课堂教学设计结构与撰写

通常情况下,教师在进行课堂教学设计之前,首先应了解幼儿园教务组拟订的学年和学期计划。其次,教师应结合教务组的规定,根据本班幼儿和教师自身的实际情况进行备课。备课时要先拟订学期计划、月计划、周计划,即针对本学期的教育任务,教师大致要在哪个月或哪几周完成哪些任务,给幼儿提供怎样的学习内容做一个基本的划分。这样,教师在进行课堂设计时就能做到心中有数了。对于一个幼儿园的新教师来说,了解幼儿园教务组的安排是很重要的一个环节,它能起到一定的指导作用,新教师既要按照幼儿园的要求完成教学,又要结合本班幼儿的情况完成教育任务,这样才能更好地实现幼儿教育目标。

教师对每堂课的设计即备课环节,备课最好能提前一周完成,因为经过上一周的教育工作体会可以对幼儿的学习信息进行及时反馈,能够有充裕的时间对下一周或下一次的教学设计做出调整。备课环节是幼儿园教师上好课的最重要的环节,也是实时课堂教学最直接的环节。教师通过备课、具体编写教案,能够对教学内容有更充分的认识,并对教育活动整个过程更熟悉,这是提高教育质量很关键的一步。对幼儿园教师进行课堂设计的能力需要从以下几个方面入手。

(一)了解幼儿园课堂教育活动设计的基本结构

教育活动设计的基本结构一般包括以下步骤。第一,要明确该堂课的具体主题或名称。第二,要明确该堂课具体的教育目标。教育目标一般包括知识目标、能力目标、情感目标三个方面。对教育目标的要求:表述清楚、表述一致、避免混乱、表述得体、便于操作;具体、清晰地写出表达到教育目标的条件;情感目标与认知目标并重。第三,要明确该堂课的重点和难点。相同年龄的幼儿其发展水平大致相似,有经验的教师能更准确地确定课程内容的重难点,其目的是防止平均用力。第四,要明确用什么方法来解决重点,用什么方法来解决难点。第五,要准备哪些玩具或应该布置什么样的教育环境,给幼儿更直观、形象的教学气氛。在进行这些物质准备时应该遵守的原则:"根据需要而准备,准备了就要充分应用。"第六,要根据教育内容来分配时间。对时间进行分配的目的是防止时间分配不合理。

(二)幼儿园课堂教育设计的撰写格式

把课堂教学设计以文本的形式撰写出来称为教案。教案是课堂实施的主要依据,是课堂计划的具体安排。教案无固定的格式,但是一些基本的内容还是应该具体包括在内。

1.教案的基本格式

(1)主题名称

该堂课的具体名称,也就是上课的主要内容要有个名称。有了主题,上课要紧紧围绕主题来开展。主题的确定决定了上课的形式、方法、教具的安排和准备。

(2)教学目标

教学目标体现了教学要完成的具体任务。幼儿园一堂课的教学目标不宜太多。一般2~3个为宜。每个目标确保真正实现。

(3)教学内容

教学内容要以主题名称来做具体安排,以及内容的多少,内容是否需要延伸等。教学内容要为完成目标服务。

(4)教学重难点

教学重点要与活动开展的主要内容一致,教学难点可以根据幼儿掌握的困难程度决定。

(5)教学方法

一般在一堂课不宜使用过多的教学方法,2~3个为宜。包括主要运用什么方法来导课,用什么方法来完成重点难点,即教学方法的运用要有针对性和具体性。

(6)教具

教具是根据教学的需要来准备教具。教具尽量具有直观性、生动性、形象性、情趣性、色彩鲜亮性等特点。准备的教具要充分应用,不能闲置在一边。即根据需要而准备,准备了就要充分应用。

(7)教学步骤或教学过程

教学步骤的撰写要清晰、明确,主体部分要能够体现该堂课的内容、方法、步骤、措施。

(8)活动结束

幼儿园活动结束的设计要自然,不要让幼儿感觉很突然。

2.教案撰写的一般程序

(1)钻研幼儿园课程标准

幼儿园的课程通常参考《纲要》或者《指南》等纲领性文件,将其中的精神吃准吃透,再结合本园实际情况和自己教的幼儿的具体年龄来考虑该堂课的内容是否需要调整。教师对本堂课所教内容要能把握其核心的东西,思考是否能够用此内容来实现教育目标。

(2)分析幼儿

教师在分析幼儿时要考虑幼儿的心理特点和学习特点,还要分析幼儿的家庭背景特点。因为幼儿的家庭特点不同,幼儿掌握的知识背景可能也会不同,教师的教案尽可能使幼儿能够真正参与其中。

(3)查阅资料

教师查阅资料的目的是对自己准备的内容进行再思考,同时对别人的教育经验进行吸收或者借鉴。

(4)确定教学目标

教学目标一般分为认知目标或者知识目标、情感目标、能力目标三类。有的学者分为知识与技能、过程与方法、情感、态度或价值观。不管用什么方法,教师应根据自己当堂课的教学需要来制订目标,如科学活动课能够更多地培养幼儿的探究意识或操作能力等。总之不同的领域目标可能不同,如健康领域中的体育课,不一定每堂课都要求幼儿掌握某些知识。

(5)确定重难点

教师在撰写教案时就应该把重难点确定好。这有利于对教学主要内容的突破,同时也防止教师在教学过程中"跑偏"。

(6)选择教学方法

教学方法是教师根据教学的具体内容、幼儿的年龄和已有的知识和能力水平来选择的,而且教师所选择的方法要综合运用。

(7)准备教具或教学设施

教师要进行有效教学就要准备教具,刺激幼儿的多种感官,教师还要设计自己准备的教具在教学中的具体位置和使用方法。

(8)设计教学步骤或过程

这是教案的主体部分,也是教师最花时间、精力的地方。虽然很多课在准备教案的过程中都会有所不同,但一般包括:导课或热身、具体过程的几个环节或步骤以及一系列的活动、结束语。

(9)教学反思

一个好的教案既要体现好的预见,又要体现深刻的反思。它是教师应该注意的重点之处,因为它跟后面教学技能的提高或者对下一堂的设计有着重要的影响,或者对本堂课的补充或者修正能起到很好的作用。

第三章 幼儿园课程的组织与实施

第一课 幼儿园课程实施的理念

一、尊重幼儿的人格和合法权利

首先,尊重是一切教育的基础,也是现代教育的基本价值尺度之一。"尊重幼儿人格"就是要将幼儿视为平等的人格主体予以尊重。《儿童权利公约》的基本精神就是强调幼儿不仅是被保护和教育的对象,而且是具有积极性和主动性的"权利主体"。

幼儿园教师对幼儿人格的尊重体现在三个层次:第一个层次是幼儿园教师要认识到,幼儿虽然年龄小、思维不成熟,但也是一个有着自己想法、观点的能动个体,幼儿的人格、观点和想法以及权益应该受到尊重和重视;第二个层次是幼儿园教师要将幼儿的想法和观点、权益作为自己设计、组织教育活动的起点和依据,教师所采取的教育教学行为不能无视甚至损害幼儿的合法权益;第三个层次是及时制止不尊重幼儿人格、侵害幼儿权益的行为和现象,或依靠自己的能力向相关部门反映,用自己的实际行动保护幼儿的人格和合法权益。

其次,幼儿有自己的权利。他们具有生存权、受保护权、受教育权、游戏权等合法权益。幼儿和成人一样,他们有生存、安全、爱与尊重等需要,只有这些需要得到满足后,他们才能萌发好学、好问、尝试、探索、追求成功的需要。因此,幼儿园教师要坚持正面教育,用平等的态度和幼儿说话,爱每一个幼儿。

二、尊重幼儿发展的全面性和差异性

幼儿发展的全面性包括两个方面。

一是教育要适合大多数幼儿的发展水平和需要。教师设计一系列的教育活动,主要是从大多数幼儿的一般发展水平和需要出发,通过教育活动,促进他们向高一级水平发展,这是现代教育思想所要求的。教育普及思想强调提高大众科学素养,认为一个民族的科学素质不是取决于少数"英才",而是取决于全民素质的提高。

二是教育要面向幼儿发展的每一个方面。教育不能忽视幼儿的多种需要。我们应该在满足孩子多方面发展需要的基础上谈特色,特色项目可以渗透到全面发展的教育中,幼儿发展的差异性也包括两方面。

首先是幼儿的发展具有不同的水平。每个幼儿虽然都具有相同的心理现象,但这些心理现象的表现并不同步,有的幼儿的某些心理表现得早些,有的幼儿的某些心理表现得晚些,即存在着发展水平上的差异。

其次是即便是相同的心理现象也要通过不同的个体去表现,而每个幼儿所受的遗传、环境、教育的不同导致他们拥有自己的特色,这就是幼儿之间存在的个别差异。所以,幼儿教师要承认、尊重和接受每一个幼儿在认知、情感与社会性甚至外貌等各方面的独特性和差异性,特别要避免在日常工作中对外貌较好或者能力较强的幼儿无意有意的偏爱,努力让所有幼儿的各种潜能都得到充分的发展。

所以,尊重幼儿的发展,既要注重全面性又要注重差异性。教师能做到的就是创设一个丰富多样的、多功能多层次的、具有选择自由度的环境,让每个幼儿都有机会接触符合自身特点的环境,用自身特有的方式同化和吸纳外界;教师在此过程中要了解幼儿,敏锐地观察幼儿之间的差异,指导个别幼儿,以满足不同幼儿的发展需要。

三、保教结合

保教结合是一个整体概念,体现教育对个体发展的整体影响。"保"指保育,是保护幼儿健康,为增强其体质、促进其生长发育而进行的各种活动。其中既包括体育锻炼,又涉及营养、生活环境、预防疾病和事故、建立科学作息制度等内容。"教"指教育,通常是指有目的、有计划、有系统地影响幼儿身心发展的活动。"保教结合"即合理安排幼儿的生活,培养良好的生活卫生习惯,丰富知识经验,发展智力、语言,促进良好的社会适应能力,培养积极情感和个性品德等全面发展的教育。

保中有教,教中有保,即在保育工作中要注意教育的因素,在教育工作中也要注意保育的因素,使两者达到有机的统一。"保中有教"要求教育的因素要渗透到保护幼儿身心健康发展的领域,强调保护和增进幼儿健康,注重发展幼儿的积极自主性,培养活动兴趣,增强幼儿生活自理能力和自我保护、安全意识。"教中有保"要求教师在教育过程中注重创设宽松、有助于幼儿健康发展的教育氛围,教师和幼儿之间应形成良好的人际心理环境。只有保教结合,才能促进幼儿身心全面、和谐、健康地发展。

四、以游戏为幼儿的基本活动

尊重幼儿的身心发展规律,就要尊重幼儿的天性。游戏是幼儿的天性,可以说,没有游戏就没有发展。游戏能够让幼儿沉浸在操作的学习中,发展"观察力和发现力",培养"想象力和创造力",锻炼"身体操作能力",学习"分类与选择",进行"尝试、试错并获得成功",与同伴"交流合作",发展"理解、推理和记忆能力"。游戏与幼儿发展的关系可以概括为三句话:游戏反映发展,游戏巩固发展,游戏促进发展。

(一)游戏反映发展

游戏是幼儿已有经验的表现活动,也就是说,游戏往往是幼儿力所能及的活动,每个幼儿在大多数情况下都是根据自己的能力进行玩耍,他们不会选择难度高于自己能力的活动内容。他们在选择玩伴时,也往往寻找与自己水平相当的伙伴,这样才能玩得起来,所以观察幼儿在游戏中的语言、动作和社会合作行为,就能看出他们的发展水平。

(二)游戏巩固发展

重复性行为是幼儿游戏的一个明显特点。研究发现,当幼儿刚获得一种新经验,或刚学会一种新技能时,他们就会通过游戏反反复复、不厌其烦地重现。如当他们刚接触一种新玩具和新材料时,会不断地重复这种玩具和材料的玩法,直到完全掌控它们。

(三)游戏促进发展

尝试性行为是幼儿游戏的另一个常见表现。根据维果斯基的观点,儿童在游戏中往往不满足于已经达到的行为水平,他们总是以略高于日常的水平来尝试新的游戏行为。每当幼儿尝试一种新的玩法时,他们总能准确地估计自己的能力,并调整自己的行为水平。正如维果斯基所说,游戏是儿童自己创造了最近发展区(而教学需要教师估计儿童的最近发展区)。可见,幼儿在游戏中是小步、递进地自我发展的。

五、幼儿园、家庭、社区合作教育

随着经济、文化、科技的发展,家庭生活与文化水准的提高,电视、录像、电脑、通信设备等的普及,幼儿在幼儿园以外获得了越来越多的信息,家庭、社会对幼儿的影响越来越大,与幼儿教育的关系也越来越密切。

(一)家庭对幼儿发展的作用

家长是幼儿的首任教师。血缘关系使幼儿接受了父母遗传基因带来的特质,家庭的熏陶使幼儿习得了最初的行为、个性、语言和能力。家庭与父母给幼儿留下深深的烙印,这种烙印在幼儿的一生中不可磨灭,这是公认的事实。大多数时候,"家长教师"是在自然状态下无意识地教,在日复一日的日常生活中、在其乐融融的亲子游戏中,通过不知不觉地言传身教,对幼儿产生巨大的教育影响。而随着社会的进步,家长望子成龙的心情越来越迫切,有意识的教育越来越多,对幼儿的发展产生了更大的作用。

(二)社区对幼儿发展的影响

社区是幼儿认识社会的第一课堂。社区主要是指家庭和幼儿园周围的自然社会环境,它是距离幼儿最近、最直接的小社会,是幼儿熟悉、给幼儿带来童年的欢乐和留下美好回忆的地方,这些记忆将伴随幼儿的一生。对故乡的怀念之情也大都源于童年的经历与感受。

社区给幼儿园教育提供大量资源。街道、商店、草地、公园、学校、动物园、博物馆、名胜古迹等,都是幼儿教育的好课堂、好教材。应该充分利用社区资源,带孩子出去,丰富他们的生活,让他们从中获得经验,更多地接触社会和人群,促进其发展交往能力、增长知识、了解社会、学习做人。有条件的社区可以开办儿童图书馆、儿童乐园、亲子活动站,为幼儿园提供支持和帮助,这样更有利于幼儿的学习、生活和发展。

(三)幼儿园在幼儿教育中的地位和价值

幼儿园是专门的幼儿教育机构,它承担着对幼儿实施全面发展教育的重任,根据幼儿特点与教育科学理论,开展有目的、有计划的教育活动。尤其是入托幼儿大部分活动时间都在幼儿园,它必然对幼儿发展产生深刻影响。

幼儿园教育不等于幼儿教育。随着经济、文化、科技的发展,家庭、社区(社会)对幼儿的影响越来越大,与幼儿园教育的关系也越来越密切,幼儿园、家庭、社区构成了幼儿教育的"金三角",它们的合力制约着幼儿发展的方向与水平。幼儿园应做教育"金三角"中的"主角"。幼儿园、家庭、社区之间的合力大小,取决于三者之间的关系。而协调三者之间关系的主导是幼儿园。幼儿园要主动与家庭、社区联系,取得家庭、社会的理解、支持、配合。

六、坚持教育的活动性和活动的多样性

幼儿是在与周围环境的交互作用中得到发展的,活动是幼儿心理发展的基础和源泉。在幼儿园教育活动中,教师要为幼儿提供主动活动的机会和环境,引导幼儿充分开展活动,要给幼儿充分操作、尝试、体验的时间和空间。环境要具有刺激性,让幼儿在动口、动脑、动手的活动中学习。

活动是环境和幼儿发展之间的中介,只有通过幼儿的自身活动,才能使幼儿与周围环境发生作用,从而影响幼儿的发展。幼儿分不清主体和客体,只有无意识的活动:当小手偶然碰到挂在床上的铃铛而发出声响时,才发现了自己的存在;当咬了自己的脚趾感到疼痛时,才分清自己与外界物体的不同。随着生活范围的扩大,幼儿逐步把自己与环境区分开,正是这种不停地运用自己感官的活动,形成了对外部世界的映像。

因此,教师要为幼儿提供多种多样的活动。教育学家杜威说过:"要想改变一个人,必须先改变环境,环境改变了,人也就改变了。"幼儿的发展是一个在与周围环境交互作用中主动建构的过程,教师的主要责任是观察、研究幼儿,尊重儿童的人格、尊重儿童的需要,创造和谐轻松的环境气氛,激发幼儿主动活动的内部动机。教师不是"司令",不能不停地组织指挥,而应留给幼儿自由的时间;教师也不是"法官",不能不断地指责评价,而应帮助幼儿在交往中自己解决问题;教师更不是"保姆",不能事事包办代替,而是幼儿自己能做的,尽量让他自己去做。

七、发挥一日生活整体教育功能

幼儿园一日生活是指幼儿每天进行的所有教育活动。幼儿园在教育活动的实施过程中应关注幼儿在园一日生活中的各类活动,并注意各类活动之间的联系与整合,发挥这些活动的互补作用。

首先,教师必须关注幼儿生活的各种形态。其次,幼儿园教师必须有意识地对幼儿在园一日生活进行充分利用和有效干预,在内容上充分拓展,创设丰富多样的环境,将教育拓展到幼儿在园一日生活的方方面面,甚至延伸到家庭和社区中去。

目前在很多幼儿园中,教学之外的幼儿生活基本处于被忽视的状态,没有引起教师的重视;教师对相关活动的组织和实施没有明确的目标;生活活动与教学活动相脱节;教师未能在幼儿的生活与幼儿的发展之间建立起必要的实质性的联系。只有改变这种状态,幼儿在园的生活才能真正回归幼儿生活的本质。

总之,婴幼儿阶段是一个积淀、孕育、需要成人耐心等待的阶段。苏联教育家马卡连柯指出:"教育的基础主要是在5岁以前奠定的,它占整个教育过程的90%。在这以后,教育还

在继续进行,人(像花一样)进一步成长、开花、结果,但精心培植的花朵在5岁以前就已绽蕾。"

第二节 幼儿园课程目标

一、幼儿园教育目标体系

目标是主体对活动所要达到的最终结果的预期,它引领着活动的方向,支配着具体的行为。教育活动有了目标,学习活动便不再盲目;生活有了目标,活着就有了乐趣和意义。

在教育活动中,只有准确地理解和把握教育活动目标,对不同层次的教育活动目标进行分析,使之转换成符合幼儿身心发展特点、具有可操作性、与教育活动内容密切相关的教育目标,才能促进幼儿身心发展。

幼儿园要明确《纲要》及《指南》对各年龄阶段幼儿教育目标的要求。幼儿园教育目标的层级关系,即幼儿园教育目标、幼儿园领域(主题)目标、年龄阶段目标、学期目标(月、周)、具体教育活动目标。

在制订某一层次教育目标时,要依据上位目标,并充分结合幼儿身心发展的特点和教育内容的性质,对活动内容层层细化与分解(幼儿园各层次目标的内容可参考《指南》)。

二、幼儿园课程目标的基本取向

课程目标是一定的教育价值理念或教育目的在课程领域的具体化,所有课程目标都带有一定的价值取向。明确课程目标的基本价值取向有助于人们更好地把握课程目标,提高制订课程目标的自觉性与自主性。21世纪基础教育的课程目标具有特殊的内涵和发展趋势,如更强调全面性和基础性,更强调人的综合能力的培养,更强调培养人的个性、创造精神和创新能力,更强调课程的人文精神等。

根据美国课程论专家舒伯特的见解,我们把课程目标取向分为四种类型,即普遍性目标、行为目标、生成性目标和表现性目标。

(一)普遍性目标

普遍性目标是依据一定的哲学或伦理观、社会政治需要而引出的对课程进行原则性规范和总括性指导的目标。这种目标的特点是把一般的教育宗旨或原则与课程目标整合起来,因而具有普遍性、模糊性、规范性的特点。它既为教育工作者创造性地阐释教育目的提供了广阔的背景,又可以适应各种具体的教育实践情境及特殊需要,比较宽泛。

由于普遍性目标具有局限性,因此一般适宜表达普遍的理想,不涉及具体教育活动的目标表述。

(二)行为目标

行为目标是以具体的、可被观察与操作的行为来表述的课程目标。它指明课程实施以后儿童身上所发生的行为变化。行为目标的特点是具体、精确与可操作。

有效的行为目标表述必须指明学习之后幼儿身上应该产生的外显行为、在学习的终点所表现的"行为改变"要素和该行为所应用的"生活领域或内容"要素。

行为目标克服了普遍性目标模糊性的缺陷,将幼儿应达到的可见行为作为课程是否获得预期效果的标准,强调的是课程目标的精确性、具体性和可操作性,便于陈述,也很容易判断目标是否达成,有利于教师、幼儿明确努力的方向。但行为目标只能对一些简单知识技能的训练进行一定程度的分解和具体化,人的高级心理能力如情感、态度、价值观等心理特质很难用外显的行为加以衡量。

(三)生成性目标

生成性目标也称形成性目标或展开性目标。它是在教育情境中随着教育过程的展开而自然生成的课程目标。它反映的是幼儿经验生长的内在要求,要求教育者根据幼儿的已有经验和活动过程中对幼儿的了解,形成灵活的、符合幼儿兴趣和当前发展情况的目标。

生成性目标关注的是过程,而行为目标关注的是结果。由于事先不可预期,因此生成性目标不会在预先的活动方案中被表述出来。生成性目标体现了教师的目标动态观,促使教师在活动中关注预期目标以外的内容。

当幼儿从事与自己的目标相关联的学习的时候,他们会越来越深入地探究既存的知识。随着问题的解决和兴趣的满足,幼儿会产生新的问题、新的价值感和对结果的新的设计,这个过程是持续终身的。

生成性目标克服了预设课程目标的绝对化、实施的忠实化和固定化,它鲜明地体现出幼儿园课程的过程性、即时性。它是在教育情境中产生的,它充分尊重幼儿,使幼儿有权决定什么是最值得学习的。因此,生成性目标难以成为主导的课程目标,一般与预设的课程目标结合运用。

(四)表现性目标

表现性目标是美国课程论专家艾斯纳提出来的。艾斯纳受其从事的艺术的影响,认为在艺术领域里预定目标是不适用的,于是他提出了表现性目标作为补充。

表现性目标是指每个幼儿在具体的教育情境中所产生的个性化表现,它追求的是幼儿反应的多元性,而不是同质性。

表现性目标描述教育情境中的"际遇",即幼儿所处的情境、将要处理的问题和将要从事的活动任务等。使用表现性目标意在实现幼儿多样性、个体性的反应效果,而非反应的一致性。

三、幼儿园课程目标取向的整合

不同的课程目标取向表现出不同的特点或呈现方式。从行为目标取向发展到生成性目标取向,再发展到表现性目标取向,体现了课程发展对人的主体价值和个性解放的追求,反映了时代精神的发展方向。它们之间不是相互排斥和对立的,而是相互补充和联系的。

行为目标具体、明确,便于操作和评价。因此某些简单知识和技能的传授、行为习惯的训练可以运用行为目标来表述,使全体或多数幼儿都能够发生目标所期望的变化。

生成性目标和表现性目标关注活动过程,关注幼儿较高层次的兴趣和需要。

课程目标具有开放性,允许教师根据具体教育情境生成新的目标,允许幼儿创造性思维的发展和个性的张扬,注重儿童知识技能、情感、态度的全面培养。

在指定课程目标时,必须兼收并蓄这几种目标模式,确定好课程目标的取向。目标取向确定后,课程目标的选择和目标的陈述就具备了一定的基础。可以说,目标取向决定了一个幼儿园课程内容的选择和课程实施的安排以及相应的评价的建立。

第三节 幼儿园课程内容选择的原则

幼儿园课程内容是根据幼儿园教育目标,有目的地选择的各种直接经验和间接经验的知识与活动体系。幼儿园课程内容的选择体现了不同的价值观。"知识本位论"一度认为课程内容就是教材。事实上,教材只是一种材料和资源,一种帮助幼儿学习的工具和载体。它只起到媒介作用,只是教师手中的教学材料,一套教材不可能穷尽幼儿所能接受的内容。

幼儿园课程不仅要让幼儿获得生存、生活和发展的有关知识,还要在探求知识、初步建构认知体系的过程中,让幼儿体验到学习的乐趣、学会解决问题的方法、善于和人交往与合作、养成正确的态度和良好的习惯等。因此,按照幼儿园教育活动类型,幼儿园课程内容涵盖五大领域,即健康、语言、科学(数学)、社会、艺术(音乐、美术、舞蹈)。即便这样,落实到教育实践中,教师仍然还要对内容进行相应的"综合""整合""渗透"。为此,幼儿园内容的选择要遵循以下几个原则。

一、目标性原则

幼儿园教育活动的内容是实现活动目标的载体,内容是为目标服务的,它直接影响到活动目标能否有效地实现。幼儿教育的目标可简单分解并概述为促进幼儿身心健康和谐发展、兴趣多样、智力发展、习惯良好、活泼开朗等方面。要实现这样的目标,就必须将其分解为多层次、可操作的具体目标,使目标真正落实到每个幼儿身上,落脚点是对应目标的活动内容,这样才能培养适应和创造未来社会的复合型人才。这种人才要具备获取知识、探索发现的能力,较强的交往能力,珍惜和保护环境的意识,具有合作、交往、宽容、承受力强等健康的心理品质。所以,要不断地加深理解幼儿保教目标,从而选择与目标一致的教育活动内容。

二、适宜性原则

幼儿园课程内容的选择要考虑幼儿的身心发展水平,适合幼儿的一般发展顺序和年龄特点,课程内容应该有助于幼儿获得基础知识、基本能力。内容的选择要做到既适合幼儿现有的发展水平,又有一定的挑战性、趣味性;既适合幼儿的现实需要,又利于其长远发展;既贴近幼儿的生活,又有助于拓展幼儿的经验和视野;既符合幼儿生理与心理发展的需要,如身体各器官机能的协调发展和各种心理机能的协调发展,又重视个体需要和社会需要的协调发展。

在教育学中,"适宜"指两个方面。一是适应幼儿现有水平的需要。二是能促进幼儿发展。这也就是布鲁纳所说的"最近发展区"理论,即"跳一跳够得着"。

三、生活化原则

生活化原则是指幼儿园课程内容选择要贴近幼儿生活。生活是幼儿园获得直接经验最理想的场所,是最便捷的方式。幼儿园的生活处处蕴含着潜在的、有价值的教育内容,教师可以随机将这些内容纳入计划生成课程,这既可以看作教育生活化,也可以看作生活教育化。

生活化原则要求设计者对一日生活主要环节的教育功能和可能蕴藏的教育机会进行分析,如哪些内容可以结合幼儿园一日生活的有关环节自然地实现,哪些内容需要专门组织的教育教学活动才能达成,幼儿园和教师要对幼儿的生活环境和生活变化规律进行分析,依据时令、节日等自然顺序展开,使课程安排更符合幼儿的需要,更具有广泛的教育资源,更充满生活的气息。

四、因地制宜的原则

幼儿园课程内容应当反映当地和社区文化背景与特色,使幼儿园成为幼儿认识家乡、了解民族文化传统的场所。社区生活与文化应当成为幼儿园课程的重要资源,不应照抄照搬其他城市或国外的做法。课程内容选择还应与当地的经济发展条件相适应,不应使幼儿脱离实际生活,要帮助幼儿很好地适应社会实际生活,使教育活动的内容本土化、区域化。

第四节 幼儿园课程的实施

一个好的教师应该确立两个意识:发展意识和课程意识。发展意识是指教师对幼儿的日常行为所体现出的发展水平和发展需要,能够随时做出准确的分析和判断;课程意识是指教师在日常生活中,能够随时发现和利用可以影响幼儿发展的教育因素。

幼儿园课程实施方案的策略是指在教育活动过程中,教师为使幼儿的情绪、认知、外显的与内隐的能力达到最佳的活跃状态,所运用的最优化的课程实施取向,它是教师专业素质、教育智慧和教育艺术的体现。目前我国幼儿园主要采用以下两种课程实施方案。

一、主题引领下的领域整合课程

幼儿园的主要任务是让幼儿通过直接感知、体验、操作、探究等方式主动学习与构建知识、经验。《指南》的"说明"指明了幼儿学习以五大领域为内容,以主题活动为线索,以个别、小组和集体活动为形式,采用以生活活动、活动区游戏活动、集体教学活动为途径的多元的、立体的教育活动模式,同时也注重了隐性课程、生成性课程和预设课程的结合对幼儿发展的影响,从而形成了当代以《指南》中幼儿三个年龄段末期幼儿应该知道什么、能做什么,大致可以达到什么发展水平为目标的幼儿园课程模式。

(一) 主题引领下的领域整合课程的含义

主题引领下的领域整合课程是在一段时间内(时间长短由主题内容决定)，围绕事先选择的主题组织教育活动。它以幼儿熟悉和感兴趣的内容为活动对象、以现实发展水平为依据、以活动为载体、以环境为依托、以游戏为手段，充分利用周边资源，预设和生成相结合，通过一个主题线索把单一的、局部的、模式化的零散形式与内容的教育活动整合为复合型、立体式的蓝图教育。

主题活动具有开放性、综合性、整体性的特点，是全面发展的教育模式。这种课程形式将幼儿园的健康、语言、社会、科学、艺术各领域的教育内容有机地整合在一起，同时将幼儿园、家庭、社区等各种教育资源相互联结。在这种课程活动中，幼儿以探究性学习方式，通过对周围世界的深入观察、自主体验来实现对主题所蕴含的经验体系的整体认知与感受，获得主动发展。

(二) 主题引领下的领域整合课程的实施

主题引领下的领域整合课程的实施是低结构化活动和高结构化活动的统一，具体包括教师预设的和生成的、围绕一个主题展开的、全班一起进行的和分小组进行的系列教育活动。

1. 低结构化活动和高结构化活动

低结构化活动是指主题系列教育活动中，通过生活活动、游戏活动等获取有关某一主题的感性经验的教育活动。在低结构化活动中，幼儿更多地通过自主活动获得零散的、偶然的知识，由于这些知识是片段性、零碎性的，因此它对提升幼儿认识的发展是有限的。

高结构化活动是指主题系列教育活动中，教师有目的、有计划地组织班级所有幼儿都参加，有利于幼儿构建具有引领性功能的系统的知识体系的教育活动，即教师通过把幼儿在日常生活和游戏中获得的零散的表象、片段的经验进行整合，使之反映某领域客观事物或现象之间的关系或联系，形成初级的、经验性的科学概念，并通过幼儿能够理解的教学活动为幼儿所掌握。

在幼儿的学习中，没有低结构化经验的积累，高结构化活动就无法实施。低结构化活动中获得的知识有助于高结构化活动的提高和升华。高结构化活动中幼儿获得的知识只占幼儿知识总量中很小的一部分，但对其发展具有至关重要的影响。因此，高结构化活动亦可狭义地称为"集体教学活动"(广义的"集体教学"包括"一日生活活动"和"游戏活动")，它的优点是经济、高效、公平，系统性强且具有引领性。它和"一日生活活动"和"游戏活动"相配合，共同构成幼儿园主题引领下的领域整合课程。

2. 主题活动的设计

低结构化活动以幼儿自主活动为主，具有不确定性；高结构化活动注重活动目标的预设、活动流程的控制，强调目标的达成度。因此，教师要了解幼儿的学习特点与规律，熟悉幼儿的生活、游戏以及幼儿已经获得的知识经验，掌握与幼儿互动的方法与策略，能巧妙地调动与利用幼儿群体所具有的教育力量，否则，这些专门的教育活动就会妨碍幼儿的学习，压抑幼儿的发展。

在主题引领下的领域整合课程中,教师要明确生活、游戏、运动、学习等活动各自在幼儿发展中所起的独特作用,并根据主题将其目标、内容、途径、方法进行整合,使其发挥整体效应。

杜威说过:"儿童的世界是一个具有他们个人兴趣的个人世界,而不是一个事实与规律的世界。"幼儿的兴趣、情绪、经验和行为直接影响着活动的效果。只有他们感兴趣、具备与活动内容有关的知识经验,且情绪稳定时,他们才集中注意去参与,教师的指导也才能真正转化为幼儿的自主活动。因此,无论是低结构化活动还是高结构化活动,都需要教师考虑以下几个方面。

(1)提出设计意图

提出设计意图就是要明确开展某一主题活动或某一具体活动的缘由。内容主要包括幼儿对该活动有极大的好奇心、兴趣或关注度;幼儿需要获得某方面的直接经验或幼儿已具备了接受和理解该活动足够的直接经验;教师要对该活动素材和梗概进行分析;开展该活动的幼儿园已具备有利的条件;通过该活动的实施,使幼儿获得新的直接经验,抑或可以使幼儿在原有感性经验的基础上获得新的认识或使原有认识升华。

(2)确定活动目标

活动目标是活动设计的指引,没有活动目标,设计就失去了方向。幼儿园的课程目标是指通过一次或几次教育活动所期望达到的效果,即通过主题活动或某一具体活动的实施,使幼儿能在原有的基础上获得知识、能力和情感态度等方面的发展。

就某次活动而言,往往在活动设计之初,教师就已预设活动的目标,但是在活动过程中,由于一些客观因素以及幼儿思维的灵活、跳跃和注意力集中程度等情况,可能会有新的目标生成,这是幼儿园教育活动实施过程中经常出现的问题,也是对教师素质的考验。

活动目标由不同的活动内容和幼儿身心发展特点所决定,同时也要考虑本地区、本园的实际情况。根据我国课程标准规定,活动目标一般包括三个方面:知识目标、能力目标和情感目标。在实际设计、组织和实施教育活动中,教师要依据活动内容和实际情况灵活确定活动目标,比如根据幼儿的兴趣需要生成新的活动目标。

活动目标是活动的指引,所以目标的表述要做到以下几点。

①目标具体、可操作,避免过大、笼统

确定活动目标要明确。很多幼儿教师不会制定目标,不明确自己要做什么,在实施活动的过程中也就随心而欲、杂乱无序,甚至不知道自己在说什么。

②目标要清晰,不要与过程、方法混淆

在设计和书写教案的过程中,个别教师会出现这样的情况:在表述活动目标时,把实施活动的过程及过程中使用的方法、形式与目标一并加以表述,使得目标的表述冗长、累赘,甚至有时会产生误解,不知道哪一个是真正要达到的目标。

③目标表述力求以幼儿为主体

教育活动的最终目的是促进幼儿身心发展。教师是活动的主导,幼儿是发展的主体。

教师设计、组织、实施教育活动,幼儿在操作、探索中去发现、体验、成长。所以,教育活动目标是否真正实现,主要看教育活动之后,幼儿的认识、行为等是否发生实质性的变化。也就是说,目标的价值取向应该在幼儿身上得以体现。为此,活动目标要从幼儿的角度去表述,如果某一目标只能从教师角度表述,则要求前后句表述角度要统一。

④目标表述应体现活动的阶段性和连续性

幼儿的每一次活动都要考虑目标的适宜性与达成性。而幼儿每一阶段的学习又都是在幼儿已有知识、提高,因此,必须保证幼儿教育活动的其连续性。

在幼儿园的教育活动实施过程中,一个目标要通过多种活动来实现,一个活动要指向多种目标。目标和活动不是一一对应的关系,我们追求的是通过一个活动实现多个目标。

(3)选择分析并确定活动的内容、组织的途径、形式和方法

在选择课程活动内容时,要依据幼儿学习和发展的需要和兴趣,收集与这一课题有关的材料。材料要与教育目标契合,蕴含丰富的教育活动资源,具有时代性,符合幼儿年龄特点,贴近幼儿生活实际,具有挑战性;还要考虑季节和节日的背景以及本地区一些特殊情况(风土人情、文化传统、教学资源)等。

幼儿园教育活动实施的途径是多种多样的,当下的主题活动需要将游戏、生活、教学、社区等各途径相互整合,以便幼儿通过不同途径,获取和建构关于某一主题的直接经验和知识体系。

幼儿的教育活动没有固定的形式,教师采取什么样的活动形式,要根据教育内容而定。现代的幼儿教育理论强调要充分体现幼儿在活动中的主体地位,要让幼儿在活动中动脑、动耳、动眼、动手、动嘴,让他们自己去感知、发现、探索。因此,幼儿园教育活动的形式趋于综合化、多样化,即个别、小组、集体综合利用,以求实现最佳的教育活动效果。

活动方法是教师教的方法和幼儿学的方法的统一,是活动过程中为实现活动目标所采取的行为方式的总称。教法和学法是一个问题的两个方面,二者辩证统一在同一活动过程中。教的方法必须遵循幼儿学的方法,即幼儿学习的特点和规律,否则,教法将失去它的针对性和可行性;幼儿学的方法是教师教的方法的依据,二者相辅相成。在幼儿教育活动中,教师常用的教学方法有讲解法、示范法、演示法等;幼儿常用的学习方法有谈话法、观察法、情景表演法、实践操作法、讨论法、探索发现法等。

(4)制定完成教育活动的进度表

教育活动的进度是按照幼儿园课程计划进行的。从宏观上说,幼儿园进行的所有课程活动都是有目的、有计划、有组织的;从微观上说,每一具体教育活动根据活动内容和幼儿实际情况,也要制定时间进度表。各层次的课程活动目标虽各有侧重,但它们共同为幼儿园课程的规范化、系统化、连续化运行提供保障,使教师有章可循。

(5)安排空间环境

幼儿的教育活动要考虑活动空间环境布置,如在室内还是室外。对幼儿来说,环境是会说话的第三位老师,对幼儿起着耳濡目染、潜移默化的影响。学习环境的创设,大到设备准

备、活动室的布局,小到活动材料的准备及座位的安排等,都会直接影响幼儿园教育活动的效果。

3.高结构化活动实施的导入策略

幼儿园课程实施是把活动的设计转变为实践的过程,这一过程集中体现了教师的综合素质,要求教师能创造性地将活动内容和形式融合到一起,使教育性、科学性、艺术性及个人风格有机结合,以便幼儿从中受益。

俗话说"万事开头难",良好的导入可以激发幼儿浓厚的活动兴趣和强烈的求知欲,使幼儿迅速地将注意力集中到本次活动上,从而明确活动的任务和要求,全身心投入活动中来。根据材料在导入中所起的作用,常用的导入方法主要有以下几种。

(1)问题导入

问题导入指教师根据活动内容直接向幼儿提出问题。它要求提出的问题具体、形象生动、紧扣活动内容、难易适度、具有启发性。

(2)故事或谜语导入

故事或谜语导入是指教师以讲故事或猜谜语的形式导入。

使用故事或谜语导入时需注意,教师不是为幼儿单纯讲故事或猜谜语,而是因为故事或谜语内容与所要进行的活动有密切关系,使幼儿易于理解和接受。因此,不论是原有的故事或谜语,还是新编的故事或谜语,都一定要保证其内容的科学性、教育性、艺术性和趣味性。

(3)实物导入

实物导入是利用现实中的人、动物、玩偶、图片、模型和环境等进行导入。实物导入的最大特点是具体、直观、生动、鲜活。由于幼儿以动作思维和具体形象思维为主,因而实物导入恰巧符合幼儿的思维特点,它使抽象的内容变得表象化、形象化、拟人化,如临其境。

实物导入直接、简单、明了,但要求教师的语言表述要生动、准确,所用的实物尽量真实化、儿童化,以引起儿童的注意,还要有利于激发幼儿的兴趣和求知的欲望。

(4)演示法导入

演示法导入主要包括实验、情景表演和录像等,是指利用一些相关的材料把事物的发展变化过程演示出来,使人对事物有初步的认识或了解,进而引出活动主题。通过演示让幼儿观察并获得感性认识,可在一定程度上弥补幼儿感性经验的不足。

导入的故事情节可以制成课件,或画出一组可以表示故事情节的图片,亦或事先找若干小朋友进行角色表演等。这种演示直观、形象,是幼儿最喜欢的导入形式之一。

使用演示法要注意:事先要做好充分的准备,检查好材料和设备情况,并进行预演;设想可能出现的各种情况;演示的内容与方式要紧扣活动内容和目标;演示过程中,必要时要求教师进行简洁的说明和指导。

二、方案活动

方案活动是20世纪60年代和70年代普罗登时代英国学前教育和小学教育的中心部

分。在那些年,英国的实践激励了许多美国教师在"开放教学"的名义下采用这种方案教学法。意大利瑞吉欧·艾米丽亚的北方小镇将方案教学法进行了高度创造性的改造,使其成了课程的一部分,最近几年还被其他国家广泛采用。

之所以叫方案教学,而不是"方法"或"模式",是为了表明探索性方案活动只是学前课程或小学课程的要素。作为3~8岁儿童课程的一部分,方案活动是在与其他方面课程的互补关系中发挥它的功效,而不是作为一种总的教学方法和模式,因此不需要放弃能支持幼儿发展和学习的其他广泛和教育的实践。

(一)方案活动的含义

方案活动是整个班级(有时是班级内的一群幼儿,偶尔也会是一个幼儿个体)对某一主题进行广泛深入研究的活动。当整个班级参与方案活动时,幼儿也会典型地以一个组和个体的形式参与研究大主题以下的特定分主题。这种活动可以是幼儿对主题的诸多方面进行研究,而这个主题在理论上应该是参与活动的幼儿所感兴趣的,同时也是值得他们注意并努力的。在与教师讨论时,幼儿会针对主题的具体方面提出问题,而主题也将成为幼儿在方案活动中的主要攻克点。

方案活动中的探索调查也融入了一系列的智力技能、审美技能和社会技能。参与活动的幼儿凭着已获得的这些方面的技能,共享和讨论与那个主题相关的经历,收集数据、书写、测量、绘画、涂抹、制作模型、阅读、编故事、表演戏剧、进行美术活动等。理想的方案活动应该让幼儿获得有关科学、社会研究、文学、艺术等多种学科方面的有价值的知识和概念。此外,方案活动通常会通过直接观察、访问相关专家、对感兴趣的分主题做相关的实验、收集相关物品、为自己的发现汇报做准备等活动来收集信息。

在方案活动中,教师会鼓励幼儿找到他们特别感兴趣的分主题,选择他们负责的特殊任务。除了具有获得新知识、新技能的价值外,通过长期努力而获得对主题的主控感,会为幼儿形成对有价值主题的深入理解打下基础。

方案活动区别于向幼儿介绍知识的传统教育方式的主要特征是:在明确即将研究主题的各项参数并提出要在探索中予以解决的问题时,幼儿是直接和主要的参与者;允许研究的方向随着方案活动的进行发生转移;幼儿负责完成方案活动,负责准备和汇报对研究发现所进行的各种表征。

(二)选择方案活动主题的标准

①它在幼儿自己的环境(真实世界)中能被直接观察到。②它在幼儿经历的范围内(经历中的大多数或经历中的一些)。③第一手的直接研究调查是可行的(不是有潜在危险的)。④当地资源是有用的而且是容易获得的。⑤使用多种表征媒介的可能性很大(角色游戏、建构、画图、多维标准、编制图表等)。⑥家长有可能参与进来贡献自己的力量(让家长参与进来,并没有多大的困难)。⑦它对当地文化敏感,总体上在文化方面对幼儿是合适的。⑧幼儿当中有许多人可能对它感兴趣,或者成人认为它是值得在幼儿中间发展的。⑨它与学校和地区的课程目标是相关的。⑩它给幼儿提供了运用基本技能的充足机会(取决于幼儿的

年龄)。

(三)方案活动中四种类型活动目标的定义

在幼儿的各个教育阶段,都必须追求以下四种类型的教育目标:知识、技能、倾向和情感。在幼儿早期阶段,对它们可这样定义:①"知识"可被宽泛地界定为想法、概念、图式、事实、信息、故事、神话、歌曲和头脑中其他诸如此类的东西。②"技能"被界定为细小的、分散的、相对较为短暂的动作,而这些动作可以被轻易地观察到或者从行为(如:剪切画、数一组物品、协调与同伴的行为、进行大肌肉动作和小肌肉动作等)中推测出来。③"倾向"被宽泛地界定为相对较为持久的思维习惯,或者对发生在各种情境中的经历特有的反应方式(如坚持不懈地完成任务,好奇、慷慨或贪婪,阅读的意向或解决问题的意向等)。倾向不同于一项知识或技能,它不是一个结束状态,不可能一次就被掌握。它是行为的倾向或者是稳定的行为方式,它只有通过反复操作才能够建立起来。④"情感"包括归属感、自尊感、自信感、充足感和不足感、有能力感、焦虑感等。关于重要现象的情感既可以是短暂的,又可以是持久的;既可以是强烈的,又可以是微弱的;既可以是一致的,也可以是矛盾的。

(四)方案活动的阶段

一旦选定了方案活动的主题,方案活动便表现出了一个主要的特征,即幼儿积极地参与到以下这些活动中来:明确要探索该主题的哪些方面、计划活动和确定要准备哪些形式的汇报;教师对可能要从事的活动以及所需要的资源进行计划,并提供一些相关的初步想法,然后将方案活动分三个阶段计划和实施。

1.起始阶段

在方案活动的第一个阶段,教师鼓励儿童运用表征和表达的方式,如戏剧表演、绘画、汇报、写一些关于他们自己的东西等,来分享他们自己与主题相关的经历和回忆,重温与该主题相关的知识。在这些最初的活动中,教师能领会到儿童个体及家长的特殊兴趣;这种共享也能帮助教师对参与方案活动的整个小组进行最基本的了解。家长也有可能以各种方式为方案活动出一份力,如安排参观的地方、出借展览要陈列的物品、接受儿童的访问、提供获得信息的途径。

在方案活动的第一阶段,儿童回顾自己对该主题的理解,在此过程中,儿童提出与主题相关的问题。这些问题会表露出儿童在理解上的一些欠缺甚至误解,这为计划的第二个阶段打下了基础。作为指导者,教师不要过急地去纠正在起始阶段中出现的错误概念,因为在儿童调查研究和测试他们所持有的与现实违背的理论时,这些能成为极好的学习资源。

2.发展阶段

第二个阶段的突出特点在于获得新信息,尤其是借助于第一手的、直接的、在真实世界中的经历获得的新信息。所用信息的来源可以是原始的,也可以是间接的。原始的来源包括接触真实环境和事件的实地远足,如观察建筑工地,观察机器运转,参观超市的货运部。间接的信息来源包括书本、相关的教育性影片、录像带、说明书、小册子。在这个阶段可以查阅这些信息资源。

在发展阶段中,幼儿和教师可共同计划一个实地远足。实地远足不需要很复杂,没有必要花昂贵的路费去一个遥远的地方。他们可以去学校附近的地方,如商场、小店、公园、建筑工地或者在学校周围散步。在教师的帮助下,幼儿可以分组去这些地方,同时他们有机会与成人一起谈论他们正在观察的事物。

在实地远足前要做的预备工作包括:明确要解决的问题,确定要与他们谈论工作的人员,确认设备、物体和可以近距离观察的材料。幼儿可以携带一个简易的写字板(用纸板和纸夹做成),简略地画下或写下特别感兴趣并且在回到教室后能派上用场的东西。同样可以鼓励幼儿在参观过程中数数,记下实物的形状和颜色,学习那些与事物相关的特殊词句,理解事物如何运作,动用他们所有的感官来进一步理解所研究的现象。

返回教室后,可让幼儿回忆众多的细节。随着学到的与主题相关东西的增多,幼儿能用逐步复杂的方式来表征这些细节,运用已经获得的技能:谈论、绘画、戏剧表演、简单的数学符号、测量和简图表示事物。如果远足的地方就在附近,如在学校所在区域的一个建筑工地,可以多次参观这个地方,然后把在某一次参观中所观察到的和在随后一次参观中所观察到的进行比较。

可将幼儿的活动信息积累起来放在个人的方案活动档案袋中,贴在墙壁上展示,把与他人分担的活动记载进小组记录册中。幼儿可以充分地讨论和计划展示什么、怎么展示。从访谈中收集到的信息可以用不同的简便方式来表示。还可以用一系列间接的资料、书本、图表、传单、地图、小册子和图片来激发和丰富方案活动。

随着方案活动在发展阶段中的进展,幼儿通常不仅会对与主题相关的现实性和逻辑性产生强烈的关注,而且也会对描画真实物体越来越感兴趣。在他们写生时,年幼的幼儿能仔细观察植物和动物,观察自行车的部分如何与整体相连。在方案活动的进程中频繁认识和回顾活动的进展,会激发儿童的兴趣。

3. 总结阶段

最后阶段的主要任务是完成个体和小组的活动,总结和反思学到了什么。对于3岁和4岁的儿童,他们大部分是通过在与方案活动相关的搭建事物中进行戏剧表演来完成这个最后阶段的。因此,如果他们搭建一家商店或医院,他们就会扮演与这些背景相关的角色。

对于年龄较大的幼儿,应在幼儿兴趣减退之前,发动幼儿讨论并计划如何分享他们的方案活动经验、如何与他人共同学习。在方案活动的总结阶段,可邀请参观者在一个开放的屋子里观看方案活动,或者邀请隔壁班级来观看某些关于幼儿活动的展品。幼儿同样会乐意与负责教师和其他感兴趣的教师一起分享他们的想法,这也让班级中的幼儿在付出相当多的努力之后,拥有了进行汇报的经历。安排这种场合,其真正的目的是让幼儿对已经完成的方案活动进行回顾。在这个阶段,还可以鼓励幼儿对他们自己的活动进行评价,把他们已经发现的东西和他们在起始阶段中提出的问题进行对照。

第四章 幼儿园课程评价

第一节 幼儿园课程评价概述

一、幼儿园课程评价的内涵

评价是一种价值判断的活动,是对客体满足主体需要程度的判断。它是一个运用标准(Criteria)对事物的准确性、实效性、经济性以及满意度等方面进行评估的过程。

幼儿园课程评价就是一种以幼儿园课程为评价对象的特殊的认识活动,它是针对幼儿园课程的特点和组成要素,收集相关信息,对幼儿园课程的价值、适宜性、效益做出判断的过程。简单地说,幼儿园课程评价就是要探索课程的编订和实施是否符合教育目的和儿童特点的要求;通过课程的学习,是否收到了预期的效果;课程的什么方法需要改进,等等。

课程评价作为幼儿园教育活动的基本反馈机制,是深化课程改革、提高教育质量的必要手段。如今,随着我国幼儿园课程改革的不断深入,幼儿园课程地方化、特色化的追求日益加深,幼儿园课程呈现多元化的发展态势,课程评价在整个课程系统中的作用日益凸显。由于评价本身具有诊断、调节和导向功能,因此课程评价对幼儿园课程的目标设计、内容选择、组织和实施等各个环节,都会产生重要的影响。

如何认定课程的合理性、科学性?怎样克服照抄照搬、盲目模仿的不科学现象?这些问题的解决都离不开幼儿园的课程评价。

二、幼儿园课程评价的目的

幼儿园课程评价在整个课程系统中占有举足轻重的地位,因为它既是幼儿园课程运作的终点,又是幼儿园课程继续发展的起点,伴随着课程运作的全过程。

(一)课程形成前评价的目的是需求评估、比较与选择课程

幼儿园在确定课程前,需要了解本园幼儿的发展现状、需求以及社会需求来比较、选择、确定课程。幼儿园的备选课程可以是国内外已有的课程,也可以是由幼儿园自己开发的园本课程,还可以是二者结合的课程。

通过课程前的评价可以确定在目标设置、内容实施、教学实施以及实际效果等方面课程具有哪些优势,从整体上判断其价值,对课程做出选择。

这种评价有助于幼儿园了解课程的优缺点,从而结合本园的实际情况,选择合适的课程模式,并做出适当的调整和修改,最终确定幼儿园的课程。

(二)课程实施阶段评价的目的是诊断与修订课程

诊断与修订课程是课程评价的基本目的。在课程组织实施过程中,通过科学地对幼儿园的课程方案、课程组织、师幼互动的质量、幼儿园环境的创设和利用等方面进行评价,可以发现课程系统各方面存在的问题和不足,从而找出问题的原因和影响因素,为课程的进一步调整和改进提供充分的依据,通过总结和提炼,形成适宜的课程。

(三)课程实施结束后评价的目的是判断课程的成效

对课程效果的评价,可以了解幼儿学习后的发展状况和预期课程目标的达成情况。当然,课程效果有的是显性的,有的是隐性的;有的是长效的,有的是短效的;有的是预期的,有的是非预期的。在评价的过程中要客观、全面地了解和把握,发挥课程评价的作用。

三、幼儿园课程评价中的价值取向

(一)幼儿园课程评价的主客体关系

《纲要》中指出"管理人员、教师、幼儿及家长均是幼儿园教育评价工作的参与者"。所以,教育行政管理人员、幼儿园园长、教师、幼儿、家长均可以成为评价的主体,只不过,不同主体所进行的课程评价具有不同的视角和目的。

1.各级教育行政管理部门作为评价主体

我国幼儿教育实行"地方负责、分级管理"的方针,幼儿园课程评价的主要任务和权力在地方。政府主要通过一系列的法规、文件等对幼儿教育进行宏观指导,地方行政管理部门主要通过对幼儿园评定等级来进行评价。因此,作为评价的主体,他们对幼儿园课程的评价具有重要的导向作用,直接影响幼儿园教育的发展方向和发展水平。从这个意义上说,评价者的教育价值观在一定程度上是地方政府教育价值观的体现。

2.幼儿园园长作为评价主体

园长在幼儿园课程评价中起着领导、组织的作用,评价的目的是了解本园课程的实施状况,整体把握本园的教育质量。幼儿园确立什么样的办园理念、教育观,实施什么样的课程,都与园长的教育价值观息息相关。园长的教育价值观反映一所幼儿园基本的办园思路,园长的评价标准对教师实施幼儿园课程的行为有重要影响。因此,园长在幼儿园课程评价主体中是重要决策者和实施者。

3.幼儿教师作为评价主体

幼儿教师作为评价主体的目的是了解幼儿发展的水平,发现课程的优点与不足,改进课程,促进幼儿发展。因为教师是课程的实施者,所以他们的观念和行为是影响幼儿园课程实施效果的主要因素。

教师应该运用幼儿发展方面的知识,保持客观的态度,做出有利于幼儿发展的决策,成为有效的评价者,获得对每个幼儿的正确理解,成为幼儿真实的观察者,而不是判定者。

教师的评价贯穿一日生活的全部活动,这种评价随时随地地发生着。

4.幼儿作为评价主体

幼儿对自己的发展有自评或互评的权利,从这个意义上说,幼儿是最实际的评价主体。

幼儿的发展是通过与外界的交互作用形成的,幼儿对知识的自我建构往往是其自主探索、合作交流、自评及互评的结果,教师要多给予幼儿自评或互评的机会。

当然,幼儿作为课程评价者,其评价的方式、途径是有别于成人的,其内在准则是自身的需要和兴趣。幼儿的评价纯粹、率真,幼儿园课程评价不能缺少和无视幼儿的评价。

5. 家长作为评价主体

家长是幼儿园的重要合作伙伴,他们对课程的评价反映着幼儿园对家长需求的满足状况。特别是当前,家长在幼儿园课程评价中的积极性及所发挥的作用正在提升。有些幼儿园的"家长接待日""一日活动开放日""家长座谈日""家园联系册""班级微信群""QQ群"等就是家长参与幼儿园课程评价的重要形式。

需要注意的是,家长在给幼儿园课程评价增添了新视角的同时,也存在着与其他主体之间的矛盾和冲突,家长对子女发展的期望往往会演化为对幼儿园课程及教育的期待。幼儿园无视家长的评价作用是不可取的,完全被家长的评价牵着鼻子走也须谨防。

除了上述提到的评价主体,还可以尝试让所有与幼儿园课程相关的人员都成为评价的主体,参与到这一过程中。当然,最理想的状态是让教师、幼儿、家长和教育部门的管理者一起参与评价政策的制定过程,这样才能保证评价活动最根本的评价主体对评价本身的认同和积极参与。

幼儿园课程评价的客体即幼儿园课程评价的对象和内容,如,课程的方案、课程的内容、课程实施的过程、课程的效果都是课程评价的客体。另外,幼儿园、教师、幼儿等既是课程评价的主体,也是课程评价的客体,幼儿园课程评价是一种多主体与动态客体之间以满足需要为纽带的关系,课程方案的优劣标准、课程实施的效果,主要是看教师与幼儿能否在课程中得到最大发展。因此,幼儿园课程评价既要全面关注其客体,又要充分注意不同价值主体的需要。

(二)幼儿园课程评价的发展现状及价值导向

幼儿园教育评价工作从20世纪80年代开始受到关注,特别是80年代末期颁发的《幼儿园工作规程》吹响了我国幼教改革的号角,"教育应促进每个幼儿在原有水平上的发展"这一理念的提出,使课程评价开始从关注结果向关注过程发展。21世纪初教育部颁布的《纲要》将教育评价作为与总则、教育内容与要求、组织与实施相并列的四个基本内容之一进行了专门阐述,提出了幼儿园教育评价的发展性、合作性、标准的多元性以及多角度、多主体、多方法、重视过程、重视差异等原则。课程评价也由封闭、单一的"完人"式的评价,开始转向动态多元化评价。这是一个质的变化。

第二节 幼儿园课程实施的评价

课程的实施是整个课程系统运作的中心环节。课程实施评价主要包括:了解幼儿在课程活动中的反应(主动性、参与程度、情绪等);教师的态度和行为(对儿童的控制程度、管理方式、教育机制和技巧等);师生互动的质量;学习环境(条件和利用方式等)。因此,对幼儿园课程实施的评价应该是一个动态的过程,应根据幼儿一日生活过程中的所有表现来判断课程实施的效果。

幼儿园课程实施的评价不是抽象的工作,而是在具体的情境中完成的。这个具体情境就是幼儿的一日生活,而幼儿的一日生活从作息的角度主要包括幼儿园生活活动、集体教学活动、游戏活动。

一、幼儿园课程实施评价的基本理念

由于课程实施评价是价值行为,需要价值判断,因而需要扎实的理念来支撑。

(一)切实了解评价在幼儿园教育中的地位和作用

评价是幼儿园课程实践系统的基本要素,缺少了评价,课程的实践系统就不完善了,课程就会缺乏反馈和动力。教师没有进行课程评价,就没有充分履行自己的职责。只有当评价真正成为幼儿园必不可少的工作、成为全体教职工尤其是教师的重要责任时,评价才能真正起到完善、改进幼儿园课程的作用。

(二)切实把幼儿作为幼儿园课程关注的核心

评价不是控制、制约和刺激幼儿,它最根本的目的是让幼儿更好地生活、更好地发展。所谓"因材施教""以学定教""儿童在前教师在后",都是建立在对幼儿评价的基础上的。没有对幼儿的了解,就没有真正适宜的教育。教师正是在不断观察、分析和评价幼儿的行为过程中,感受到他们的需要、兴趣、困惑和喜悦,推断他们的认识、能力和情感,从而不断改进课程。

(三)切实关注一日生活的全过程

幼儿园的课程有其独特性,一日生活中的每个机会对于幼儿来说都具有发展价值。因此,必须纠正和克服以课堂为中心的做法,切实关注晨间活动、进餐、盥洗、游戏等活动环节,拓展评价的视角,更真实全面地反映幼儿的发展。

(四)切实提高教师的观察和记录能力

观察和记录是幼儿教师在课程实施过程中必备的能力。教师需要掌握观察和记录的方法,知道如何在众多的现象中确定自己的观察点,如何在众多的感官信息中选择自己记录的内容,如何有效地记录有意义的内容,只有这样才能科学地进行课程评价。

二、幼儿园生活活动的评价

幼儿园的生活活动主要包括入/离园、餐点、饮水、如厕、盥洗、午睡等。《指南》中指出"发育良好的身体、愉快的情绪、强健的体质、协调的动作、良好的生活习惯和基本生活能力是幼儿身心健康的重要标志,也是其他领域学习与发展的基础"。这些目标的达成有赖于幼儿生活活动的组织和实施。在幼儿园一日生活中,生活活动的时间占一日活动的50%以上,这些时间幼儿是如何度过的、每个活动环节的时间安排和利用是否符合幼儿的身心健康和发展都是我们评价的内容。

(一)入园与晨间活动的组织评价

入园与晨间活动是一日活动的开始环节。对这一环节的组织评价应关注教师能否有序地带领幼儿走入一天的活动,是否能有效发挥这一环节的隐性教育作用,保证幼儿以积极愉快的情绪参与到集体生活中来。评价可以从以下几个方面开展。

1. 内容与形式

根据不同年龄的幼儿特点,安排一些自我服务和为班级服务的项目。如:收拾整理好自己的衣物,做好值日生工作,照料自然角,给种植的植物做观察记录。

引导幼儿自主选择感兴趣的区域活动自主游戏,如:美工区、益智区、操作区等。

组织幼儿有序地吃早餐或早点,注意常规养成教育。

夏季,组织好晨间安排的体育活动,选择有利于幼儿锻炼的运动内容。

2. 时间与材料

根据季节、年龄、幼儿园及班级实际情况,制定活动时间。

合理安排各活动内容的时间,过渡环节自然、无痕迹。

为幼儿提供便于取放、安全卫生的材料。

区域材料符合幼儿年龄特点,有层次性、丰富且易引发幼儿的活动兴趣。

3. 情绪与状态

教师以饱满的精神状态迎接幼儿及家长,热情地打招呼,以此感染幼儿。

活动中幼儿状态积极、情绪良好,对教师发出的信息能做出回应。

有礼貌地向教师、同伴问好,能与同伴友好相处。

(二)盥洗与如厕环节的评价

一日活动中的盥洗和如厕环节包括洗手、漱口、自己料理大小便等。对教师如何组织好盥洗与如厕环节的评价,关系到幼儿良好生活、卫生习惯的养成。评价可围绕以下几个方面来进行。

1. 空间与时间

班级硬件环境的创设,如盥洗室的位置、幼儿盥洗所需物品的提供与摆放、男女如厕区域的划分等。根据不同年龄的幼儿,合理安排时间,给幼儿一定的自由。

2. 保教人员职责

教师、保育员对幼儿盥洗、如厕的要求是否一致,提出的要求要有利于良好习惯的养成和常规的建立。在幼儿进行盥洗、如厕时,保育员所在的位置是否有利于观察到幼儿的行为,并对需要帮助的幼儿提供指导和关注。盥洗的内容及要求应根据不同年龄段及幼儿的原有经验有所侧重,越小的孩子盥洗的要求越细腻,引导的方法越要生动,照料也越要耐心细致。

(三)进餐与点心环节的评价

每个幼儿园因地域、环境等客观条件不同,安排的餐点时间与内容也有所不同。南方的幼儿园多是两点一餐,北方的幼儿园多是三餐两点。这一环节在一日活动中占用的时间较多,它不仅是幼儿补充身体营养的需要,也是幼儿学习就餐知识、适应集体生活的重要活动。评价此环节的组织应分以下几个部分。

1. 时间安排

两餐间隔时间不少于3小时,上下午点心均安排在两餐中间的适当时间,要考虑与其他环节的衔接。

2. 保教人员职责

重视进餐前的活动,组织幼儿进行安静的餐前活动,根据幼儿年龄的不同,餐前活动的形式和内容也不同。抓住时机,向幼儿介绍饭菜的名称和营养价值,关注挑食与偏食的幼儿,针对幼儿的特点,进行有针对性、循序渐进的引导。教师与保育员清楚进餐时的分工,注意协调配合,营造宽松的进餐氛围。尊重个体差异,允许幼儿逐步学会正确的进餐方法。注意吃点心环节与其他环节的过渡,避免长时间的等待,给幼儿一定的自由支配时间,并提出一定的常规要求。

3. 幼儿表现

进餐、吃点心时情绪稳定,大部分幼儿能吃完自己的一份。能遵守进餐、吃点心的常规要求。

(四)午睡与自我整理环节的评价

午睡与自我整理环节包括幼儿在午睡前后穿脱与摆放衣服、独立按时午睡、按需要增减衣服等内容,对幼儿良好生活习惯的养成有重要的作用。评价可以从以下几个方面考虑。

1. 空间与时间

午睡室的空间位置,床等家具的提供、摆放要符合国家颁布的有关条例要求,安全、卫生、整洁。幼儿午睡时间可根据幼儿的年龄、季节的变化和个体差异适当减少,一般在2小时左右。

2. 教师的组织

以积极的状态鼓励、引导幼儿,使幼儿愿意尝试自己的事情自己做。注意以生动、易接受的方式帮助幼儿掌握穿脱衣服的方法,注意不同年龄、不同能力幼儿间的区别对待,循序渐进,不包办代替。特别关注午睡环节,营造良好的午睡氛围,细心观察,在全面照料的同时,对个别有特殊需要的幼儿给予耐心的帮助。

在一日的其他活动中,注意抓住时机,引导幼儿根据天气冷热和活动的需要增减衣服。

3. 幼儿的参与状态

乐意尝试自己穿脱衣服,按教师的要求摆放、整理。大部分幼儿午睡习惯良好,情绪安定。

(五)离园环节的评价

离园前活动是幼儿园一日生活的尾声,但同样是不可忽视的重要环节。在这个环节中,教师如能有目的、有计划地组织好幼儿活动,会给幼儿一日的在园生活画上完满的句号。评价可以从以下方面进行。

1. 内容与形式

教师可以采取集体或分组的形式组织幼儿做一些安静的游戏,也可以安排活动区活动,让幼儿自由选择。根据不同年龄幼儿的特征,培养幼儿清点衣物的习惯,使他们学会收拾好自己的物品,安静等待离园时刻。细心做好家园交接工作,认真核对家长及接送卡,还可个别约谈家长,介绍孩子在园表现,实现家园共育。

2. 教师组织

注意观察和了解幼儿的不同表现,及时引导情绪不够稳定的幼儿愉快离园。有针对性地对自理能力较弱的幼儿进行个别指导,并和家长沟通,共同培养。注意引导幼儿在离园时和教师、同伴打招呼,培养基本的行为礼仪。

3. 幼儿表现

不同年龄的孩子都能在离园时收拾好玩具、摆放好椅子。不同年龄的孩子都乐于自己整理仪表,能不同程度地收拾好自己的物品。能愉快地等待家长,离园时和教师、同伴有礼貌地道别。

三、幼儿园集体教学活动的评价

幼儿园集体教学活动即高结构化活动,目前仍然是我国幼儿园普遍采用的一种活动类型,它是幼儿学习与发展的重要途径。幼儿独特的生理和心理特点决定了幼儿园集体教学在选择教育内容、教学方法等方面都与中小学的"上课"有着很大的差异。因此,在对幼儿园集体教学评价的过程中,一定要依据综合性、趣味性、活动性的教学特点,来评价教学活动的成效、师幼的行为及教学对幼儿发展的意义。在我国的幼儿园课程中,学科(领域)课程和综合(主题)课程都是常见的课程类型,二者更多采用集体教学的活动形式来完成,只不过教学活动的设计和实施各有其特点,因此,评价也不尽相同。

(一)幼儿园学科(领域)课程的评价

幼儿园学科(领域)课程就是将幼儿园课程分为若干学科(领域),以学科或领域为单位组织和实施教育的课程。无论是哪个学科(领域)的教学活动,其流程都是一样的,只不过每个学科(领域)体现的核心价值不同。这里仅就学科(领域)的集体教学活动流程来了解如何进行评价。

1. 教学活动目标的评价

教学活动目标对整个教学活动过程具有导向作用。《纲要》中指出:"教育活动目标要以

《幼儿园工作规程》和本《纲要》所提出的各领域目标为指导,结合本班幼儿的发展水平、经验和需要来确定。"因此,我们在评价一个学科(领域)的集体教学活动目标时主要包括:①教学目标全面(包括情感态度、知识经验、能力目标)、具体、明确,符合《指南》《纲要》、教材要求和幼儿实际情况。②重点、难点把握准确、处理得当,所教知识准确。③教学目标达成意识强,目标能贯穿到教学各个环节。④目标有激励性,有一定的挑战性,能够引导幼儿主动学习。⑤体现年龄特点和领域的核心价值。

2. 教学准备的评价

教学准备主要包括对教学内容的选择、活动材料的准备和对幼儿知识经验的了解。主要可以考察以下几个方面:①教材是否符合幼儿生活经验水平、认知规律及心理特点。②教材内容是否关注儿童的生活,是不是幼儿感兴趣和需要的。③教学准备是否关注幼儿的已有经验,并注重为本次活动做相应的经验准备。④活动材料准备是否注重多样性、层次性、操作性。⑤教师对教材的处理是否准确,包括能否对教材进行合理的调整充实,做到难易适中,能重新组织、科学创造性地使用教材。

3. 教学过程的评价

教学目标能不能实现要看教师对教学过程的设计和运作。教学活动设计的流程科学合理是实现集体教学有效性的核心与关键。不同的教学流程会产生不同的教学效果。教学过程的评价主要注意考察:①教学思路和环节、步骤是否清晰合理,层层递进。②教学环节设计是否由易到难,有层次性和挑战性。③教学环节时间分配和衔接是否恰当。④教学过程是否体现幼儿的主体地位和教师的引导作用。⑤教师能否根据教学情况和突发事件及时调整教学结构,关注活动生成。

4. 教学方法的评价

教学方法是教师和幼儿为了实现共同的教学目标,完成共同的教学任务,在教学过程中运用的方式与手段的总称。它不但包括教师的教学活动方式,还包括幼儿在教师指导下"学"的方式,是"教"与"学"方法的统一。在集体教学中教学方法的准确运用会起到事半功倍的效果。教学方法的评价可以注重以下三点:①教学方法是否量体裁衣,具有适宜性和灵活性。②教师是否采取多样化的教学方法,具有创新性和艺术性。③教师是否采用合适的方法指导学法。

5. 教学基本功的评价

教学基本功是教师上好课的一个重要条件。教师的基本功取决于其专业素养,即幼儿教师的专业知识、专业能力和所应具备的通识性知识水平。具体体现在以下几方面:①教师的普通话是否标准,语气是否抑扬顿挫,语速是否快慢适中。②教师的教态是否自然、亲切,富有感染力。③教师的语言是否表达清楚、生动形象;教师是否和蔼可亲,善于与幼儿沟通,富有启发性。④教师的专业素养和专业技能如何。⑤教师驾驭课堂及应变能力如何,是否能灵活应变、机智处理。⑥教具制作、演示操作如何,先进的教学媒体手段运用得是否恰当、高效、规范。

(二)幼儿园综合(主题)课程的评价

综合(主题)活动由多个子活动内容组成,涵盖多个领域的教育内容。从主题的角度进行评价主要注意以下几个方面。

1. 主题的选择与开发

"主题"是主题活动的核心,是进行教育活动的主线。好的主题都来源于幼儿的生活。主题可以是教师预设的,也可以是由幼儿自发生成的,但无论哪种方式产生的主题,在评价时都要关注以下问题:①主题的选择是否从幼儿、课程和现有的材料出发。②所选主题是不是幼儿喜欢的,是否符合幼儿的需要,是否来源于幼儿生活。③所选的主题是否蕴含教育价值,是否有助于达成教育目标。④所选的主题可行性如何,是否容易转化成让幼儿直接参与的活动。⑤所选主题与其他单元之间关系如何,是否有衔接。

2. 主题目标的制定

主题教育活动的目标是对主题教育活动所要实现的最终目的的预期,即期望幼儿获得哪些方面的发展。它是一个纵横交错的目标体系,既要涵盖健康、语言、科学、社会、艺术五个领域的学习与发展目标,又要包括认知目标、情感与态度和技能与方法目标等。只有经过全面地思考与整合的设计,才能科学、合理、有效地指导主题教育活动的开展。

3. 主题环境的创设

《纲要》提出:环境是一种重要的教育资源,它有利于引发、支持幼儿的游戏和各种探索活动。它不再是一种背景、一种支持,而是一种活的课程。特别是主题环境中主题墙的创设,它不仅记录幼儿的学习过程,而且伴随幼儿的兴趣、探索内容不断发展,呈现一个动态变化的过程,和学科(领域)课程有质的区别。因此,我们在评价主题活动时需要关注主题环境。如:①主题环境的创设是否体现出幼儿与环境的互动性,幼儿与主题墙能否产生对话。②主题环境的创设是否体现以幼儿为本,是否发挥幼儿的参与性和主体性。③主题墙与活动区空间布局是否合理、有适用性,作品呈现方式是否多样。④主题环境材料是否丰富、渗透环保理念,色彩运用是否美观、协调。⑤主题墙的创设是否蕴含教育价值,有利于幼儿获得与主题相关的知识、扩展视野,是否能体现师幼间的互动。⑥主题环境的创设是否能引起家长的关注、体现家园共育的价值。

4. 主题活动的组织与实施

主题活动提倡幼儿通过自己与周围的自然、社会、人的相互作用,通过观察、操作、实验、探索、调查等方式,在自主学习、自由发现、自由表达中获得多种知识,积累有意义的经验。教师应依据主题教育活动的特点来组织与实施主题活动。评价时应关注以下几个方面:①主题活动是否关注幼儿学习与发展的整体性。②主题活动的实施过程中"预设"与"生成"是否能有机结合、相互渗透。③主题活动的实施过程中教师是不以幼儿为主体,是否是活动的支持者、合作者、引导者。④主题活动的实施过程中教师是否尊重幼儿的个体差异,教学设计是否体现层次性、针对性。⑤教师是否对主题活动内容有机"整合",而不是简单地"综合"。⑥教师是否开发家长、社区资源,共同推进主题活动的深入。

四、幼儿园游戏活动的评价

游戏活动是幼儿园课程实施的重要途径。由于划分角度不同,因此幼儿游戏的种类很多。例如,皮亚杰根据儿童认知发展阶段把游戏分为练习性游戏、象征性游戏和有规则游戏;美国心理学家帕藤按照儿童社会性发展把游戏分为六种,即无有用心的行为、旁观者行为、单独一人的游戏、平行的游戏、联合的游戏和合作的游戏。在目前我国强调游戏化教学的背景下,游戏可以分为无规则游戏(即真游戏)和规则游戏(即教学游戏)。

幼儿园游戏活动的评价主要包括幼儿园游戏环境创设的评价、游戏活动中幼儿游戏水平与表现的评价及游戏中教师组织和指导能力的评价。

(一)幼儿园游戏环境创设的评价

对幼儿园游戏环境创设的评价,评价的是幼儿园的外部,即幼儿园为幼儿游戏所提供的条件总和。它包括幼儿园游戏的物质环境和幼儿园游戏的精神环境。幼儿园游戏的物质环境是指"幼儿园各种人工或非人工的游戏空间、场地、游戏材料、游戏时间等"。幼儿园游戏的精神环境是指"幼儿游戏中的人际交往和心理氛围,包括教师与幼儿之间的师幼关系、幼儿与幼儿之间的同伴关系以及宽松、自由、平等、和谐的游戏氛围等"。

1.幼儿园户外游戏场地的评价

①户外游戏场地的面积是否达到有关的规定和要求。②户外游戏场地是否安全适用、尽量保持自然特性。③户外游戏场地结构安排是否合理,是否按不同性质的游戏活动划分区域。④户外游戏场地活动器械是否具有多功能组合性、安全性。

2.幼儿园室内游戏区设置和空间结构的评价

①室内游戏区的面积是否有利于幼儿游戏的开展。②设置的游戏区域数量是否符合班级实际,且游戏区域活动内容是否具有多样性。③游戏区空间布局是否合理,开放式和区隔式是否相互融合且动静分开。④各游戏区域分隔物高度是否适宜,便于幼儿游戏。

3.幼儿游戏材料的评价

游戏材料是幼儿进行游戏活动的物质基础,幼儿通过与游戏材料的相互作用获得身心的发展,适宜的、符合幼儿年龄特点的游戏材料能激发幼儿的兴趣并维持游戏的开展。教师为幼儿游戏所提供的材料是否合理,可以从以下几个方面来评价:①游戏材料的数量是否充分。②游戏材料是否符合幼儿的经验水平。③游戏材料是否具有可操作性和安全性。④游戏材料是否具有多功能性和可变的特点。⑤游戏材料是否体现经济实用和地方特色。

4.游戏时间安排的评价

有研究显示,从儿童开始他们的游戏,进展到更加复杂的游戏阶段,这一过程需要至少30分钟。完全参与到游戏中则需要45分钟到60分钟。充足的时间是幼儿愉快、顺利地进行游戏的保证。因此,在幼儿园的一日生活中,教师对幼儿游戏时间的安排是否充分合理,我们在评价时可以关注以下几点:①教师每天安排幼儿进行游戏活动的时间总和是否达到要求。②每次游戏活动的时间是否适当。③室内游戏和户外游戏活动时间的分配是否合理。④游戏时间的利用是否充分。

5. 游戏精神(心理)环境的评价

①师幼关系和教师对幼儿的态度：是尊重平等还是居高临下；是耐心还是急躁；是欣赏、接纳还是否定、排斥；是启发诱导还是过于干涉。②幼儿与同伴的关系：是开放还是封闭；是愉快还是不愉快；是分享合作还是自私、冲突；是相互关心还是彼此冷漠。③游戏活动中的心理氛围：是宽松、自由还是过于紧张、约束；是和谐融洽还是充满冲突。

通过以上对幼儿园游戏环境的总体评价，可以让幼儿园和幼儿教师更清楚地认识其优势和不足，为更好地利用和改善各类游戏环境提供依据。

(二) 游戏中幼儿水平与表现的评价

幼儿是游戏的主人。在不同游戏活动中，幼儿的表现和水平是有差异的。下面我们以幼儿园最常见的两种游戏活动(即角色游戏和结构游戏)为例，来评价游戏中幼儿的水平与表现。

1. 角色游戏中幼儿游戏水平与表现的评价

角色游戏是幼儿通过扮演角色，运用模仿和想象，创造性地反映现实生活的一种游戏，如娃娃家、商店、理发店、邮局等体现社会性发展的游戏。根据角色游戏的特点和幼儿的认知与技能水平，可以从以下方面进行评价。(见表4-1)

表4-1 角色游戏中幼儿水平与表现评价表

评价项目	评价标准	评价方法	备注说明
游戏主题的选定	①教师指定或听从教师建议。②模仿别人。③独立或与同伴商定。	观察幼儿游戏	记录幼儿表现，并进行描述
情节内容的反映与发展	①反映的情节内容简单、零星、片断化。②情节内容基本能反映生活现象。③内容丰富，能较广泛地反映社会生活现象，并能使情节不断发展与延伸。		
材料的运用	①运用实物或模拟玩具游戏。②运用代替物游戏。③运用材料组合或自制代替物。		
角色意识	①无角色意识，只能重复角色的个别动作和语言。②有角色意识，会模仿，但不稳定。③角色意识稳定，行为、态度、语言符合角色要求。		
社会性水平	①独自游戏。②平等游戏。③联合游戏。④合作游戏。		
兴趣与参与程度	①缺乏兴趣，游戏呈间断性，经常脱离主题或情境。②兴趣一般，游戏呈分节型(有时离开，但每次持续时间较长)。③兴趣浓厚，游戏呈连续性。		
常规	①不能遵守规则，行为无序或有破坏性行为。②有时遵守规则，在教师提醒下收拾整理。③认真遵守游戏规则，爱护玩具并能按类收拾整理。		

2. 结构游戏中幼儿游戏水平与表现的评价

结构游戏是幼儿通过操作各种结构材料来构造物体的一种游戏活动。结构游戏能丰富幼儿的主观体验、发展幼儿的动手能力和建构技能,更重要的是能使幼儿在协商、谦让、交换的游戏氛围中,学会分享与合作,尝试开拓与创新。在评价时可关注以下方面。(见表4-2)

表4-2 结构游戏中幼儿水平与表现评价表

评价项目	评价标准	评价方法	备注说明
游戏主题的目的性	①无目的、无主题。②目的、主题不明确,模仿或易受他人影响。③能根据目标确定主题,但过程中会出现变化。④目的、主题明确,坚持并能深入发掘。	观察幼儿游戏	可通过文字记录幼儿的行为表现
结构材料的运用	①对各类材料的性质、质地、特点没有什么意识。②对材料的形状、颜色有选择,但意识不强。③能有意识地选择各类材料并反复尝试建构。④能综合运用各类材料建构物件,选定速度快,运用有特色。		
建构的技能	①会简单排列、插接、堆高、铺平。②能运用结构材料构建出简单的造型,基本掌握相关技能(如架空、围合、分隔等)。③能根据材料的特点建构物体且造型较复杂,技能较熟练。④建构技能熟练、速度快,建构物体对称、平衡、协调,并能装饰。		
兴趣与神情专注力	①缺乏兴趣,情绪呆滞,东张西望。②情绪一般,注意力易分散。③情绪状态较好,注意力较集中,能坚持一定时间,但遇到困难会放弃。④情绪积极、神情专注,克服困难,坚持到底。		
社会性水平	①独自搭建。②平等搭建。③联合搭建。④合作搭建。		
创造表现	①只会模仿单个物体。②能独立建构简单物体。③能独立或合作建构较复杂的物体,主题较有个性。④建构的主题新颖,造型方式富有创造性。		
常规	①不能遵守规则,有破坏性行为。②基本能遵守规则,但需要教师提醒,收拾玩具不主动。③熟悉并遵守规则,收拾整理玩具。④认真遵守游戏规则,爱护玩具,能主动收拾、按类整理。		

(三)游戏中教师组织和指导能力的评价

教师是指导游戏的主人。在幼儿游戏过程中教师要发挥"双主体"作用,在适宜的情景和时间给予必要的指导。

1. 角色游戏中教师组织和指导水平的评价

角色游戏中幼儿具有高度的自主性,教师对游戏的组织与指导要以尊重幼儿的意愿为前提。我们可以从几个方面来评价教师组织的指导角色游戏的水平。(见表4-3)

表4-3 角色游戏中教师组织和指导水平评价表

评价项目	评价标准	评价方法	备注说明
组织游戏的目的、计划	①没有计划,指导目的不明确。②有计划但不详细,指导重点不突出。③游戏计划详细完整,目的明确,有指导重点。	查看班级游戏计划	
游戏材料的准备	①材料准备不足,不符合幼儿兴趣及经验水平。②材料准备充分,但有些与幼儿的经验和发展水平不相符。③材料准备充分,有适合不同主题的各类材料,且符合本班幼儿实际。	观察班级幼儿游戏的主题和材料	可举例描述
游戏时间的安排	①游戏时间安排不合理。(每天的次数太少或时间太短)②游戏时间安排充裕,但利用率不高。③能科学合理安排时间,每次游戏活动时间长短适宜。	查看一日活动时间的安排;观察游戏	
指导方式	①直接参与和指导。②基本尊重幼儿游戏的意愿,能进行一般性指导,但针对性不强,指导方式不适当。③尊重幼儿游戏的意愿,能根据游戏不同主题和幼儿游戏的水平采取不同的指导方式。	认真观察游戏;教师的自我反思	有重点地进行观察记录
指导方法	①方法单一,变化少。②能运用指导方法,但指导或干预时机不适当。③能综合运用多样化的方法,正确把握指导时机。	观察游戏中教师的指导行为;教师的自我反思	多样化方法,如及时提供材料、建议提问、行为示范等
指导效果	①指导后游戏没有变化,或虽有变化但没有向有利于幼儿发展的方向改变,效果差。②幼儿游戏经验有一定的扩展,但效果不明显。③体现幼儿游戏的自主性,指导后效果显著,幼儿游戏水平提高。	观察游戏中教师指导后的变化情况;教师自我反思	可举例描述

2. 结构游戏中教师组织和指导水平的评价

结构游戏的特点决定了如果教师不了解材料的操作,就不能指导结构游戏。教师本身对结构材料的了解和认识程度、对结构技能的掌握都会影响教师对结构游戏的指导水平。因此,教师要真正理解游戏及结构游戏的特殊性,只有真正把游戏当作幼儿自己的活动,才能对结构游戏进行有效的指导,我们可以从几个方面来评价。结构游戏中教师组织和指导水平(见表4-4)。

表 4-4 结构游戏中教师组织和指导水平评价表

评价项目	评价标准	评价方法	备注说明
对结构材料的了解	①不大了解班级结构材料的特点和拥有数量。②基本了解班级各结构材料的特点和拥有数量。③熟悉各种结构材料的谜特点,认识正确,熟悉班级材料状况。	调查;教师自测	
对结构技能的掌握	①不了解各结构材料的操作方式,操作不熟。②了解各种结构材料的操作方式,操作技能不熟练。③掌握各种结构材料的操作方式和特点,操作熟练并有创造性。	观察教师操作	
对结构游戏阶段的把握	①不清楚幼儿结构游戏发展阶段。②知道幼儿结构游戏发展阶段,但对阶段特征了解不够。③熟悉幼儿结构游戏发展阶段,并了解各阶段具体特征。	调查;教师自测	
指导方式或方法	①不指导或指导方式不适当。②指导方式或方法比较适当,但针对性不够。③能针对不同幼儿的水平和不同材料的特点,采取不同的指导方式,指导方法灵活多样。	观察游戏中教师的指导行为;教师自我反思	指导方法:行为示范、建议提问、鼓励启发等
对幼儿结构游戏水平的了解	①只了解少数幼儿的结构游戏水平。②了解多数幼儿的结构游戏水平。③了解每个幼儿的结构游戏水平。	调查;教师自测	
指导效果	①指导后幼儿游戏没有变化。②指导后幼儿游戏有一定的变化,但效果不明显,未达到预期目标。③指导后效果显著,幼儿游戏水平提高,达到或超过预期的目标。	观察游戏中教师指导后的变化情况	可举例描述

第三节 幼儿园课程实施效果的评价

一、幼儿发展评价

(一)课程实施与幼儿发展评价

促进幼儿发展是学前教育的根本目的,也是幼儿园课程实施的根本目的。在传统评价中,我们更多地关注儿童的智力开发和测评,其评价内容大多局限于认知方面,评价内容与课程内容往往不一致。随着对幼儿教育评价的深入研究,我国的幼儿发展评价逐渐由以结果为导向的评价向强调幼儿发展评价的服务功能转变。通过评价幼儿在活动过程中的参与程度、兴趣、态度、学习方式、学习能力和参考信息,帮助教师判断当前的课程内容和教学是否能够满足幼儿普遍的发展需求和个性化需要,从而对课程和教学进行科学有效的改进,最终更好地促进幼儿的发展。

《指南》从健康、语言、社会、科学、艺术五个领域描述幼儿的学习与发展,每个领域按照幼儿学习与发展最基本、最重要的内容划分为若干方面。《指南》中提出的幼儿学习与发展目标,一方面为课程内容的设置指明了方向,另一方面也为评价提供了依据。

(二)幼儿发展评价的方法

《纲要》中指出:"评价应自然地伴随整个教育过程进行。综合采用观察、谈话、作品分析等多种方法。"在幼儿发展评价中,观察成为评价幼儿发展最重要的信息来源,教师通过情境性的观察,在幼儿的一日生活中准确地记录幼儿的发展变化和进步,真实地了解幼儿的发展水平和需要。因此,幼儿教师应学会观察与记录幼儿的具体行为表现,并根据不同评价目的的需要,借助其他一些辅助方法和手段,如测试、问卷等,综合考察各类信息,做出幼儿发展的评价判断。

1. 观察法

观察法是一种重要的质化评价方法,也是目前幼儿园中进行课程评价的主要手段。观察法有助于教师在真实情景中记录、有系统地收集儿童能做什么和如何做的资料,清楚了解每一位儿童的需求、能力和兴趣。因此,观察法是教师每天都要使用的方法,并主要在日常活动与教育教学过程中进行。教师一般采用的观察法有两种:

第一种是行为检核,即"将要观察的项目和行为预先列成表格,然后检查行为是否出现,或行为表现的等级如何,并在所选择的项目上做出标记"。

第二种是事件详录,即借助录音、摄像、照相等方式,对幼儿自然表露的行为或某一特定事件的过程进行原始、真实的记录,并对记录结果进行分析评价。教师用记叙性和描述性语言观察记录幼儿的动作、语言和活动过程,从而获得对幼儿个体或群体的认识。主要有日记描述法、轶事记录法、实况详录法等。如,日记描述法是对观察对象进行长期的跟踪观察,以日记形式记录观察对象行为表现的方法。使用这种方法时,可以采用综合日记,即记录儿童身心发展各方面具有重要意义的行为现象;也可采用主题日记,即主要跟踪记录儿童某一方面的新进展,如语言、认知、情绪等。

2. 测试法

观察法一般只用于能直接被感知的现象。对于一些不易观察到的行为现象,教师可以有目的地安排某种发展情况测试,并以此做出评判。例如,要评价幼儿"形状与数概念理解能力",教师可在幼儿小组或个别活动时,出示相关材料,有目的地对幼儿进行测试和提问,记录幼儿的反应,并做出评价。

3. 问卷法

观察与测试只能获取幼儿在园的相关信息,教师要全面了解幼儿的情况,特别是幼儿生活习惯和社会性发展等方面的状况,常常需要从幼儿家长那获取有关的信息,作为评价的参考依据。

4. 幼儿成长记录袋

利用成长记录袋进行发展评价又称为档案袋评定,是一种典型的质化评价方法,能真实完整地反映幼儿成长的过程。幼儿成长记录袋主要收集幼儿在各类活动过程中生成的作品,如幼儿的绘画、手工制作、活动照片、表演录像、创作的儿歌、故事等。当然,不是幼儿所有的作品都要装进去,而是依据成长记录的特定目的分类收集。除此之外,还应包括教师、幼儿同伴对该幼儿作品的评价,教师对该幼儿成长过程中的观察、测验等记录内容。

①将幼儿在幼儿园的各种活动和各领域的发展状况全面呈现,主要以照片附文字的形式,反映活动中的情境,包括一日活动中幼儿的表现。②对于表现幼儿具有个性发展的内

容,可以以照片、作品、视频等形式记录幼儿教精彩瞬间,并呈现出来。③搜集反映幼儿某项技能获得的过程资料,记录教师的分析。④根据课程实施的内容,对幼儿进行月度或学期的综合评价,对孩子某阶段的发展进行客观的分析。

二、教师发展评价

(一)课程实施与教师发展评价

教师发展评价就是在新课程的理念下,把课程实施的过程变成教师发展的过程,改变过去评价教师的观念与方法,使评价成为教师发展的动力。从宏观上对教师的专业理念与师德、专业知识、专业能力提出了要求,较为全面系统地规定了教师专业化所必备的各项参数。这对我国幼儿教师走向职业化有重要的意义。因此,教师发展必然成为课程实施效果评价的重要组成部分。

(二)教师发展评价的方法

1. 自我反思

自我反思既是一种教师发展评价的方法,也是教师日常工作的组成部分。它不仅有利于教师对工作及时进行自我监督,同时也促进了教师自身的不断发展和自我超越。组织教师进行自我反思的方式主要有两种:一是教师个人的自我反思;二是集体研讨式的自我反思。幼儿教师在平时的工作中,具体有以下几种进行自我反思的方式。

(1)教学活动后记

教师在组织的一项活动结束之后,有针对性地对活动的设计和过程实施进行回顾和总结,将活动中的经验或教训记录在活动方案之后。它是教师平时工作中进行自我反思的一种较简便的方式,一般记录活动的成功或失败之处并分析其原因。

(2)反思日记

教师在一天或一段时间的工作结束后,对自己的教育教学工作有些心得体会,可以通过日记的方式记录下来,并阐述自己的认识和思考。反思日记通常是用随笔的形式,书写格式比较随意。可以是对自己的工作中事件的记录与思考,也可以是对别人工作事件的记录及自己的看法,一般适用于教师个人的自我反思。

(3)案例研究

案例是教师教育教学中真实、典型的事件,它含有具体的问题和丰富的信息,为教师的反思提供了真实的素材。案例的来源可以是教师自己的教育事件,也可以是其他教师的典型事件。根据案例所提供的信息,教师可以从教育理念、教学策略、教学方法等多角度进行分析,从而促进教师反思教育观念、改善教育方法。

2. 专项测查

教师的教育观念和情感态度伴随着整个课程实施的过程,而观念与态度是存在于教师内部的东西,仅仅通过观察其外部行为来进行判断是不够的,需要通过专门的测查才能了解到。

(1)论文体测验

论文体测验是根据要测查的内容,给出一个或几个题目,让评价对象作自由表述,从而考察其持有的观念与态度。这种测验类似于命题写作,但测验的重点是评价者关心的主题,因此,可以要求评价对象做更加集中的表达。例如,要考察被评价教师对"课程"概念的认识及对课程改革的态度,可以出这样的题目:"课程改革进行到现在,你对'课程'的理解有什么变化?"

(2)专题访谈

评价者就自己所关心的评价内容,与教师进行专门的沟通交流,并在交流过程中,观察记录教师的各种表情反应和语言陈述,以便对他们的观念、情感、态度的性质或程度等进行判断或鉴别。

访谈的形式可以是个别访谈,也可以是团体座谈或公开讨论。一般情况下,对一所幼儿园或一个地区若干所幼儿园的教师进行发展性评价时,采用团体座谈、公开讨论的方式更加可行,而个别访谈则适用于了解教师发展的深度信息。

评价者为得到真实而丰富的信息,必须在访谈之前做好充分的准备工作。要准备大量清晰、简要的开放性问题,并尽可能把这些问题由浅入深地做适当分组、编排,以便在访谈时做灵活的选择。在访谈过程中,评价者要以恰当的方式进入谈话的场景,要保持与评价对象之间相互信任、融洽的交往关系,做到既尊重对象的权利,又开诚布公,努力学会把访谈过程变成一个自然的交流过程。

3. 作品分析

所谓作品分析,是指通过对教师在工作过程中积累的成果或作品进行分析,以评价教师课程观念与实施能力的变化发展。

(1)常规工作作品分析

对幼儿教师来说,日常的工作作品主要包括教师的工作计划、活动方案(教案)、环境设计、教玩具的制作等。

活动方案(教案)设计是教师日常工作内容的重要组成部分,教师所设计的日常活动方案是评价教师发展的重要依据。同样的活动主题,不同老师由于观念的不同,所设计的活动方案会有很大的差异;同一教师,由于自身观念的变化,不同时期方案的设计也会发生很大的改变。

(2)科研成果

近年来,很多幼儿园都开始关注教育教学研究对提高教育质量、促进教师成长的作用。一般情况下,一个善于进行科研工作的教师,往往对教育教学工作有更加深刻的理解,也往往具有较高的课程实施水平。因此,对教师在课程实施过程中的专业成长进行评价,可以通过分析他们的科研成果进行。

需要注意的是,幼儿园教师的科研成果并不一定是公开发表的作品。教师个人平时撰写并收集起来的作品、幼儿园组织汇编的教师作品、教师在各种层次的课题研究中形成的作品等,都能反映教师专业成长的轨迹。

在对教师的科研作品进行分析评价时,一方面要整理统计作品数量及发表层次;另一方面要明确,幼儿园教师进行的科研是一种实践的、行动的研究,他们研究的目的不是取得这些成果,而是改进自己的教育教学工作。因此,应该注重考察作品所反映出来的教师教育观念是不是符合课程改革的方向和要求,考察作品内容对改进教学实践的意义,坚持实践导向,防止出现单纯的理论导向。

4. 利用其他参与者的反馈信息

要全面评价一位教师在课程实施中的变化与发展,我们就要全面搜集来自课程参与者的反馈信息。其中,来自幼儿、同事、家长的反馈信息是评价教师发展的重要依据。

(1)幼儿的反馈

幼儿对教师的感受与评价直接反映课程中的师幼关系。我们可以通过调查幼儿对教师的喜爱程度、幼儿对教师组织活动的兴趣、幼儿遇到问题或冲突时教师处理的方式等,来考察师幼关系是否良好,从而判断与评价教师在实际教育教学活动中的观念和能力。

(2)同事的反馈

这里的同事不仅指同班的教师,还包括园长、教学管理者及其他教师,因为每位教师的日常工作都离不开同事之间的相互配合。对幼儿教师实际工作能力与效果的了解与评价,可以通过同事间的互评来进行。评价的方法可以是针对某一方面的口头访谈,还可以是比较全面的书面打分评价或等级评定。

(3)家长的反馈

家长是幼儿园的服务对象,也是幼儿教育的合作者。来自家长的反馈信息和评价,可以从另一个侧面反映教师的教育状况,以及课程实施的效果。同时,家长的评价也为教师提出有关幼儿发展状况的信息,家园协同,真正发挥家长评价对教师发展的促进功能。

第五章 幼儿园活动设计

第一节 幼儿园活动设计概述

一、幼儿园活动的基本含义

幼儿园活动是教师有目的、有计划地利用幼儿园所提供的环境和材料,通过教师和幼儿的双向交流与作用,促进幼儿身心发展的过程。幼儿园活动是实现幼儿园教育目标,组织传递一定的教育内容,落实幼儿园教育任务的手段。

幼儿园活动从根本上说是一种师幼互动的过程,教师和幼儿是活动最基本的主体和参与者,也是活动最直接的体现者。因此,幼儿园活动首先是教师和幼儿双主体的活动,同时在这个过程中,既体现出了教师的"教",又体现出了幼儿的"学",是一个师幼双向互动的活动过程。

二、幼儿园活动设计的基本含义

"设计"一词的原意是指在正式做某项工作之前,根据一定的目的要求,预先制订规划、方法和图样等。设计注重的是规划和组织,即设计过程是独立于实施过程的,且在实施过程之前进行。它着重对计划对象进行安排和规划,找出相关因素和可能影响的条件,并对其进行控制。

幼儿园活动设计常常是对幼儿教师教学组织行为的一种预先筹划,是对一系列外部事件进行精心设计和安排的过程,其目的是支持和促进儿童内部的学习。它由设计者所创设的一定的学习经历所组成,通过特殊的转换和发展,以确保学习卓有成效并能够达到特定的学习目标。事实上,幼儿园活动设计是为促进儿童学习而对学习过程和资源所做的系统安排,是分析儿童的学习需要和目标以形成满足其学习需要的互动系统的全过程。它包括对学习活动目标的设定,对学习对象、学习需要的分析,对学习情境的发展,对活动资源的开发和利用,对学习过程的安排和调整,对学习对象行为的预测和评估等。因此,幼儿园活动设计就是幼儿教师为了完成一定的教育任务,在进行了一定的活动背景分析之后,创造性地对幼儿园活动的目标、内容、实施策略、评价方法进行思考和构建的一个完整过程。

三、幼儿园活动设计的意义

无论采用什么样的形式,教师都应在活动实施前进行活动设计。活动设计的过程是教师为了让幼儿达到预定目标和意图,而将自己的经验进行传递、转换和共享的过程。要确保这一系列活动有效进行是需要付出智慧的,需要精心设计和准备,同时还需要一定的技术手段。幼儿园活动设计没有统一的教学大纲要求,为优化教学效果,往往需要教师更大程度地发挥主观能动性,创造性地构思、设想和规划教育方案,可以说教师每天都在进行相关的研究活动。因此,活动设计影响幼儿的学习效果,影响教师的教学质量,对完成教育目标具有重要意义。

(一)有目的、有计划的活动设计能促进幼儿有效地学

教育教学的过程是教师"教"和幼儿"学"的双向交流过程,是教师指导、帮助、促进幼儿学习的过程。有目的、有计划的活动设计是实施有效教学的基础,有助于教学活动在一段时间内形成一定的逻辑关系。经过系统设计和规划的活动,能够最大限度地帮助幼儿获得社会生活中所必需的、全方位的和有益的经验和能力。同时,通过教师事先的规划和设计,可以尽可能地考虑到每个幼儿个体的特质和需要,使每个幼儿享受活动的乐趣,为每个幼儿提供充分发挥自己潜能的机会,为幼儿的长远发展奠定基础。

(二)活动设计的过程是引发教师思考、选择有效教学方法的过程

幼儿是活动的主体,有效的活动能够激发幼儿主动学习和发展的积极性。教师作为活动的设计者,应首先考虑幼儿的需要,了解幼儿的学习方式和特点,从而在教育策略上着眼于设计恰当的情景,着眼于激发幼儿参与活动的积极性和学习的主动性。通过活动设计,可以引发教师根据不同的活动内容等多方面因素为班级中每个幼儿的现有水平选择更恰当和更适合的教育策略,以使幼儿保持对学习的兴趣并提高自主学习的能力。

(三)活动设计能够优化活动过程,提高活动质量

活动设计的过程是教师复杂、系统的思考过程,包括教育理念的落实、幼儿特性的分析、教育目标的确定、教育内容的选择、教育方法与途径的选择、各种资源的利用、效果的评估、对可能发生变化的问题的预设等一系列过程。换言之,活动设计是教师在日复一日地思考、实践和改进之后,逐渐形成的系统的、合理的、适合本班幼儿的设计理念和思路,它能够使教育过程更趋于科学和完善,进而有效提高教学活动的质量。

第二节 幼儿园活动设计的基本理论

一、幼儿园活动设计的教育理念

实际上,活动设计是教师对完成活动所需的行为策略的预先设计,不同行为策略的背后都暗含着教师的一种教育观念,有什么样的教育观念就会设计出什么样的教育行为。因此,教师的教育观念对整个活动的设计都起着至关重要的作用。本书整理分析了在当前经济和文化的推进与变革背景中,社会对高质量教育的要求,其遵循以下教育理念。

(一)教是为了不教

"教是为了不教"是我国著名教育家叶圣陶针对课堂上教师"教"与学生"学"的问题所提出的著名论断。叶圣陶主张教学主要就是教学生如何学,也就是教会学生学习的方法,"授

之以渔"。

教师在进行活动设计时,首先要考虑采用什么样的方法、创设什么样的环境,才能够激发幼儿自主学习的动机,真正提高学习能力。例如在针对交往的教育主题活动中,教师要在了解幼儿当前交往发展现状及问题的基础上,为幼儿提供真实的交往环境。教师可以组织一次外出活动,从外出活动的准备、联络到实施都以幼儿为主,鼓励幼儿与生活中的人进行真实的交往,遇到问题自己解决;教师在适当的时候给予支持、帮助和小结,使他们在与人交往的过程中不断总结交往的方法,真正学会交往,切实增强幼儿的社会实践能力,为他们今后的长远发展奠定基础。

(二)生活即教育

"生活即教育"是我国著名教育家陶行知提出的。他认为教育就是生活的过程,教育不能脱离生活,学生要走出教室,置身社会,在生活中学习。也就是说,教育要使学生具备适应生活、更新生活的能力。

幼儿一日生活中大部分时间都是在幼儿园度过的,幼儿教师更需要具备"生活即教育"的意识,让幼儿在与教师的共同生活中获得生活的能力。例如,一些地处农村的幼儿园充分利用地区的资源优势,在不同时节带幼儿到田间地头参与劳动,每个班级都有自己认领的一块小田地,播种、除草、浇水、施肥、收获,幼儿和家长、同伴在共同劳动的过程中体验生活,并在生活中学习知识。

(三)精神助产术

"精神助产术"是古希腊著名思想家、教育家苏格拉底在讲学、辩论时常用的一种与众不同的方法,即通过提问来帮助、诱导对方自己提炼和总结出正确的观点。实际上,精神助产术就是启发式教学的源头,教师应该努力通过各种方式引出、启发、唤醒幼儿,让他们自己理清思路,并形成观点和结论。

精神助产术是一种理念、一种意识,主要体现在教师与幼儿的互动过程中。教师的一言一行、一个眼神、一次提问都应能够启发幼儿主动思维,一步一步引领幼儿悟出真谛。

二、幼儿园活动设计的要求

(一)关注幼儿学习与发展的整体性

幼儿的发展具有整体性,要注重领域之间、目标之间的相互渗透和整合,促进幼儿身心全面协调发展,不应片面追求某一方面或某几方面的发展。研究证明:幼儿各个方面的发展并不是彼此孤立进行的,各方面发展之间,如认知与社会情感方面,身体健康与个性发展之间,语言发展与社会性、个性发展和认知发展之间,美感和表现能力、情绪情感、创造性思维及心理健康的发展之间等,都有着不可分割的联系。

在人生初期,全面而协调的发展是十分重要的,任何一方面发展都依赖于其他方面的相应发展,任何一方面的偏废都会伤害幼儿整体的发展。因此,在实施《指南》时,要注重领域之间、目标之间的相互渗透与整合,促进幼儿身心全面协调发展。

遵循幼儿学习与发展的整体性规律,最重要的就是尊重幼儿的生活与游戏。幼儿的生活与游戏本身就具有天然的整体性,没有任何一个幼儿的生活可以按领域划分为语言生活、科学生活或艺术生活等,其生活中的任何事件都真实而自然地融合着各领域的知识。幼儿在各领域的学习与发展也在其生活和游戏中自然地发生,并一体化地进行。比如在家庭里,当家长和幼儿一起看电视,一起选择、议论电视节目时,幼儿就在进行艺术、语言、社会等各方面的学习。正因如此,无论在家庭还是在幼儿园里,都可以通过与幼儿的共同生活或游戏,帮助幼儿综合学习多个领域的内容,以实现《指南》多方面的目标。

当然,除生活活动、游戏活动之外,还有许多其他的活动形式。其中有综合性很强的主题活动、方案活动、单元活动等,也有侧重某领域的集体、小组教学等活动。无论何种形式和内容的活动,都必须遵循幼儿学习与发展的整体性。

(二)尊重幼儿发展的个体差异

幼儿发展是一个持续、渐进的过程,同时也表现出一定的阶段性特征。幼儿发展的连续性与阶段性表现为其发展是一个交织着不断量变和质变的过程。可以说,幼儿日复一日不断地、渐进的积累过程是量变的发展,阶段性特征则标志着其质变的发展。每一个幼儿在沿着相似进程发展的过程中,各自的发展速度和到达某一水平的时间并不完全相同。因此,要充分理解和尊重幼儿发展进程中的个体差异,支持和引导他们从原有水平向更高水平发展,如果按照自身的速度和方式到达《指南》所呈现的发展阶梯,就必须杜绝用一把"尺子"衡量所有幼儿。这一原则主要包含两层含义:其一是尊重幼儿发展的连续性与阶段性规律;其二是尊重幼儿在相近发展进程中的个体差异。

要尊重幼儿发展的连续性与阶段性,不能急于求成,拔苗助长。以语言发展为例,首先要为幼儿创设一个想说、想表达的环境,确保他们在这个环境当中是放松的、没有压力的,使他们能把想说的话一一说出来;其次,要对幼儿的表达给予积极的回应,促进幼儿的语言能力逐渐提高;最后,幼儿在多次锻炼后会逐渐增强自信,在与他人讨论交流时,能清楚地说明自己的观点。除了必须尊重幼儿发展的连续性与阶段性等共性规律之外,还必须尊重幼儿在相似的发展进程中出现的个体差异。也就是说,对于幼儿在学习与发展过程中,由于个体先天的或后天的、环境的或自身的种种原因所带来的个体差异必须予以尊重。

在实施《指南》时,不能在幼儿之间做盲目的简单比较,要了解每一个幼儿发展的现状、特点、问题、原因,努力为不同幼儿的发展创造有针对性的环境和条件,帮助他们在自己原有的水平上向更高的水平发展。

(三)理解幼儿的学习方式和特点

幼儿的学习是幼儿通过自己特有的方式与周围环境互动的过程,是幼儿主动探索周围的社会环境、自然环境和物质世界的过程。

幼儿的学习是以直接经验为基础,在游戏和日常生活中进行的。因此,要珍视游戏和生活的独特价值,创设丰富的教学环境,合理安排一日生活,最大限度地支持和满足幼儿通过直接感知、实际操作和亲身体验获取经验的需要。幼儿应通过直接感知获得直接经验,强化"做中学"。"做中学"就是让幼儿动手操作,直接体验,在做的过程中学习,同时在游戏中通过实际操作强化"玩中学"。"玩中学"是幼儿最好的学习方式,也是幼儿最有意义的学习过程。另外,还应在生活中通过亲身体验,强化幼儿在"生活中学"。

(四)重视幼儿的学习品质

学习品质是幼儿在活动过程中表现出的积极态度和良好行为倾向,是终身学习与发展所必需的宝贵品质。要充分尊重和保护幼儿的好奇心和学习兴趣,帮助幼儿逐步养成积极主动、认真专注、不怕困难、敢于探究和尝试、乐于想象和创造等良好的学习品质。

从保障儿童权利出发,通过制定明确的儿童学习与发展标准,以文件形式对幼儿"应知、应会"进行界定,以促进家庭、幼儿园及有关方面达成对幼儿学习和发展期望的共识,为所有幼儿做好入学准备,更科学、更有效地提高早期教育质量,推动教育平等。

由于学习品质是个体学习的倾向、态度、行为习惯、方法和活动方式等与学习密切相关的基本素质,是在儿童早期开始形成与发展并对个体现在和将来的学习都具有重要影响的基本素质,所以不存在一种脱离具体学习领域的抽象的、孤立的学习品质。幼儿学习品质是在健康、语言、社会、科学、艺术等各领域学习活动中表现出来的,因此,应在实际的生活、游戏中进行长期培养。

三、幼儿园活动设计内容的选择

(一)幼儿园活动设计内容应该结合幼儿的生活经验

儿童心理学研究表明,对于幼儿来说,有序的、系统的知识并不是最有价值的知识,而日常生活中体验性、探索性的知识才对幼儿具有重要的价值。幼儿园活动内容应与幼儿的生活实际紧密联系,这些内容应该是幼儿所熟悉的,也是他们所能理解的,并且能让他们感受到知识可以解决生活中遇到的问题。因此,选择与幼儿生活经验相联系的内容,是教师在设计活动时要特别注意的问题。教育内容要与幼儿的生活经验或认识有一定的重合,并与幼儿的已有经验有一定的冲突,既能满足幼儿的成就感又能激发起幼儿的探究欲望。

(二)幼儿园活动内容应能满足幼儿的兴趣和需要

兴趣与需要是影响幼儿学习的巨大动力,因而选择教育内容时必须考虑幼儿的兴趣与需要。"善于发现幼儿感兴趣的事物、游戏和偶发事件所隐含的教育价值,把握时机、积极引导。"教师可以通过观察幼儿,及时捕捉幼儿的兴趣所在,从幼儿感兴趣的事物中生成活动的内容。具体来说,教师可以从幼儿关注的话题(谈话或疑问)中、从吸引幼儿的事件中、从幼儿的角色行为中、从幼儿感兴趣的艺术作品和文学作品中寻找合适的教育内容。在对待幼儿的兴趣方面,教师应该注意,活动的选择不仅要追随较有发展价值的幼儿能自发产生兴趣的内容,也可以预设一些既有利于幼儿发展需要又是幼儿感兴趣的活动内容。教师应根据《纲要》规定的教育目标,在幼儿没有自发兴趣的情况下,通过各种手段和方法引发和培养幼儿相应的兴趣,进而促进幼儿的发展。因此,对于一些促进幼儿发展确有价值但难以直接引发幼儿兴趣的活动内容,教师应该考虑采用幼儿感兴趣的活动方式进行。

(三)幼儿园活动设计内容要能够满足幼儿日后学习和长远发展的需要

幼儿园教育是基础教育的根基,是幼儿从家庭走向社会的第一步,衔接着家庭教育和学校教育,同时对幼儿终身发展具有奠基和启蒙的作用。因此,幼儿园活动设计内容的选择和编排既要能够满足幼儿日后学习的需要,也要能够满足幼儿长远发展的需要。这就要求活动本身既要反映知识发展的内在规律,又要符合幼儿认知水平,同时需要协调学科逻辑与幼儿心理发展逻辑之间的矛盾。教育内容作为知识的外部载体,其结构和质量会影响幼儿经验的内化质量和水平。对于幼儿来说,其认知的发展更倾向于遵循自身内在发展逻辑,一切外在的知识离开幼儿的自身建构都难以内化为幼儿的经验。因此,教育内容的选择与编排首先要注意知识逻辑性的衔接,由浅入深、由易到难、由具体到抽象、由简单到复杂,建立一个有序的关联性知识系统,循序渐进,为幼儿日后的学习奠定基础。其次,内容的选择要有利于幼儿的主动建构,更多地选择能给幼儿带来操作的机会。对幼儿来说,只有在活动中的学习才是有意义的学习,只有在直接经验基础上的学习才是理解性的学习。

(四)幼儿园活动设计内容的选择要有教育性和科学性

在选择活动设计内容时要充分考虑知识的教育功能,即教师选择的内容要能使幼儿获得知识的同时发展良好的道德情感和健康人格,形成对事物的正确态度。活动内容还要符合科学性,即教师要向幼儿传授正确的知识技能。虽然传授给幼儿的知识是初步、浅显的,但教师对知识的介绍、说明、讲解、分析、举例等必须准确无误、通俗易懂,以利于幼儿形成科学的概念。

第三节 幼儿园活动设计的基本环节

幼儿园活动设计的主要环节包括:活动名称、活动目标、活动准备、活动重难点、活动过程、活动延伸、活动评价与反思。每个环节都相互联系,不可分割,构成了活动设计的主要过程。

一、活动名称

活动名称表明教学活动的主要内容、所属领域以及各年龄班型,表述应简单明了,一语中的,例如小兔乖乖(语言小班)。

二、活动目标

活动目标是整个教学活动的核心,目标的确定应是根据《纲要》所定的各领域总目标进行逐层细化而来的,具有一定的层次性和递进性。活动目标的表述应具体、准确,同时要注重统一表述的角度,例如"愿意将自己的食物分给同伴"这样的目标表述方式就比较具体,且容易操作和检验,而且表述角度是从幼儿出发的,也就是幼儿能够达到什么样的目标。还有从教师角度出发的表述方式,如"鼓励幼儿将自己的食物分给同伴",这样的表述方式就是告诉教师应该怎么做。以上两种表述方式都是可行的,但同一活动中如有若干活动目标,那么它们的表述方式应统一。

目标的内容主要包括三方面:幼儿认知方面的目标、能力方面的目标、情感方面的目标。如语言领域中的三条目标:乐意与人交谈,讲话自然、礼貌,属于情感方面的目标;能清楚地进行自我表达,属于能力方面的目标;理解故事内容,属于认知方面的目标。当然,这三方面内容的目标不是一成不变的,教师可根据活动的具体内容和幼儿实际情况有针对性地制定,每次活动可有不同侧重点。

三、活动准备

活动准备是教学活动设计必备的环节之一,包括经验准备和物质准备。其中经验准备是教师在教学活动设计中容易忽略的,但又是影响教学效果的重要因素。

经验准备一方面需要教师事先了解幼儿的已有水平,根据已有水平去设计活动;另一方面,教师可以提前将完成活动所必需的经验教给幼儿,但要把握好尺度。因此,教师在教学活动设计过程中要充分考虑幼儿的已有经验,以及在教学活动中需要提前进行渗透和铺垫的内容,使幼儿通过活动能够将已有经验调动起来,然后建立起新的经验。

物质准备主要指的是教学用具,包括教师运用的教学用具和幼儿操作活动的具体材料。由于幼儿缺乏知识经验,年龄特点是无意注意占优势,思维方式是具体形象思维,所以在教学活动中教学用具的运用就显得尤为重要。

四、活动重难点

一般情况下,活动重点就是活动主要目标的重申和强调,活动难点则是达成目标可能遇到的问题和困难,是根据本班幼儿实际情况确定的。制定了活动的重点与难点,要在活动过程中有所体现,并且要有突破重点难点的具体策略,也就是保证活动主要目标达成的途径。重点与难点的把握,实际上就是教师预设活动中幼儿可能出现的问题,如果预测准确而且做好了充分的应对准备,目标就能顺利达成;如果预测有偏差,真正的难点被忽略了,如幼儿遇到困难而教师缺乏相应的策略,就会非常影响活动效果。所以说,重点与难点的把握是目标达成的核心环节,这一环节的设计需要在教师对幼儿充分了解的基础上进行。

五、活动过程

活动过程是活动的主要环节,也是实现教育目标的重要环节。活动过程包括导入部分、基本部分和结束部分。其中,基本部分是实施教育策略,完成教育目标的重点部分,约占整个过程的三分之二,导入和结束部分约占三分之一。活动过程的设计要求灵活多样,层层递进,由浅入深,使幼儿在情境与游戏中不知不觉达成目标,获得发展。活动过程的设计要体现教师的教育理念,体现突破目标与重点难点的有效策略,突出幼儿的主体参与,具体方法将在后面的章节结合具体领域的设计举例说明。

(一)导入部分

活动导入的常见类型包括:直观导入、演示导入、作品导入、音乐导入、游戏导入、经验导入等("幼儿园活动设计与实践"课程中已经详细学过)。从教师的角度来说,活动是教师有目的、有计划、有组织地实行的活动。教师作为活动的组织者、指导者,自然承担着引导幼儿进入所要学习的主题并进行深入探索的任务。在活动开始阶段,教师的主要任务是引导幼儿发现问题并引发幼儿的思考,为下一步活动做准备,其主要目的是集中幼儿的注意力,激发幼儿的学习兴趣。教师恰当的活动导入策略非常重要,它可以在较短时间内吸引幼儿的注意力,激发幼儿的学习兴趣,引导幼儿主动探究和思考,同时保证活动实施进程的顺利,使幼儿在轻松、自主、有趣、愉快的氛围中学习。

（二）基本部分

活动的基本部分是幼儿表现自己已有经验和获取经验的过程,是教师适时、适宜、适度地介入的过程,是一个多向积极互动的过程,同时也是教师充分利用准备材料去实现活动目标的过程。在活动开展过程中,幼儿以各种方式对感兴趣的事物进行探索,但由于受经验、能力、活动材料、活动时间、空间等多种因素的影响,活动的展开并不是一帆风顺的。因此,如果没有教师的适当帮助,活动往往会陷入困境。教师应该根据活动目标,确定重点和难点,并以此安排幼儿的活动顺序、步骤,设计活动的方法、形式、手段,并注意各环节之间的自然衔接和过渡,围绕目标,循序渐进。

要想有效地开展活动,教师就必须在满足幼儿兴趣需要的同时,采取灵活、多样的"推进策略"。例如,"需要在前,引领在后"的教育策略;"探索在前,讨论在后"的教育策略;"观察在前,指导在后"的教育策略等。

（三）结束部分

结束部分的主要目的是归纳和总结活动的主要内容,如进行评价总结、展示和交流活动成果等。如果有未完成的内容,可以利用其他时间继续活动,即活动的延伸。

一般来说,活动最后应该安排幼儿之间进行分享和交流,这是幼儿向他人展示已有收获或成果的阶段,是活动必不可少的部分,也是将活动推向高潮的环节。分享交流是要给主体幼儿展示的机会,分享交流的过程是幼儿通过他人的表现进行再回顾、再认识、再学习的过程。作品的展示、生动的讲述、已有经验的分享、知识的传递、获得的关注与表扬,都将使幼儿由衷地享受成功的喜悦。成功感将转化为幼儿成长进步的内动力,促进幼儿更喜欢学习与探索。

六、活动延伸

活动延伸在幼儿园活动中属于一个微小的细节,而成功的教育就是由一个个教育细节组成的,所以我们不能在活动中漠视活动延伸。首先我们要善于抓住幼儿的兴趣点,生成活动延伸;其次捕捉生活细节,开展活动延伸;再次释放材料,内化活动延伸;最后家园结合,外化活动延伸。

七、活动评价与反思

活动评价与反思是整个教学活动的后续环节,是教学效果评定与教师自我审视、自我提高的主要环节,也是必不可少的。活动评价与反思可以从目标的达成、幼儿状态、问题分析等方面进行。反思的时候要注意从优势和劣势两方面进行,两方面都要深入思考,找到优势和问题背后的原因,并思考今后应对这一问题的调整策略。只有这样,反思才能真正达到促进教师专业成长的目的,才能更有效地促进幼儿发展。

活动设计的过程是教师为了让幼儿达到预定目标和意图,而将自己原有的经验进行传递、转换和共享的过程。要确保这一系列活动有效进行,需要教师付出智慧,并且精心设计和准备,同时还需要一定的技术手段。幼儿园活动设计没有统一的教学大纲要求,为优化教学效果,往往需要教师更大程度地发挥主观能动性,创造性地构思、设想和规划教学方案,可以说教师每天都在进行研究活动。因此,活动设计直接影响幼儿的学习效果,影响教师的教学质量,对完成教育目标具有重要意义。

第六章 幼儿园健康、语言与社会领域活动设计

第一节 幼儿园健康活动设计

一、幼儿园健康教育的内涵

(一)幼儿健康

健康是人类追求的一个永恒目标,随着社会的发展变革,健康的含义也发生了相应的改变。20世纪40年代末期,世界卫生组织(WHO)将健康定义为:"健康是身体、心理和社会适应的完满状态,而不仅仅指没有疾病和虚弱现象"。80年代末期重新定义为"健康应包括躯体健康、心理健康、社会适应良好和道德健康"。

21世纪《指南》中提出"健康是指人在身体、心理和社会适应方面的良好状态"。

健康既是幼儿身心和谐发展的结果,也是幼儿身心充分发展的前提。《纲要》明确"幼儿园必须把保护幼儿的生命和促进幼儿的健康放在工作的首位,树立正确的健康观念,在重视幼儿健康的同时,要高度重视幼儿的心理健康"。

幼儿健康是指幼儿各个器官生长发育正常,能较好地抵抗各种疾病;性格开朗、情绪乐观、无心理障碍,对环境有较快的适应能力。

(二)幼儿园健康教育

幼儿园健康教育是幼儿园教育的重要组成部分,是幼儿健康和幼儿教育的有机结合,具体是指:根据幼儿身心发展特点,提高幼儿的健康认识,改善幼儿的健康态度,培养幼儿的健康行为,是保持促进幼儿健康发展的系统教育活动。

二、幼儿园健康教育目标

(一)幼儿健康教育总目标

幼儿健康教育总目标是确定幼儿年龄阶段目标和具体活动目标的依据,是幼儿园健康教育活动的出发点和归宿,对幼儿的身心保健起规范作用。

《纲要》明确指出学前儿童健康教育的目标是:①身体健康,在集体生活中情绪安定、愉快。②生活、卫生习惯良好,有基本的生活自理能力。③知道安全保健常识,学习保护自己。④喜欢参加体育活动,动作协调。

(二)年龄阶段目标

幼儿园健康教育年龄阶段目标是根据总目标,依据各年龄段幼儿身心发展的特点制订的,在《指南》中明确规定了不同年龄阶段幼儿健康教育目标如下。

1. 身心状况

具体内容见表6-1、表6-2、表6-3。

表6-1 具有健康的体态

3～4岁	4～5岁	5～6岁
1. 身高和体重适宜 参考标准 男孩 身高：94.9～111.7厘米 体重：12.7～21.2千克 女孩： 身高：94.1～111.3厘米 体重：12.3～21.5千克 2. 在提醒下能自然坐直、站直	1. 身高和体重适宜 参考标准： 男孩： 身高：100.7～119.2厘米 体重：14.1～24.2千克 女孩： 身高：99.9～118.9厘米 体重：13.7～24.9千克 2. 在提醒下能保持正确的站、坐和行走姿势	1. 身高和体重适宜 参考标准： 男孩： 身高：106.1～125.8厘米 体重：15.9～27.1千克 女孩： 身高：104.9～125.4厘米 体重：15.3～27.8千克 2. 经常保持正确的站、坐和行走姿势

表6-2 情绪安定愉快

3～4岁	4～5岁	5～6岁
1. 情绪比较稳定，很少因一点小事哭闹不止 2. 有比较强烈的情绪反应时，能在成人的安抚下逐渐平静下来	1. 经常保持愉快的情绪，不高兴时能较快缓解 2. 有比较强烈情绪反应时，能在成人提醒下逐渐平静下来 3. 愿意把自己的情绪告诉亲近的人，一起分享快乐或求得安慰	1. 经常保持愉快的情绪。知道引起自己某种情绪的原因，并努力缓解 2. 表达情绪的方式比较适度，不乱发脾气 3. 能随着活动的需要转换情绪和注意

表6-3 具有一定的适应能力

3～4岁	4～5岁	5～6岁
1. 能在较热或较冷的户外环境中活动 2. 换新环境时情绪能较快稳定，睡眠、饮食基本正常 3. 在老师帮助下能较快适应集体生活	1. 能在较热或较冷的户外环境中连续活动半小时左右 2. 换新环境时较少出现身体不适 3. 能较快适应人际环境中发生的变化。如换了新老师能较快适应	1. 能在较热或较冷的户外环境中连续活动半小时以上 2. 天气变化时较少感冒，能适应车、船等交通工具造成的轻微颠簸 3. 能较快融入新的人际关系环境。如换了新的幼儿园或班级能较快适应

2. 动作发展

具体内容见表6-4、表6-5、表6-6。

表6-4 具有一定的平衡能力，动作协调、灵活

3～4岁	4～5岁	5～6岁
1. 能沿地面直线或在较窄的低矮物体上走一段距离 2. 能双脚灵活交替上下楼梯 3. 能身体平稳地双脚连续向前跳 4. 分散跑时能躲避他人的碰撞 5. 能双手向上抛球	1. 能在较窄的低矮物体上平稳地走一段距离 2. 能以匍匐、膝盖悬空等多种方式钻爬 3. 能助跑跨跳过一定距离，或助跑跨跳过一定高度的物体 4. 能与他人玩追逐、躲闪跑的游戏。 5. 能连续自抛自接球	1. 能在斜坡、荡桥和有一定间隔的物体上较平稳地行走 2. 能以手脚并用的方式安全地爬攀登架、网等 3. 能连续跳绳 4. 能躲避他人滚过来的球或扔过来的沙包 5. 能连续拍球

表6－5 具有一定的力量和耐力

3～4岁	4～5岁	5～6岁
1. 能双手抓杠悬空吊起10秒左右 2. 能单手将沙包向前投掷2米左右 3. 能单脚连续向前跳2米左右 4. 能快跑15米左右 5. 能行走1千米左右（途中可适当停歇）	1. 能双手抓杠悬空吊起15秒左右 2. 能单手将沙包向前投掷4米左右 3. 能单脚连续向前跳5米左右 4. 能快跑20米左右 5. 能连续行走1.5千米左右（途中可适当停歇）	1. 能双手抓杠悬空吊起20秒左右 2. 能单手将沙包向前投掷5米左右 3. 能单脚连续向前跳8米左右 4. 能快跑25米左右 5. 能连续行走1.5千米以上（途中可适当停歇）

表6－6 手的动作灵活协调

3～4岁	4～5岁	5～6岁
1. 能用笔涂涂画画 2. 能熟练地用勺子吃饭 3. 能用剪刀沿直线剪，边线基本吻合	1. 能沿边线较直地画出简单图形，或边线基本对齐地折纸 2. 会用筷子吃饭 3. 能沿轮廓线剪出由直线构成的简单图形，边线吻合	1. 能根据需要画出图形，线条基本平滑 2. 能熟练使用筷子 3. 能沿轮廓线剪出由曲线构成的简单图形，边线吻合且平滑 4. 能使用简单的劳动工具或用具

3. 生活习惯与生活能力

具体内容见表6－7、表6－8、表6－9。

表6－7 具有良好的生活卫生习惯

3～4岁	4～5岁	5～6岁
1. 在提醒下，按时睡觉和起床，并能坚持午睡 2. 喜欢参加体育活动 3. 在引导下，不偏食、挑食。喜欢吃瓜果、蔬菜等新鲜食品 4. 愿意饮用白开水，不贪喝饮料 5. 不用脏手揉眼睛，连续看电视等不超过5分钟 6. 在提醒下，每天早晚刷牙，饭前便后洗手	1. 每天按时睡觉和起床，并能坚持午睡 2. 喜欢参加体育活动 3. 不偏食、挑食，不暴饮暴食喜食瓜果、蔬菜等新鲜食品 4. 常喝白开水，不贪喝饮料 5. 知道保护眼睛，不在光线过强或过暗的地方看书，连续看电视等不超过20分钟 6. 每天早晚刷牙，饭前便后洗手，方法基本正确	1. 养成每天按时睡觉和起床的习惯 2. 能主动参加体育活动 3. 吃东西时细嚼慢咽 4. 主动饮用白开水，不贪喝饮料 5. 主动保护眼睛，不在光线过强或过暗的地方看书，连续看电视等不超过30分钟 6. 每天早晚主动刷牙，饭前便后主动手，方法正确

表6－8 具有基本的生活自理能力

3～4岁	4～5岁	5～6岁
1. 在成人帮助下能穿脱衣服或鞋袜 2. 能将玩具和图书放回原处	1. 能自己穿脱衣服、鞋袜、扣纽扣 2. 能整理自己的物品	1. 能知道根据冷热增减衣服 2. 会自己系鞋带 3. 能按类别整理好自己的物品

表6-9 具备基本的安全知识和自我保护能力

3~4岁	4~5岁	5~6岁
1.不吃陌生人给的东西，不跟陌生人走 2.在成人提醒下能注意安全，不做危险的事 3.在公共场所走失时，能向警察或有关人员说出自己和家长的名字、电话号码等简单信息	1.知道在公共场合不远离成人的视线单独活动 2.认识常见的安全标志，能遵守安全规则 3.运动时能主动躲避危险 4.知道简单的求助方式	1.未经大人允许不给陌生人开门 2.能自觉遵守基本的安全规则和交通规则 3.运动时能注意安全，不给他人造成危险 4.知道一些基本的防灾知识

四、幼儿园健康教育的内容

幼儿健康教育的内容涉及生活的方方面面，具体内容可分为以下几个方面。

（一）生活习惯与生活能力方面

①良好生活习惯的养成教育。包括个人卫生习惯、学习习惯、周围环境卫生的习惯等。②生活自理能力的培养。③日常安全知识和自我保护能力。包括生活安全知识、活动安全常识、粗浅的药物安全常识、应付和处理意外事故的简单知识与技能、初步的自我保护能力等。④饮食与营养。包括饮食的有关的知识和技能、常见的食物的名称及其粗浅的营养知识、营养与健康的关系、膳食平衡的简单知识等。⑤疾病防治意识。包括常见疾病的粗浅预防知识；了解预防接种的相关知识；愿意主动接受治疗。⑥认识自己的身体。包括认识身体的主要器官及其主要功能、保护器官的基本知识和技能、预防龋齿及换牙的有关知识等。

（二）动作发展方面

1.各类体育游戏

幼儿园体育游戏是幼儿园体育活动中最重要的内容，它是由一定情节、角色、动作和规则等组成的，以发展幼儿基本动作为主要内容的身体活动。

在日常活动中，幼儿主要通过体育游戏锻炼幼儿的基本动作。幼儿的基本动作包括走、跑、跳、投掷、平衡、钻爬、攀登、翻滚等，在游戏中锻炼了基本动作，增强了幼儿的身体素质。由于体育游戏多以情节性、组织性游戏为主，在游戏的过程中还培养了幼儿的组织性、纪律性、合作性、创造性等。

2.基本体操和队列队形

基本体操是指幼儿通过身体各部位动作的协调配合，根据人体各部位运动的特点，按照一定的程序，有目的、有节奏地进行单一或组合动作的身体练习。包括徒手操和轻器械操，徒手操包括模仿操、拍手操、韵律操、武术操等；轻器械操包括筷子操、哑铃操、饮料罐操、旗操等。多以集体形式进行。

队列队形是指多名幼儿按教师的口令，从事协调一致动作，排成一定队形。包括动作、队形、变换队形的方法和口令、识别方位等内容。多以集体形式进行。在这个过程中，教师的口令一定要运用正确，将重点放在识别空间方位上，与日常生活其他活动结合起来，使幼儿更加有兴趣。

3. 器械类活动

运动器械包括大中型的固定性运动器械(攀登架、滑梯、跷跷板、蹦蹦床、秋千、攀网、联合器械等)、中小型的可移动性运动器械(平衡木、小三轮车、脚踏车、垫子等)、手持的小型运动性器械(各种球类、橡皮筋、跳绳、小高跷、铁环等)。在户外游戏时幼儿可自主选择。

4. 体育教学活动

体育教学活动是一种有目的、有计划、有组织的体育活动,以身体练习为主要内容,培养幼儿身体的全面发展。主要任务是:全面锻炼身体、增强幼儿体质;传授简单的体育知识和技能;锻炼意志,发展个性等。

此外,还包括心理健康教育方面,如学习表达和调节自己情绪的方法;培养社会交往能力;心理障碍和行为异常的预防;性教育等。

五、幼儿健康教育活动的设计

(一)幼儿生活习惯与生活能力方面的设计

《纲要》明确指出:幼儿园必须把保护幼儿的生命和促进幼儿的健康放在工作的首位。幼儿园进行此类活动就是为了更好地保护幼儿的生命和健康。进行生活习惯和生活能力方面的教育活动是十分有必要的。

常用的方法具体可分为以下几种。

1. 讲解演示法

讲解演示法是指教师边讲解边结合动作、实物、模型进行演示的方法,具体而形象地向幼儿传授粗浅的有关健康的知识和技能,提高幼儿对健康的认识水平。教师应根据具体情况,变换演示的方式。

2. 练习法

练习法是指幼儿将在活动中,学到的生活技能、健康行为等,进行反复练习形成稳定的技能和良好行为习惯的方法。

3. 讨论法

讨论法是指幼儿通过对教师提出的问题进行讨论,得出结论,形成共识,从而提高幼儿对健康的认识水平的方法。

4. 模拟训练法

模拟训练法是指针对生活中可能出现的情景,进行实践性练习,以提高健康行为能力的方法。

(二)幼儿动作发展方面的设计

1. 各类体育游戏设计

例如:翻饼(炒黄豆)

目标:练习钻的动作,发展幼儿协调能力。

玩法:两个幼儿相对站立手拉手,左右摇动,同时念儿歌"翻饼、烙饼,油炸馅饼。"或念"炒、炒、炒黄豆,炒好黄豆翻跟斗。"念完后高举一手,两人的头向里钻,同时转体360度(转体时要钻过举起的手,相背时两手高低交换)。

建议:儿歌内容可根据当地习惯自选自编。

例如:捉星星

目标:在一定范围内四散追逐跑,提高躲闪能力,发展灵敏素质。

过程:

交代游戏名称。教师讲解,请一个幼儿当科学家,戴上宇宙飞船头饰,站在场外,其余幼儿扮演小星星,四散地站在操场上。

游戏开始,"小星星"一起念儿歌:"小星星,在天空,一闪一闪眨眼睛。""小科学家"接着念:"我坐宇宙小飞船,飞到天上捉星星。"说完最后一句话,"小科学家"就跑进场内捉星星。"星星"四散跑着躲闪。被捉到的星星站到场外,捉到数颗"星星"(视情况而定),游戏结束。

游戏重新开始,更换"科学家"。

2. 幼儿体育教学活动设计

幼儿体育教学活动常用的方法主要有:演示法、游戏法、讲解法、比赛法、练习法等。幼儿园身体锻炼活动的设计一般主要包括三个部分:开始环节、中间环节、结束环节。

(1)开始环节

内容:主要是热身活动,包括排队和队列队形练习;向幼儿说明活动的主要内容和要求,做一些基本体操或模仿活动;开展一些运动负荷不大、有利于发展幼儿体能的游戏,也可进行一些简单的律动或专门性的体育活动等。

时间:一般占总时间的 10%~15%。

目的:集中幼儿的注意力,激发参与身体锻炼活动的兴趣,为后面的活动做好适应性准备。

开始部分的设计最好简短新颖,要根据幼儿特点、教学活动目标、气候等因素来确定活动的内容和时间。

(2)中间环节

内容:包括发展体能的游戏、基本体操训练等。一般安排1~2项活动内容。在内容的安排上应注意新旧搭配、动静结合、有张有弛,全面发展幼儿身体的灵活性、协调性等。

时间:是整体活动的核心部分,一般占总时间的 75%~80%。

任务:学习粗浅的体育知识和技能;学习新的或较难的活动内容;巩固和提高已学过的各类练习和游戏等。实现本次体育教学活动的主要教育和教学的活动目标,并从中通过幼儿自身的身体练习,提高幼儿的身体素质,发展幼儿的能力,培养幼儿良好的品质等。

(3)结束环节

内容:主要是整理活动。如组织幼儿轻松自然地走步、徒手放松练习、简单轻松的操节或律动、较安静的游戏等,同时也可进行活动小结或评价,有组织地结束活动,并收拾和整理器材等。

时间:一般占总时间的 10%以下,视具体情况增减。

任务:使幼儿的身体由运动的紧张状态逐渐恢复到相对安静的状态,以降低幼儿大脑的兴奋性。

六、组织幼儿园健康活动对教师的要求

①教师要了解幼儿的生理、心理发展的特点,各年龄阶段幼儿动作发展的特点及差异,以保证幼儿的安全和健康为首要工作。②教师要具有一定的组织、引导幼儿积极参与健康活动的技能和能力,如动作示范、游戏创编等。③教师要掌握一定数量的室内外体育活动的小游戏、儿歌等。④通过体育活动促进幼儿身体的发育,多方面发展幼儿身体的协调性、灵活性和敏捷性,培养幼儿对体育活动的兴趣。⑤养成健康的生活习惯对于幼儿的终身发展有重要的作用,教师要持之以恒地通过各种活动培养幼儿良好的生活习惯。

第二节 幼儿园语言活动设计

语言是人类最重要的交际工具,对于幼儿倾听、表达在他们的起始阶段起着重要作用。新生儿出生后,由于吃、喝等生理需求,他们逐渐产生了与他人的沟通倾向。通过交际,他们逐步丰富了自身对周围世界的认知,同时认知也可以促进其语言的发展。所以,语言不仅是交际工具,也是思维的工具,它能促进个体在智力、社会性等方面的发展。因此,对幼儿进行语言教育也显得尤为重要。

幼儿园语言教育活动是有目的、有计划、有组织地对幼儿进行语言教育的过程。作为一名幼儿园教师,首先要了解幼儿语言发展的特点,这样才能更好地促进其语言的发展,进而促进幼儿获得全面发展。

一、幼儿语言发展的特点

语言是以语音为物质外壳,以词汇为建筑材料,以语法为结构规律构成的。我们可以从语言形式、语言内容和语用技能三个方面观察幼儿语言的发展程度。

语言的发展受神经系统的发育、发音器官的调节控制、听觉器官的辨别等因素影响,在不同的年龄阶段有着不同的发展特点。

(一)1~3岁幼儿前期语言的发展

1~1.5岁属于单词句阶段,这一阶段幼儿的语言在表达方面基本上是以词代句,一般能说几十个词。例如当幼儿说"花"时会说成"花花",意思可能是"这是花""我要这枝花"等。

1.5~2岁属于多词句阶段,词汇量逐渐可以达到300个词左右,一般称为电报式语言,表达时断断续续,结构不完整。例如幼儿说"衣衣,走"意为"穿上衣服走"。

2~3岁属于简单句阶段,词汇量逐渐可以达到700个词左右,能说出简单句并与他人进行简单的交流,例如:"我要走""我喝水"等。

这一阶段幼儿掌握的词汇多为名词、动词,有少量的形容词、数词等。一般称这一阶段为"掌握本民族语言的准备期"或"前言语期"。

(二)3～6岁是幼儿口语发展的快速时期

这一阶段幼儿在语音、词汇、语法方面都有了明显进步,是幼儿口语发展的快速时期,为书面语言的学习奠定了基础。

3～4岁的幼儿神经系统发育不够完善,发音器官和听觉器官的调节、控制能力相对较差,他们对一些语音的掌握还有待提高。如g和d,zh、ch、sh和z、c、s等发音不准,例如:把"知道"说成"zi～dao",把"姥爷"说成"ao～ye",把"哥哥"说成"de～de"等。这一时期是幼儿语音培育的关键期。因此在语言教育活动中,小班重点在于进行语音教育,说完整的简单句,如正确发音、准确听音等。一般幼儿在正常的培育下,到4岁基本可以掌握本民族的全部语音。

4～5岁幼儿在语音教育的基础上,对词汇的要求日益提高。幼儿逐渐可以串词成句,以简单句为主来表达自己的思想。因此在语言教育活动中,中班的教育重点是词汇教育,如丰富词汇量、扩大词类范围和加深对词义的理解。

5～6岁幼儿在句子的理解和发展两方面有了较大进步,从以简单句为主逐步到掌握祈使句、疑问句等较为复杂的句型,可以理解的句型也越来越多。因此在语言教育活动中,大班的教育重点是语法教育。

尽管不同的年龄班有不同的语言教育重点,但在教育过程中每一阶段的年龄班在语音、词汇、语法三方面均有涉及。在幼儿语言发展的过程中,幼儿是先理解再说出,语言发展存在着沉默期,因此我们也要重视沉默期的语言教育。

综上所述,幼儿语言发展特点有五个:①在语音的发展方面,从部分语音发不清楚,到逐渐能发清楚所有的语音。②在词汇的发展方面,丰富增加大量词汇(1000～4000个);扩大词类范围,如:名词、动词、代词、形容词、副词等;逐渐确切的理解词义,由具体到抽象。③在语法的掌握方面,逐渐掌握多种句式的表达,从简单句到复合句,从陈述句发展到多种形式的句子,从不完整句到完整句,句子从短到长等。④在言语表达能力方面,通过讲述活动逐渐培养幼儿的独白言语、连贯性言语、内部言语等。⑤部分幼儿已经具有了一定的认字、阅读的能力。

二、幼儿园语言教育目标

幼儿园语言教育目标是幼儿园教育总目标的组成部分,它指出了幼儿园语言教育活动使幼儿的语言水平所能达到的预期效果。

在《指南》中从倾听与表达、阅读与书写准备两方面提出了不同年龄段的具体要求。

(一)倾听与表达

具体内容见表6—10、表6—11、表6—12。

表6-10 认真听并能听懂常用语言

3~4岁	4~5岁	5~6岁
1.别人对自己说话时能注意听并做出回应 2.能听懂日常会话	1.在群体中能有意识地听与自己有关的信息 2.能结合情境感受到不同语气、语调所表达的不同意思 3.方言地区和少数民族幼儿能基本听懂普通话	1.在集体中能注意听老师或其他人讲话 2.听不懂或有疑问时能主动提问 3.能结合情境理解一些表示因果、假设等相对复杂的句子

表6-11 愿意讲话并能清楚地表达

3~4岁	4~5岁	5~6岁
1.愿意在熟悉的人面前说话,能大方地与人打招呼 2.基本会说本民族或本地区的语言 3.愿意表达自己的需要和想法,必要时能配以手势动作 4.能口齿清楚地说儿歌、童谣或复述简短的故事	1.愿意与他人交谈,喜欢谈论自己感兴趣的话题 2.会说本民族或本地区的语言,基本会说普通话。少数民族聚居地区幼儿会用普通话进行日常会话 3.能基本完整地讲述自己的所见所闻和经历的事情 4.讲述比较连贯	1.愿意与他人讨论问题,敢在众人面前说话 2.会说本民族或本地区的语言和普通话,发音正确清晰;少数民族聚居地区幼儿基本会说普通话 3.能有序、连贯、清楚地讲述一件事情 4.讲述时能使用常见的形容词、同义词等,语言比较生动

表6-12 具有文明的语言习惯

3~4岁	4~5岁	5~6岁
1.与别人讲话时知道眼睛要看着对方 2.说话自然,声音大小适中 3.能在成人的提醒下使用恰当的礼貌用语	1.别人对自己讲话时能回应 2.能根据场合调节自己说话声音的大小 3.能主动使用礼貌用语,不说脏话、粗话	1.别人讲话时能积极主动地回应 2.能根据谈话对象和需要,调整说话的语气 3.懂得按次序轮流讲话,不随意打断别人 4.能依据所处情境使用恰当的语言,如在别人难过时会用恰当的语言表示安慰

(二)阅读与书写准备

具体内容见表6-13、表6-14、表6-15。

表6-13 喜欢听故事,看图书

3~4岁	4~5岁	5~6岁
1.主动要求成人讲故事、读图书 2.喜欢跟读韵律感强的儿歌、童谣 3.爱护图书,不乱撕、乱扔	1.反复看自己喜欢的图书 2.喜欢把听过的故事或看过的图书讲给别人听 3.对生活中常见的标识、符号感兴趣,知道它们表示一定的意义	1.专注地阅读图书 2.喜欢与他人一起谈论图书和故事的有关内容 3.对图书和生活情境中的文字符号感兴趣,知道文字表示一定的意义

表 6－14　具有初步的阅读理解能力

3～4岁	4～5岁	5～6岁
1.能听懂短小的儿歌或故事 2.会看画面，能根据画面说出图中有什么、发生了什么事等 3.能理解图书上的文字是和画面对应的，是用来表达画面意义的	1.能大体讲出所听故事的主要内容 2.能根据连续画面提供的信息，大致说出故事的情节 3.能随着作品的展开产生喜悦、担忧等相应的情绪反应，体会作品所表达的情绪情感	1.能说出所阅读的幼儿文学作品的主要内容 2.能根据故事的部分情节或图书画面的线索猜想故事情节的发展，或续编、创编故事 3.对看过的图书、听过的故事能说出自己的看法 4.能初步感受文学语言的美

表 6－15　具有书面表达的愿望和初步技能

3～4岁	4～5岁	5～6岁
喜欢用涂涂画画表达一定的意思	1.愿意用图画和符号表达自己的愿望和想法 2.在成人提醒下，写写画画时姿势正确	1.愿意用图画和符号表现事物或故事 2.会正确书写自己的名字 3.写写画画时姿势正确

三、幼儿园语言教育的内容

在语言教育中，我们要根据幼儿园语言教育目标、幼儿的身心发展特点和学科特性来选择语言教育内容，以更好、更全面地促进幼儿语言的发展。主要通过倾听、表达、欣赏文学作品和早期阅读等活动，培养幼儿听、说、读的能力。

（一）学习说普通话

语言的发展离不开环境，我们在培养幼儿学说普通话时，首先要为幼儿创造好的普通话环境，帮助幼儿熟悉并学说普通话。包括能够正确发音，准确辨音；习惯用普通话交流；具有一定的词汇量，掌握基本的句式表达等；少数民族地区幼儿学习本民族语言。

（二）提高语言交往能力

为幼儿营造一个和谐自由的交往环境，让幼儿想说、敢说，能够积极主动的与他人进行交流。在语言的实际运用中提高幼儿语言交往能力。包括：培养倾听习惯；能够自然大方地与人交流、回答问题；会用普通话的语调讲话，表情自然；掌握谈话、讲述等多种交流形式。

（三）学习文学作品

通过语言活动帮助幼儿学习文学作品，感受文字的魅力，并获得积极的情感体验，以树立正确的人生观、价值观。包括故事、诗歌、散文、谜语、绕口令等。让幼儿在理解的基础上记忆、运用；可以续编、创编、仿编等。

（四）开展早期阅读

围绕图书、视频、图片等多种符号，激发幼儿对早期阅读活动的兴趣。包括阅读图书的经验；理解图书内容；理解文字的意义、来源；为书写做好准备工作等。

（五）在日常生活中渗透语言的学习

日常生活是促进幼儿语言发展的重要途径。包括条理清晰地表达自己的要求，回答他人问题,解决问题;理解并执行他人的指令性语言;能够用礼貌语言与他人交往等。

四、幼儿园语言教育活动的设计

(一)幼儿园语言教育的方法

《指南》中提出"幼儿的语言能力是在交流和运用的过程中发展起来的。应为幼儿创设自由、宽松的语言交往环境,鼓励和支持幼儿与成人、同伴交流,让幼儿想说、敢说、喜欢说并能得到积极回应"。

作为幼儿教师,在提高幼儿语言能力时不仅要了解幼儿语言发展规律,也要掌握语言教育方法,以便于更加有效地促进幼儿语言的发展。

1. 示范法

教师是幼儿的主要模仿对象之一,因此教师的语言一定要标准规范。在语言教育活动中,教师要根据幼儿语言发展的实际情况有针对性地做好语言示范,及时发现并纠正幼儿的语言错误,让幼儿能够更好地学习语言。

2. 游戏法

游戏是幼儿最喜欢的活动,我们利用游戏的形式组织语言活动,不仅可以提高幼儿的学习兴趣,促进语言能力的发展,同时还可以促进幼儿智力的发展。使用游戏法能让幼儿的身心在积极愉快的氛围中得到发展。

3. 直接法

直接法即对语言的直接学习与运用。教师利用描述性语言、提问等形式,帮助幼儿将语言与事物之间建立联系,并指导幼儿在理解的基础之上发挥语言的创造性,让幼儿在"听、说"的过程中丰富语言知识与经验。

4. 交际法

我们可以根据幼儿的语言发展需要为他们创设情境,用集体或小组的活动形式,让师幼或幼幼之间进行对话,从实际出发,以便于更好地促进幼儿的交际能力。

5. 讲述法

在语言教育活动中,无论是讲解新知识,还是组织具体的语言活动,教师经常会用到讲述法,例如:讲述故事、情境等。

(二)幼儿园语言教育活动的设计

幼儿园语言教育内容需要以具体的活动为载体,包括谈话活动、讲述活动、听说游戏活动、文学作品学习活动、早期阅读活动和综合系列活动。

1. 谈话活动

谈话是培养幼儿学习在一定范围内运用语言与他人进行交流的活动。它重在培养幼儿运用口头语言与他人进行交流,因此在培养幼儿的倾听行为和表述行为方面具有重要作用。谈话活动有自身的特点,包括:有一个有趣的中心话题,信息交流环境多元化,交流氛围宽松自由和具有幼儿感兴趣的谈话素材。这些特点使得它在促进幼儿语言发展上具有其他语言活动不能取代的作用。

第一步:创设情境,引出谈话主题。

教师要做好活动开展的准备,利用实物、语言等方式为幼儿创设谈话情境,激发他们对话题的兴趣,让幼儿想说。

第二步:引导幼儿围绕主题自由交谈。

在引出谈话主题之后,教师可以用提问的形式调动幼儿的相关经验,梳理谈话思路,让幼儿能说。幼儿是活动的主体,在这一环节中教师要放手让幼儿去说,让他们积极主动地自由交谈。这时教师要做好观察者,了解幼儿的谈话情况以及谈话水平。

第三步:教师引导幼儿拓展谈话范围。

在了解幼儿谈话水平的基础上,教师可以参与谈话,由浅入深地隐性示范新的谈话经验,例如谈话的思路、方式等,以促进幼儿谈话水平的提高。

2. 讲述活动

讲述活动是以培养幼儿语言表述行为为主的活动。具有相对正式的语境、有凭借物、培养独白言语是讲述活动的三个特点。讲述活动在提高幼儿讲述能力、培养幼儿独白言语的同时还可以教会幼儿认识事物的方法,促进幼儿思维发展。

我们通常用的讲述方法有:①看图讲述:讲述中使用图片来帮助幼儿讲述。小班一般为1~2幅图片,中班不宜超过4幅图片,大班不宜超过6幅图片。这些图片既可以是现成的,也可以是半成品或自制图片。②情境表演讲述:要求幼儿根据情境表演内容的理解来进行讲述。情境表演既可以由教师或幼儿表演,也可以用木偶表演。③实物讲述:主要通过具体的实物帮助幼儿进行讲述。实物可以是物品、玩具和教具。

第一步:创设情境,了解讲述对象。

具有凭借物是讲述活动的特点之一,所以开展讲述活动的第一步就是让幼儿了解讲述对象。我们要根据凭借物的特点,有针对性地为幼儿创设情境,帮助他们对凭借物有所认识。例如:在看图讲述活动中,我们可以通过不同的方式出示图片,以激发幼儿的兴趣。

第二步:幼儿运用已有经验讲述。

在理解凭借物的基础之上,让幼儿围绕着讲述对象自由讲述。由于讲述活动锻炼的是幼儿的独白言语,所以在幼儿讲述前教师要帮助幼儿调动已有经验,说明讲述要求,在幼儿开始讲述后注意倾听与观察,不要打断幼儿。

第三步:教师引进新的讲述经验。

在幼儿自由讲述之后,教师对幼儿的讲述水平已有所了解,这时教师可以通过提问或讨论的方式引进新的讲述思路。

第四步:教师帮助幼儿巩固和迁移新的讲述经验。

教师引进的新的讲述经验对于幼儿而言可以说是理论层次的,在本环节中我们要将理论与实践相结合,为幼儿提供利用新经验讲述的机会,让幼儿在实际运用中有效地锻炼独白言语,提高口语表达能力。

3. 听说游戏活动

有规则游戏包括智力游戏、音乐游戏和体育游戏,听说游戏是智力游戏的一种。听说游戏是采用游戏的方式而开展的语言活动。依据听说游戏对语言发展所起的不同作用可以分为语音游戏、词汇游戏、句子游戏、描述性游戏和故事表演游戏,其目的主要是练习巩固幼儿的发音、丰富扩大词汇量、尝试运用各种句型。听说游戏不仅可以提高幼儿对语言学习的兴趣,还可以提高幼儿的语言能力,促进智力发展。

第一步:创设游戏情境。

教师利用教具、语言等形式为幼儿营造和谐自由的游戏氛围,调动幼儿参与的积极性。

第二步:讲明游戏玩法和规则。

玩法和规则是游戏的重要组成部分,教师只有向幼儿讲解清楚,游戏活动才能够顺利开展。

第三步:引导幼儿游戏。

由于幼儿年龄较小,教师可以直接参与游戏或选择能力强的幼儿先做示范,以确保幼儿明确如何进行游戏。

第四步:幼儿自主游戏。

在全体幼儿熟悉了游戏玩法和规则后便可以组织幼儿自主游戏,这时教师要确保充足的游戏时间,做好观察者,及时帮助指导幼儿,以保证游戏的质量,提高游戏水平。

4. 文学作品学习活动

文学作品学习活动是通过欣赏文学作品来学习语言的活动。它包括围绕故事、诗歌、散文、谜语、绕口令等形式的文学作品而开展的活动,可以让幼儿感受文字的魅力,丰富语言,还可以培养幼儿的积极情感,树立正确的人生观和价值观,促进想象力的发展。

第一步:创设情境,引出文学作品。

文学作品是文学作品活动的基本内容,根据作品的特点教师可以利用多媒体、表演等形式引出文学作品,调动幼儿学习文学作品的积极性。

第二步:多种形式展现文学作品。

由于幼儿的识字能力有限,文学作品以幼儿的"听"为主,教师可以通过诵读、录音等形式为幼儿展现作品。在这一环节中教师要用充满感情的语言准确地为幼儿诵读文学作品,同时可以适当利用多媒体、教具等,以免幼儿注意力分散。

第三步:理解文学作品。

文学作品内容积极向上,语言生动优美,教师可以通过三层次提问,即:描述性提问(是什么)、思考性提问(为什么)、假设性提问(怎么样),来帮助幼儿理解文学作品,感受作品的文字魅力,体会作品中的积极情感。

第四步:迁移文学作品经验。

在充分理解文学作品的基础上,我们可以开展续编、创编等相关的主题活动,在促进幼儿语言能力发展的同时发展他们的想象力。

5. 早期阅读活动

早期阅读活动是培养幼儿学习书面语言的活动。有些人认为早期阅读等于早期识字,这是错误观点。早期阅读活动包括图书阅读经验、识字经验和书写经验。早期阅读教育重在培养阅读能力,而人的阅读能力不是天生的,3~8岁是阅读能力形成的关键期,我们要把握其发展规律,以更好地为幼儿创设书面语言的学习环境,促进其完整语言的发展。

第一步:创设阅读情境,引出阅读内容。

教师可以利用区域、多媒体、图片、语言等形式调动幼儿的阅读兴趣,自然而然地引出本次活动的阅读内容。

第二步:幼儿自主阅读。

教师要为幼儿提供自主阅读的机会,让幼儿在教师的指导下完整地阅读活动内容,对阅读对象有所认识。

第三步:与幼儿一起阅读交流。

在幼儿自主阅读之后,教师可以与幼儿一起阅读,在集体讨论或小组活动中,进一步帮助儿童理解阅读内容。

第四步:迁移阅读经验。

早期阅读的内容来源于生活,也要应用到生活中去,我们要鼓励幼儿善于在生活中发现阅读内容,以不断提高自己的阅读能力。

6.综合系列活动

虽然《纲要》将幼儿园教育活动划分为五大领域,但它们并不是孤立的而是相互渗透的,因此我们在设计幼儿园语言教育活动时要考虑到领域的整合。

在围绕一个主题设计一系列活动时,我们不仅要参照一般活动过程的设计步骤,还要考虑到本领域活动的特点。

五、组织语言活动对教师的要求

①了解幼儿语言发展的特点,准确把握不同年龄班语言教育的重点。②教师要尊重来自不同语言环境的幼儿,耐心、认真地倾听他们的表述,热情关心、平等对待不同语言表达能力的幼儿。③教师应具有比较强的口语表达能力和比较准确的普通话语音和语调,教师自身的语言要做到规范、亲切、文明、生动,语速、音量适宜幼儿。④教师要储备一定数量的不同年龄班幼儿常见的儿歌、谜语、绕口令、诗歌、故事等文学作品,适宜地开展各种语言教育活动。⑤教师要为幼儿创设畅所欲言、轻松愉快的语言环境,使他们想说、敢说、有机会说,要有意识地利用各种活动,丰富、发展幼儿的语言能力;并为他们准备丰富的适合阅读的图书,书写材料等。

第三节 幼儿园社会活动设计

人是生活在一定的社会环境中的。儿童一出生就开始接触周围社会,幼儿入园后在一个新的群体中生活,需要学习遵守社会规则,使其行为符合他所处的集体环境和社会环境,积极适应幼儿园的共同生活和社会生活,并逐渐从一个自然人向一个社会人转变。社会化过程伴随着人的一生,幼儿阶段的社会性发展和社会化水平会深深地、长远地影响着儿童将来的社会生活和学习工作。

《纲要》总则提出:"幼儿园教育是基础教育的重要组成部分,是我国学校教育和终身教育的奠基阶段。(教育要)为幼儿一生的发展打好基础。"《纲要》既对幼儿社会领域发展的目标作了阐述,也为教师科学、合理、有效地进行社会领域的教育指明了方向。

幼儿的社会教育是教师按照国家的教育目标和一定的社会价值取向,针对不同年龄儿童的发展特点,通过有目的、有计划、有组织地实施教育影响,以发展儿童的社会认知、社会情感和社会行为的教育。

作为一名幼儿园教师,只有了解学前儿童社会发展的特点,才能更好地促进其社会性的发展,进而促进学前儿童的全面发展。

一、幼儿社会认识发展的特点

(一)小班(3~4岁)幼儿社会认识的发展

①具有初步对社会规则、行为规范的认识,能做最直接、简单的道德判断。②喜欢与人交往,有了与其他小朋友一起活动的愿望。③对父母有着很强烈的情感依恋,对经常接触的人也能形成亲近的情感。④他们的自我意识开始出现,能区分"你""我""他",但不会区分自己和他人的需求。⑤他们的情感、行为的冲动性强,自制力差,往往不能与人友好合作,常发生纠纷,需要成人的帮助和指导。

(二)中班(4~5岁)幼儿社会认识的发展

①幼儿社会认知能力明显提高,懂得更多的社会规则、行为规范。②能关心他人的情感反应,出现最初步的关系、同情反应,友好、助人、合作行为明显增多。③在自我意识方面,他们开始能体验到自己的内心心理活动、情绪情感和行为反应,能以他人的要求调控自己的行为,自制能力开始发展。

(三)大班(5~6岁)幼儿认识的发展

在良好的环境、教育影响下,能形成初步的品德行为,发展起行为的内在调控系统,并且在与同伴交往中实践、练习着各种积极的交往方式,运用、掌握着为社会和他人许可的社会行为,发展着社会交往能力与适应能力。

他们能进一步意识并开始理解他人有不同于自己的情感、需要,重视成人、同伴对自己的评价,希望被同伴群体接纳,并开始自觉、有意地控制自己的情绪和行为。

模仿是幼儿社会学习的重要方式。通过模仿,幼儿可以体验并理解基本的社会行为规则,既可以获得良好的行为习惯,也可以了解到不良行为应该如何去改变。

总之,幼儿社会性的发展是在社会环境的影响下,在与周围的人的交往中逐步实现的。幼儿的社会认知和社会性行为必须经过体验、内化才能真正形成。幼儿社会性发展水平往往决定着他们将来能否积极地适应各种社会环境,它对幼儿的一生都有重要影响。

二、幼儿园社会教育的目标

幼儿园社会教育目标是幼儿园教育总目标的重要组成部分,它指出了幼儿园社会教育活动使幼儿的社会性发展所达到的预期效果。在《指南》中明确规定了不同年龄班幼儿社会教育的目标如下表(见表6-16)。

表6-16 不同年龄班幼儿社会教育的目标

项目	目标	3~4岁	4~5岁	5~6岁
人际交往	愿意与人交往	1.愿意和小朋友一起游戏 2.愿意和熟悉的长辈一起活动	1.喜欢和小朋友一起游戏,有经常一起玩的小伙伴 2.喜欢和长辈交谈,有事愿意告诉长辈	1.有自己的好朋友,也喜欢结交新朋友 2.有问题愿意向别人请教 3.有高兴的或有趣的事愿意与大家分享能与同伴友好相处
	能与同伴友好相处	1.想加入同伴的游戏时,能友好地提出请求 2.在成人指导下,不争抢,不独霸玩具 3.与同伴发生冲突时,能听从成人的劝解	1.会运用介绍自己、交换玩具等简单技巧加入同伴游戏 2.对大家都喜欢的东西能轮流、分享 3.与同伴发生冲突时,能在他人帮助下和平解决 4.活动时愿意接受同伴的意见和建议 5.不欺负弱小	1.能想办法吸引同伴和自己一起游戏 2.活动时能和同伴分工合作,遇到困难能一起克服 3.与同伴发生冲突时能自己协商解决 4.知道别人的想法有时和自己不一样,能倾听和接受别人的意见,不能接受时会说明理由 5.不欺负别人,也不允许别人欺负自己具有自尊、自信、自主的表现
	具有自尊、自信、自主的表现	1.能根据自己的兴趣选择游戏或其他活动 2.为自己的好行为或活动成果感到高兴 3.自己能做的事情愿意自己做 4.喜欢承担一些小任务	1.能按自己的想法进行游戏或其他活动 2.知道自己的一些优点和长处,并对此感到满意 3.自己的事情尽量自己做,不愿意依赖别人 4.敢于尝试有一定难度的活动和任务	1.能主动发起活动或在活动中出主意、想办法 2.做了好事或取得了成功后还想做得更好 3.自己的事情自己做,不会的愿意学 4.主动承担任务,遇到困难能够坚持而不轻易求助 5.与别人的看法不同时,敢于坚持自己的意见并说明理由关心尊重他人
	关心尊重他人	1.长辈讲话时能认真听,并能听从长辈的要求 2.身边的人生病或不开心时表示同情 3.在提醒下能做到不打扰别人	1.会用礼貌的方式向长辈表达自己的要求和想法 2.能注意到别人的情绪,并有关心、体贴的表现 3.知道父母的职业,能体会到父母为养育自己所付出的辛劳	1.能有礼貌地与人交往 2.能关注别人的情绪和需要,并给予力所能及的帮助 3.尊重为大家提供服务的人,珍惜他们的劳动成果 4.接纳、尊重与自己的生活方式或习惯不同的人

续表

项目	目标	3～4岁	4～5岁	5～6岁
社会适应	喜欢并适应群体生活	1.对群体生活有兴趣 2.对幼儿园的生活好奇,喜欢上幼儿园	1.愿意并主动参加群体活动。 2.愿意与家长一起参加社区的一些群体活动	1.在群体活动中积极、快乐 2.对小学生活有好奇和向往
	社会遵守基本的行为规范	1.在成人提醒下,能遵守游戏和公共场所的规则 2.知道不经允许不能拿别人的东西,借别人的东西要归还 3.在成人的提醒下,爱护玩具和其他物品	1.感受规则的意义,并能基本遵守规则 2.不私自拿不属于自己的东西 3.知道说谎是不对的 4.知道接受了的任务要努力完成 5.在成人提醒下,能节约粮食、水电等	1.理解规则的意义,能与同伴协商制定游戏和活动规则 2.爱惜物品,用别人的东西时也知道爱护 3.做了错事敢于承认,不说谎 4.能认真负责地完成自己所接受的任务 5.爱护身边的环境,注意节约资源
	适应具有初步的归属感	1.知道和自己一起生活的家庭成员及与自己的关系,体会到自己是家庭的一员 2.能感受到家庭生活的温暖,爱父母、亲近与信赖长辈 3.能说出自己家所在街道、小区(乡镇、村)的名称 4.认识国旗,知道国歌	1.喜欢自己所在的幼儿园和班级,积极参加集体活动 2.能说出自己家所在地的省、市、县(区)名称,知道当地有代表性的物产或景观 3.知道自己是中国人 4.奏国歌、升国旗时能自动站好	1.愿意为集体做事,为集体的成绩感到高兴 2.能感受到家乡的发展变化并为此感到高兴 3.知道自己的民族,知道中国是一个多民族的大家庭,各民族之间要互相尊重,团结友爱 4.知道国家一些重大成就,爱祖国,为自己是中国人感到自豪

三、幼儿园社会教育活动的内容

幼儿社会教育活动的内容是幼儿在社会领域学习的主要内容,是实现幼儿社会领域教育目标的载体,根据《纲要》和《指南》的主要精神和幼儿园社会教育的总目标,我们将幼儿社会教育的内容归纳如下:①形成良好的人际关系。主要包括在交往活动中要做到礼貌、友好、谦让、合作、分享、尊重等;能主动帮助同伴、老人和残疾人等;了解父母亲人、老师、同伴及其他人,同情、关心、热爱他们;使幼儿了解、关心自己的集体。②爱护自然环境,适应社会环境。了解并熟悉幼儿园、家庭等周围的环境;初步了解社会民族风俗习惯,我国传统文化等;初步掌握一些基本的生活能力,能做一些力所能及的事,具备一定的自我保护意识;初步培养幼儿具有一定的社会责任感;培养幼儿爱护环境,提高幼儿的环保意识和节约意识。③遵守社会行为规范,养成良好的生活习惯。包括在学习活动中学习遵守规则;有爱劳动、爱清洁的习惯;遵守公共秩序和相应的规则;养成良好的卫生习惯;学会爱护公物,保护环境等。④加强对自己和他人的认识、理解不同人的态度、情感、行为,培养幼儿的自信心、自尊心及自我控制的应变能力。

四、幼儿园社会教育活动的设计

(一)幼儿园社会教育活动的设计步骤

幼儿园社会教育的目标和内容是通过具体的社会教育活动来实现的。要组织好每一个具体的社会教育活动,首先要设计好活动的具体方案,一个完整的社会教育活动方案,一般包括活动名称、活动目标、活动准备、活动过程、活动延伸、活动评价六个方面。

1. 活动名称

活动名称即一次具体的社会教育活动的名字。在活动名称的设计上要:①通过活动名称能大致了解本次社会教育活动的主要内容和发展目标,如"国庆节"。②在名称的命名上要注意尽量符合儿童化的特点。如"有趣的筷子""妈妈您辛苦啦"等活动名称。③书写内容要规范、完整。一个完整的社会教育活动名称应包括:活动类型、年龄班、具体内容。例如:小班社会教育活动"好听的名字",或者也可以表述为:社会教育活动"好听的名字"(小班)。

2. 活动目标

活动目标是进行教育活动预期的结果,即具体活动所要达到的目的,是整个社会教育活动的出发点和归宿,它不仅指导着活动的展开,也是检验活动效果的重要指标。一般包括知识目标、情感态度目标和能力目标三个维度。目标的制定一定要切合实际,符合本班儿童的发展水平;目标的表述要具体明确、重点突出,具有较强的可操作性。

3. 活动准备

活动的准备主要包括物质准备和幼儿的知识经验准备。物质方面的准备如各种电教设备、玩具、操作材料等。知识经验方面的准备即需要幼儿事先有一定的认识、知识方面的基础,如"我的妈妈多辛苦"这一活动,需要幼儿在活动之前在家里观察妈妈的劳动情况。

4. 活动过程

社会教育活动的过程按照一般活动的进行顺序,一般包括开始部分、基本部分、结束部分。

(1)开始部分

开始部分是社会教育活动的第一步,主要是引发幼儿参与活动的兴趣,充分调动幼儿活动的积极性。教师一般可以以提问谈话、故事、猜谜语、图片讲述、观赏录像、情境表演、操作玩具、游戏活动等方式开始教育活动。一般情况下,开始部分的时间一般控制在3~5分钟,不超过10分钟。如"我的好伙伴"的开始部分是放"好朋友"的音乐游戏录音,幼儿在找朋友的游戏中进入活动。

(2)基本部分

基本部分是幼儿社会教育活动的主体环节,教师引导幼儿进行活动的大部分时间应放在这一部分。这一部分要设计好活动的层次结构,明确活动大致分几个环节(或步骤)来进行,每一个环节要完成什么任务等。

(3)结束部分

结束部分可以在音乐、讨论、游戏等活动中自然结束,也可以以小结评价的方式结束活动。

5. 活动延伸

当组织的社会活动结束后,教师可以继续设计一些与此相关的辅助活动,使教育内容渗透到幼儿日常生活中。幼儿社会教育活动延伸的方式多种多样。有游戏的方式、区角活动的方式、表演的方式、领域渗透的方式、家园社区共育的方式、成果展览的方式等。例如中班活动"我爱班集体"的活动延伸可以有一带回家的活动:与家人谈话,夸夸自己的班集体;表演活动:蚂蚁搬家,感受集体团结的力量;朗诵儿歌:《我爱我的集体》。

6. 活动评价

活动评价主要是做好教学反思或小结。

(二)幼儿园社会教活动设计的方法

学前儿童社会教育活动由教育目标、教育内容、教育环境、教育方法等因素构成。教育方法是为了完成教育任务而对儿童施加教育影响所采取的措施和手段。在幼儿社会教育活动中,只有选择恰当的教育方法,才能使幼儿社会教育活动得以顺利开展,才能实现幼儿社会教育活动的目标,取得良好的社会教育效果。由于幼儿社会教育内容的广泛性,教育过程又是一个多种因素影响的发展过程,因而幼儿社会教育的方法具有自身的特殊性和多样性的特点。

1. 幼儿社会教育的一般方法

(1)讲解法

讲解法是教师以口头语言的方式向幼儿解释或阐释社会教育内容的一种方法。在幼儿的社会教育中,讲解法是最经常使用的一种方法。在运用讲解法时,教师一定要注意讲解的实用性;要符合儿童的思维特点,注意讲解的直观形象性;还要注意讲解的方式要灵活多样。

(2)谈话法

谈话法是在幼儿社会教育中,师生通过对话的方式对幼儿进行社会教育的一种方法。谈话法花费的时间比较多,也需要儿童有一定的知识准备,因此,教师在运用谈话法时要注意:在重点任务处采用谈话法;谈话的内容应考虑到儿童的知识经验;谈话中的问题要具体明确;谈话要能引发儿童的思考;谈话的最后要做好总结。

(3)讨论法

讨论法是在幼儿社会教育中,幼儿在教师的指导下就某些社会问题、现象相互启发,交换看法以获取知识的一种教育方法。

(4)观察演示法

观察演示法是在幼儿社会教育中,教师通过演示实物、图片等可以被幼儿感知的材料,使幼儿通过观察获得相应的社会知识、社会情感及社会行为的教育方法。在观察、演示过程中要有目的性和针对性,观察、演示前也要做好充分的准备。

(5)参观法

参观法是在幼儿社会教育中,教师组织幼儿到学前教育机构外学习的一种社会教育方法。它是引导儿童认识社会的主要方法。在参观时,教师一定要精心组织并适时指导幼儿观察社会生活,以培养积极的社会情感、获取丰富的社会认知,形成良好的社会行为。

(6)行为练习法

行为练习法是在幼儿社会教育中,教师组织幼儿按正确的社会行为规范自己,通过实际锻炼,以形成良好的社会行为习惯的方法。这种方法是形成和巩固儿童社会行为最有效的方法。

(7)强化评价法

强化评价法是在幼儿社会教育中,通过对幼儿社会行为的评价对幼儿实施社会教育的一种方法。比如对幼儿良好的行为表现给予表扬、鼓励、奖励等肯定性评价,使儿童相应地形成良好的社会行为;对幼儿不良的行为给予警告、规劝、批评、惩戒等否定性评价,以纠正儿童的不良行为。

2.幼儿社会教育的特殊方法

(1)陶冶熏陶法

陶冶熏陶法是利用环境条件、生活气氛及教师本身的言行举止对幼儿进行积极感化、熏陶,发挥潜移默化的影响的教育方法。比如通过优美的自然环境陶冶幼儿的情操,使幼儿发现自然当中的美;创设良好的班风,使每个幼儿能够积极向上;还可以通过艺术的形式感染幼儿。

(2)移情训练法

移情训练法是通过幼儿对现实事件、情景表演等方式,引导幼儿理解和分享他人的情绪、情感体验,从而产生共鸣的训练方法。例如,一个幼儿的母亲会同情、怜悯别人,当幼儿遇到他人苦恼的情境时,她会对伤害事件进行有感情的说明,帮助孩子理解自己的行为与他人烦恼的关系。

(3)角色扮演法

角色扮演法是创设现实社会中的某些情景,让幼儿扮演一定的社会角色,从而掌握该角色应有的社会行为规范和要求的一种方法。如,"娃娃家"中,幼儿扮演生活中爸爸妈妈的角色,以游戏的方式做爸爸妈妈日常所做的一些事情。

(4)价值澄清法

价值澄清法是让幼儿在活动中直接思考一些价值选择的途径,使他们对社会活动和周围人产生积极的态度,然后付诸外部行动的方法。

(5)观察学习法

观察学习法是指幼儿通过模仿或观察学习而直接学习社会行为的方法。这种学习强调幼儿的主体作用。

五、组织幼儿社会活动对教师的要求

①教师要充分了解幼儿社会性发展的特点以及每个幼儿的个性特征,及其影响幼儿个性发展的诸方面因素。②注意教师自身行为的榜样作用,加强自身品德和心理修养。注意自己的言行举止对幼儿潜移默化的影响。③为幼儿营造和谐、平等、友善的人际环境,为幼

儿提供与伙伴、环境充分交往的机会。抓住日常生活中的教育契机,注意幼儿的交往行为、技能,并要给予具体的指导。④关注家庭教育,善于发挥良好家庭教育的榜样作用。适度影响不良的家庭教育,借助幼儿的健康行为影响家长,进而转变家长的行为。⑤增强对社会焦点问题、突发事件的关注,观察并理解问题的本质,坚持正确的观点,弘扬正能量,给幼儿以科学的指导。

第七章　幼儿园科学与艺术领域活动设计

第一节　幼儿园科学领域活动设计

一、幼儿科学教育的目标、内容、方法

幼儿科学教育是有目的、有计划的教育活动。科学教育活动把幼儿对自身和周围环境的探索纳入其中，科学教育能够丰富幼儿的科学经验，帮助幼儿获取科学知识、提高科学技能，是全面教育不可缺少的一部分。

（一）幼儿科学教育的目标

幼儿科学教育目标是根据幼儿教育的总目标、结合科学教育的特点确立的，是幼儿教育总目标在科学教育中的具体体现。幼儿科学目标的确立要考虑幼儿身心发展的规律和特点，要体现自然科学的特点。

1.幼儿科学教育的总目标

《纲要》中表明，学前儿童科学领域教育包括科学和数学两方面目标和内容，具体如下：①对周围的事物、现象感兴趣，有好奇心和求知欲。②能运用各种感官，动手动脑，探究问题。③能用适当的方式表达、交流探索的过程和结果。④能从生活和游戏中感受事物的数量关系并体验到数学的重要和有趣。⑤爱护动植物，关心周围环境，亲近大自然，珍惜自然资源，有初步的环保意识。在这五条目标中，其中第四条是关于数学方面的目标，在这里不加阐述。

2.幼儿科学教育的年龄阶段目标

《指南》中将科学领域内容分为科学探究和数学认知两个方面，根据幼儿的年龄特点提出了具体的要求。其中关于科学探究的目标如下：①亲近自然，喜欢探究。②具有初步的探究能力。③在探究中认识周围事物和现象。

3.幼儿科学教育的分类目标

幼儿科学教育的分类目标是指教育目标的组合构成，它是从幼儿科学教育总目标中横向分解出来的。幼儿科学教育的总目标是培养具有科学素养的人，因此，科学素养的划分就成为确立幼儿科学教育目标的主要依据。根据幼儿身心发展的特点，幼儿科学教育的分类目标可以分为科学情感态度教育目标、科学方法教育目标、科学知识教育目标三个方面。

（1）科学情感态度教育目标

《纲要》中对科学领域涉及科学情感和态度方面的目标主要有"有好奇心，能发现周围环境中有趣的事情""喜爱动植物，亲近大自然，关心周围的生活环境"，在《指南》中关于情感和

态度的目标有"亲近自然,喜欢探究"。

科学需要好奇心,科学最能吸引幼儿的好奇心,而幼儿天生就具有好奇心,他们对周围世界的一切事物都充满好奇,喜欢刨根问底,常常表现为对周围一些事物和现象的注意,提出问题,操作、摆弄等行为倾向。好奇心是幼儿学习取得成功的先决条件,并在对幼儿形成积极的学习态度方面起着决定性作用。幼儿最初的科学兴趣就是和好奇心联系在一起的,它是一种积极的情感体验,是学习科学的强大动力。幼儿的兴趣源于好奇心,所以应保护幼儿的好奇心,使幼儿从对事物的外在、表面感兴趣发展为对科学的理智认识。

大自然是人类赖以生存的环境。幼儿对周围世界的认识从大自然开始,应引导幼儿发现自然界中的美,学会欣赏大自然,逐渐发现和感受自然界的奇妙和美好,感受和体验到人与自然及动植物之间的依存关系。在学习科学的过程中,要培养幼儿积极的情感体验,培养幼儿从对身边的小花、小草的喜欢,对小鸟、小鱼的热爱,逐步发展为爱护自然、珍爱生命的情感和态度。

(2)科学方法教育目标

《纲要》中对科学领域涉及科学方法和技能方面的目标主要有"喜欢观察,乐于动手动脑,发现和解决问题""愿意与同伴共同探究,能用适当的方式表达各自的发现,并相互交流"。《指南》中关于科学方法和技能的目标有"具有初步的探究能力"。

科学的一个重要特征就是方法和过程的科学性。科学方法的实质在于探究问题,而科学探究是一个完整的过程。科学方法就是在探究的过程中用于解决科学问题的手段。对幼儿进行科学方法的培养是十分必要的。

(3)科学知识教育目标

幼儿的科学教育,不是幼儿掌握多少科学知识,而是强调幼儿对科学实践过程的认识,强调获得粗浅的科学经验。幼儿科学经验包括幼儿对事物形状特征的感性认识,对科学现象的简单理解。幼儿不断地与周围环境接触,在他们的头脑中就储存了丰富的信息,留下了生动的表象。这些信息和表象就是幼儿获得的粗浅的科学经验。幼儿粗浅的科学经验是幼儿学习科学的基础,也是幼儿今后学习科学概念和科学定义的基础。

(二)幼儿科学教育的内容

在幼儿科学教育中,教育内容大致可以分为四个方面:生命科学,包括认识动物和植物,以及生活环境的内容;地球科学,包括认识地球物质(沙、石、土、水、空气等)、天气、气候和季节现象的内容;物理科学,包括认识常见物理和化学现象的内容;技术及科技产品,包括了解技术和常见科技产品、学习使用简单工具等内容。幼儿科学教育活动内容要从幼儿身边、生活中取材,要"引导幼儿注意身边常见的科学现象"。这样不仅有益于保持幼儿的好奇心,激发幼儿的探究热情,而且有益于幼儿真正理解科学、热爱科学,感到"科学并不遥远,科学就在身边"。

1. 观察和认识动物、植物

《指南》中指出:"引导5岁以上幼儿关注和思考动植物的外部特征、习性与生活环境对动植物生存的意义。如兔子的长耳朵具有自我保护的作用;植物种子的形状有助于其传播。"幼儿生活在自然环境中,对大自然有天生的好奇,应该为幼儿提供足够的机会接触自然界中的动植物,引导幼儿观察、认识或照顾动植物;知道植物是多种多样的,获得植物生长过程的经验;观察植物与季节之间的关系,了解各种动物不同的外部特征和生活习性,知道动物有许多种;知道动物是有生命的,培养幼儿对生命的珍爱;了解植物与动物之间、动物与动物之间、动植物与人类之间的关系,知道人与动植物之间的和谐关系。例如:植物、动物、种子与繁殖、繁殖与哺育、成长变化、对人类的功用等。这些内容能让幼儿感受到自然界的奇妙和动植物顽强的生命力,培养幼儿对自然的好奇心、观察力、探究能力等,增进幼儿与动植物之间的感情。

2. 探索自然现象和非生物的性质

《指南》中指出:"结合幼儿的生活需要,引导他们体会人与自然、动植物的依赖关系。如动植物、季节变化与人们生活的关系、常见灾害性天气给人们生产和生活带来的影响等。"在人们生活的世界中,自然现象无时不有。日、月、星、辰、风、雨、雷、电、春、夏、秋、冬,等等,循环反复,变化无穷。幼儿对这些自然现象有着无穷的猜想。科学教育的内容应该唤起幼儿对这些自然现象的探索。例如,幼儿常见的季节变化、气象变化;引导幼儿观察天体的外部特征及其与人类的关系;比较人类居住的地球与其他天体的区别等。

非生物是幼儿接触比较多的,自然界中的沙、石、土壤、阳光、空气、水等,都与幼儿有着密切的关系。教育者要善于利用幼儿生活和周围环境中的事件,对幼儿进行教育。例如,认识沙、石、土的不同性质与用途,感知它们与动植物及人类的关系;探索与空气、阳光、水有关的现象,体验这些物质存在的重要性。另外,生态环境、环境要素、环境污染、环境保护等内容,也可以成为幼儿科学教育的内容。

3. 操作各种材料,在操作中发现事物之间的关系

《指南》中指出:"给幼儿提供丰富的材料和适宜的工具,支持幼儿在游戏过程中探索并感知常见物质、材料的特性和物体的结构特点。"幼儿的生活中有各种各样的活动材料,并且经常用这些材料来进行游戏。教育者应该有目的地为幼儿提供可操作的材料,让幼儿在游戏中运用,让幼儿在操作材料的过程中,感知事物之间的关系,引发幼儿进行探究的欲望。例如,通过实验探索重力、摩擦力、浮力、弹力等;通过实验探索声音的传播、光和影子的关系;通过操作光学仪器,探索光的反射和折射现象等。幼儿探究这些现象在不同条件下的变化及其产生变化的原因,可感受到自然界的奇妙无穷和探索发现的乐趣。

4. 体验科学技术及其对人类的影响

《指南》中强调:"和幼儿一起讨论常见科技产品的用途和弊端,如汽车等交通工具给生活带来的方便和对环境的污染等。"随着科学技术向社会生活的日益渗透,幼儿在生活中无时无刻不在接触科学技术,幼儿的衣、食、住、行都与现代生活密切相关。教育者应该鼓励幼儿多关注生活中的科技产品,了解科技产品在生活中的应用,感受科技进步在带给人类生活便利的同时也可能带来许多污染。例如,认识家用电器及其用途;了解现代通信工具;知道现代交通工具;了解现代农业;认识各种现代化道路;了解科学技术是不断发展的,科学家对于科技的发展做出了巨大贡献;初步了解科技在提高人类生活质量的同时,也给人类带来了

污染。

5. 掌握科学方法

科学方法是幼儿进行科学活动的基础,幼儿运用这些方法可以更好地进行科学活动,所以科学教育内容包括对幼儿进行科学方法的培养。科学方法主要有观察法、比较法、实验法、分类法、信息交流等。

学前儿童科学教育的内容很多,《纲要》进行了阐述,《指南》中的教育建议更是为学前儿童科学教育的内容选编,提供了可操作性的指导。幼儿园教师可以结合实际情况和幼儿的知识经验,有目的地选择幼儿身边常见的科学内容。我国地域辽阔,南北方差异比较大,所以选择的学前儿童科学教育内容要与当地的实际情况相结合,应该是幼儿身边的、幼儿常见的。

(三)幼儿科学教育的方法

幼儿科学教育的方法首先是指教师为完成科学教育任务、实现科学教育目标而采取的具体方法和手段;其次是指幼儿学习科学的方法和途径,教师教的方法和幼儿学的方法是统一的。

1. 观察法

观察法是幼儿园科学活动最常用的方法,并且是其他科学方法运用的基础。观察法可以使幼儿在直接接触事物的过程中,运用多种感官直观、生动、具体地认识事物,提高幼儿感官的综合活动能力,也可以培养幼儿用感官探索周围环境的习惯,并为发展幼儿的抽象思维能力、形成概念提供丰富的感性经验。观察法可以分为物体观察、现象观察、户外观察、长期系统性观察四种类型。

(1)物体观察

物体观察包括个别物体观察、间或性观察、比较性观察等。在物体观察中,教师可引导幼儿在观察的基础上进行表达和交流,引导幼儿认识物体的显著特征,或比较物体间的共同点和不同点,或总结物体间的共同属性。

个别物体观察是指对单个物体进行观察。幼儿通过有目的地运用感官与观察物体接触,了解物体的外形、特征属性等。对个别物体的观察是最基本的观察技能,在幼儿园的各年龄班都可以进行。

间或性观察是指间隔一定时间的观察,即带领幼儿观察某一种事物,每次都在原来观察的基础上进一步观察,以加深对观察物体的认识。间或性观察是互相联系、互相制约的。间或性观察可以在各年龄班进行,但是一般在大班进行得比较多。例如,对于小白兔的观察,第一次可以进行个别物体观察,主要观察小白兔的主要特征:长耳朵、红眼睛、白皮毛等。间隔一段时间后进行第二次观察,在原来观察的基础上,发现比较隐蔽的主要特征:三瓣嘴、前腿短、后腿长等。

比较性观察是指幼儿同时对两种或两种以上的物体进行比较,并找出物体间的异同点。幼儿在观察过程中,通过比较、判断、思考,比较完整地认识事物。比较性观察要求对事物进行比较分析,需要进行较复杂的认知活动,所以不适合在小班进行。中班幼儿可以比较物体明显的不同点,大班幼儿不仅可以比较物体的不同点和相同点,还可以在此基础上进行分类,从而促进幼儿分类能力的发展和概念的形成。

(2)现象观察

现象观察是指观察在一定时间内事物的变化、发展,重点在于观察变化的发生。教师可以将观察、指导和交流同时进行,激发幼儿探索的欲望。教师可在现象观察之后,引导幼儿对观察到的现象进行讨论、总结,找出同类现象的共同点。现象观察中比较好观察的是自然界的雨、雾等,不容易观察的是溶解等。

(3)户外观察

户外观察是指在实地进行的观察,一般与散步、参观等活动相结合。户外观察既有物体观察又有现象观察。户外观察的优点在于贴近生活、便于理解,可以观察在课堂上不容易展示的事物或看不到的现象。例如,城市的楼房、秋天的景色,等等。由于户外活动时,幼儿比较分散、难以组织,所以教师在这类活动中要尽可能采用分组教学,在设计的活动环节中减少集中指导,注重个别指导。回到课堂后,教师要注意让幼儿谈论感受,与其他幼儿分享。

(4)长期系统性观察

长期系统性观察是指幼儿在较长的时间内持续地对某一种物体或现象进行系统的观察,对其质和量两方面的发展变化过程有较完整的认识。幼儿科学教育中的长期系统性观察,主要用于观察动物和植物的生长过程,以及气象的变化,以帮助幼儿直观地了解自然界各种因素间的相互关系、因果关系和自然界的发展规律。长期系统性观察对幼儿的知识经验、认知水平要求较高,一般在中班才开始采用这种观察形式,主要在大班进行。

2.科学小实验

科学小实验是在教师创设的特定条件下进行的,是一种验证性实验。实验内容包括:物理实验、化学实验、植物实验、动物实验。科学小实验可以帮助幼儿理解一些简单的科学现象和知识,培养幼儿的科学兴趣和求知欲望,可以弥补在自然条件下观察的局限性。科学小实验可以分为教师演示实验和幼儿操作实验两种类型。

(1)教师演示实验

教师演示实验是指由教师操作实验的全过程,幼儿进行观察。这种实验的内容一般难度比较大,幼儿操作困难。通常,化学实验都由教师演示操作完成;或者是仪器、设备条件不足时,也由教师演示完成。在小班的实验操作教育活动中,多数是由教师演示完成的。根据具体情况不同,也可以由教师先操作演示、幼儿观察,然后教师提出问题、幼儿思考,最后幼儿自己进行实验。这种方式是幼儿实验前的示范。

(2)幼儿操作实验

幼儿操作实验是由幼儿自己动手操作并参与实验的全过程,主要用于操作简单、带有游戏性质的实验。这种实验由于幼儿自己动手操作,在操作过程中,幼儿可以反复摆弄材料、多次尝试,充分观察实验过程中的现象和变化,满足幼儿好奇心,所以幼儿的积极性很高。例如,磁铁吸铁的实验。幼儿可以用磁铁吸纸张、木头等,观察其结果,然后再吸回形针、铁制的文具盒等。

3. 分类和测量

在学前儿童学习科学的过程中,分类和测量既是一种技能,也是一种方法。分类能帮助学前儿童对周围世界进行抽象概括,有助于学前儿童探索事物之间的关系。测量是人们生活中精确交换信息的一个重要方面。一般来说,测量方法的运用晚于分类方法的运用。在科学教育中,学前儿童学习在比较现象或物体特征的相同和相异的基础上,按物体的外部特征或用途分类;学习分类的标准或属性;初步知道通过测量可以获取量化的信息。

4. 探究

探究是指思维的过程。思维是认识的高级阶段,是智力的核心。思维反映的是事物的本质属性和内部规律性。在科学教育过程中,学前儿童在获得大量感性经验的基础上,有意识地发展思维能力。学前儿童的思维以具体形象性思维为主,要引导他们在具体形象和表象的基础上,探究事物之间的联系和因果关系。

5. 劳动

这里的劳动是指与科学教育有关的劳动。通过劳动进行科学教育,不仅有利于激发幼儿热爱科学的兴趣与情感,而且能促进幼儿认知能力的发展,并学会一些简单的劳动技能,培养幼儿手脑并用的能力。

幼儿园的劳动可分为常见植物的栽培管理、常见动物的饲养管理、科学小制作、协助成人的辅助劳动等类型。

种植与饲养是幼儿园科学教育活动之一,是实践操作活动,是幼儿喜欢的活动。种植是栽培植物,是指幼儿在园地、自然角种植花卉、蔬菜或农作物等的活动。饲养是饲养动物,是指在饲养角里喂养和照管习性温顺的动物的活动。通过种植、饲养活动,幼儿在对对象进行观察、分类、比较、记录等过程中,发展认知能力,学习一些简单的劳动技能,手脑并用的能力也会有所发展。

以上几种教育方法是幼儿园中最常用的方法,为其他教育方法的实施奠定了基础。幼儿园中常见的科学教育方法还有信息交流法、游戏法、早期科学阅读等。幼儿科学教育的方法是多元的,从不同的角度,教育方法可划分为不同的类型。

二、幼儿科学教育活动的设计与指导

(一)观察认识教育活动的设计

观察认识教育活动是幼儿园科学教育活动的一种类型,是以观察的方法为主要认知手段,通过教师有目的、有计划地组织幼儿利用各种感官,去感知客观事物、现象的特征,并在此基础上逐步形成概念的一种科学启蒙教育活动。幼儿园观察认识教育活动一般都是预定性的科学教育活动。活动目标是活动预期要达到的目的,它是每一项活动的核心,目标应贯穿活动的始终。观察认识教育活动的目标主要由三方面组成,即科学知识、科学方法、科学情感态度。科学知识是指科学经验的获得、初级概念的学习,幼儿通过观察掌握事物的外形特征,形成初级的科学概念;科学方法是指在观察活动中,哪些能力得到发展,形成哪些技能,学习哪些方法;观察认识活动一般以集体教学形式为主,教师要保证每一个幼儿都参加到活动中。

1. 对观察认识教育活动材料的要求

活动材料的准备是观察认识教育活动的重要环节,直接影响活动过程和活动目标的实现。观察认识教育活动所需的材料和环境是幼儿科学教育的外部条件之一,是为幼儿主动建构的重要信息桥梁。这些材料决定幼儿通过互动,会获得哪些经验,总结出哪些概念。所以,教师要认真筛选观察认识教育活动的材料。观察认识教育活动中的所有材料都必须是围绕活动目标选择的,不应有任何多余的材料出现。

(1)观察认识教育活动的材料应紧扣目标

观察认识教育活动的目标确定后,要考虑材料的准备。材料要为幼儿活动的成功,乃至目标的达成提供保证。有些活动材料确实能够吸引幼儿的注意力和激发幼儿的兴趣,但是在活动中没有任何作用,反而会使幼儿分心,影响幼儿对主要观察对象的观察。

(2)观察认识教育活动的材料应该具有典型的特征

在准备材料时,必须考虑材料应具备的典型特征,幼儿通过鲜明的且能够直观观察到的突出特征在脑中形成的表象,获得科学经验。例如,观察认识教育活动"菊花的特征",在生活中,人们经常会看见一些白色的、黄色的菊花,这些菊花具有典型的特征,而在科学快速发展的今天,已经出现了各种奇异的菊花,在首次观察时,要先观察普遍存在的,以后可以逐渐了解其他品种。

(3)观察的材料要充足

充足的材料是观察认识教育活动开展的保证。材料的充足与否,直接影响幼儿观察认识教育活动的开展,数量不足会影响观察的效果。为幼儿提供充足的材料,不是说给予幼儿的材料越多越好,也不是说每样材料的数量都要与幼儿人数相等,而是应根据活动的具体性质确定材料与数量之间的比例关系。例如,认识家用电器,全班共用一份材料即可;认识鲫鱼,可以每个小组共用一份材料。

(4)观察材料的摆放应符合观察的形式

观察材料的摆放及用什么器皿也很重要,这将直接影响观察的效果。例如,对鱼的观察,要用透明的不容易发生折射的器皿,摆放的位置应适合幼儿观察,在幼儿视线之内。

(5)户外观察应注意观察场所的安全性和卫生问题

户外观察有许多不确定的因素,所以在进行户外观察时,教师要事先对观察场所有所了解,以保证幼儿观察时的安全。例如,观察秋天,应该选择在幼儿园操场或小区内,以及没有或少有车辆经过的地方,保证幼儿的人身安全。

2. 观察认识教育活动中教师语言的组织

教师的语言在幼儿观察认识教育活动中起着重要的作用。在观察过程中,教师的语言组织体现在讲解、讨论、提问上。教师的语言要发挥引导作用。教师在组织观察认识教育活动的语言时要注意以下几点。

(1)目的性

教师的语言要围绕观察认识教育活动的对象来组织,把幼儿的注意力集中在观察对象上,使科学活动始终保持应有的意识水平。例如,组织幼儿观察秋天。教师应抓住秋天的季节特征,对季节与动植物的变化、人们的服装、自然界之间的变化等的联系和因果关系进行引导观察,而不必深入认识某一种动植物的特征或描述人们的服装。

(2)形象性

在学前期,幼儿的具体形象性思维占优势。在观察认识教育活动中,教师要运用生动形象的语言,激发幼儿观察的积极性。形象生动的语言不仅便于幼儿接受和理解,还能增加观察的乐趣。为使语言具有形象性,教师可以抓住观察对象的主要特征,选择幼儿理解的词汇进行恰当的描述。例如,观察小白兔时,教师让幼儿观察小白兔身上的毛,可以说:"小白兔身上的毛雪白雪白的。"

(3)逻辑性

教师在观察认识教育活动中要运用确切的语言,按照语法规则,层次分明、有条不紊地表述;引导幼儿逐步认识观察对象,概念明确,判断恰当,推理合乎逻辑,例如,在"认识蚂蚁"的活动中,教师可逐步提出下列问题:

"仔细找一找,看看哪里有蚂蚁。"

"蚂蚁是什么样子的?"

"蚂蚁爬来爬去的在干什么?"

"蚂蚁的家在哪里?"

"蚂蚁发现食物后会做什么?"

"蚂蚁用什么方法告诉同伴,前面有食物?"

"蚂蚁怎样搬食物?"

"小的食物怎么搬?大的食物怎么搬?"

这种具有逻辑性的层层提问能使幼儿的观察更加深入,从而使幼儿对蚂蚁有全新的认识。

需要注意的是,语言组织不合乎逻辑,幼儿就不容易理解。

(4)启发性

教师主要是通过启发性的提问来指导幼儿进行观察的。教师所提的问题和讲解能激发幼儿在观察认识的过程中进行积极的思维活动。教师的语言要简单明了,抓住观察对象的主要特征,逐步深入。例如,"小鸟身上有什么?""鱼缸里有什么?是什么样子的?"。

3. 观察认识教育活动过程的设计

观察认识教育活动的形式很多,包括个别物体的观察、现象的观察、系统性的观察,等等。观察认识活动通常都是集体活动,活动过程的设计大致包括开始部分,即课题的引入;基本部分即活动的展开过程,也是观察方法的具体运用过程;结束部分即对知识的总结,同时也对幼儿课堂上的表现进行总结;延伸部分有的教学内容需要,有的不需要,不可牵强附会。对于长期系统性的观察认识活动,延伸部分是必需的。

观察认识教育活动根据观察认识的方法不同、内容不同,教学设计的思路也应有所不同。幼儿园预定性科学教育活动一般来说有物体观察、现象观察、户外观察和长期系统性观察。在设计具体的教学过程中,可以根据实际情况,在基本设计环节的基础上调整设计思路。

4. 观察认识教育活动的指导

观察认识教育活动是在教师的指导下进行的,教师在活动中的指导,不仅要体现在教学方案的设计上,更要真正落实到幼儿身上。为了使活动达到既定的目标,获得最佳效果,教师应在活动中更多地关注自己的教育对象。教师要根据幼儿的表现情况,随时调整自己的角色,有效地指导观察认识教育活动,确保每个幼儿都能够积极参与活动,教师的指导是观察认识教育活动成功与否的关键。

(1) 导入活动应该具有明确的任务

指导观察认识教育活动从一开始就要明确任务,激发幼儿学习的兴趣。教师在进行导入活动时,应注意语言简短、有趣、有指向性。导入活动对于整个活动的开展很重要,成功的导入活动虽然不能确保整个活动的顺利开展,但是不成功的导入一定会使得活动从开始就很混乱。教师在导入活动时,语言应力求简短,迅速切入主题,提问应该具有针对性,激发幼儿的兴趣,引起幼儿对观察对象的注意。引入课题时切忌千篇一律。教师可以利用幼儿对新奇事物感兴趣的特点,吸引幼儿对观察对象的注意,激发幼儿观察的欲望。如果在活动开始时出示观察对象,首先要让幼儿对观察对象进行整体观察,不要用过多的语言分散幼儿的注意力,以免打扰幼儿的观察,更不要制止幼儿对观察对象的自由讨论和交流;而是要注意倾听、观察幼儿的言行,以便有针对性地提问,引导幼儿对观察对象的观察。

(2) 引导幼儿运用多种感官进行观察认识

在观察认识教育活动中,教师的作用在于引导、激发。观察认识教育活动不仅仅是眼睛看,它还包括其他感官的参与。在观察认识教育活动中,教师应指导幼儿运用多种感官去感知观察对象。观察对象的特征是多方面的,在幼儿观察的过程中,应尽可能地让幼儿看清观察对象的全貌。这就需要指导幼儿运用自己的各种感官来感知观察对象多方面的特征,使幼儿能比较全面地认识观察对象。在实际教育活动中,可以通过视觉感知物体的形状、颜色、大小、高低等;通过嗅觉感知物体的气味;通过触觉感知物体的轻重、手感、温度等;通过味觉感知物体的味道。例如,认识苹果,通过眼睛感知苹果的颜色、大小等;通过用手摸感知苹果表面的光滑度、轻重、手感等;通过舌头感知苹果的味道。有时通过听觉感知物体的声音也是观察的一部分。例如,观察自然现象"下雨了",通过声音感知雨的大小。

(3) 使幼儿成为活动的主体

在观察认识教育活动过程中,教师要发挥幼儿的主动性、积极性和创造性,使幼儿真正成为学习的主体。教师可用启发性的提问,引导幼儿充分感知事物并进行操作、讨论。允许幼儿在一定的范围内自由活动,允许幼儿根据自己的经验、自己的意愿、自己的方法观察认识事物。教师要尊重幼儿,鼓励幼儿用语言表达在观察中的发现。语言可以帮助幼儿整理自己的观察结果,并使之系统化,还可以促进幼儿之间的交流,发展幼儿的社会性。教师在活动过程中,要注意观察幼儿的活动,根据幼儿的不同表现,进行调整、指导,要"因人施教"。

(4) 教会幼儿观察的方法

幼儿年龄小,对事物的观察比较笼统,不够精确,不能对观察对象进行全面系统的观察,往往会忘记观察对象的特点。因此,教师要有意识地引导幼儿学习观察的方法,应根据观察对象的特点,有目的、有计划地教给幼儿一些最基本的观察方法。幼儿阶段主要学习顺序观察法、比较观察法和典型特征观察法。

顺序观察法就是根据观察对象外部结构的特点,有顺序地进行观察,如从上到下、从左到右、从整体到局部、从明显特征到不明显特征。例如,观察金鱼、石头等个别物体,都可以运用此方法。

比较观察法就是同时观察两种或两种以上的事物,对不同因素进行对照和辨别的一种方法。例如,说明橘子的形状,将皮球和橘子进行比较。在运用比较观察法时,一般从物体的不同点开始比较,然后再观察其相同点。

典型特征观察法就是从物体明显的特征入手,然后再引导幼儿对事物的整体进行观察的一种方法。例如,认识小狗,先从小狗"汪汪"的叫声入手,然后再观察其体貌特征。

(5)引导幼儿用各种方式进行表达

在观察认识教育活动中,教师引导幼儿表达的形式可以是多样的,如语言、绘画、造型等。幼儿表达的内容也是丰富多彩,可表达自己的感受、自己的体验,也可以表达观察的结果。观察认识教育活动的目的是让幼儿对身边的事物感兴趣,启发其学习科学的愿望,而不是对知识、概念的积累。因此,应让幼儿在充分观察的基础上,引导幼儿交流自己的发现、自己的感受、自己的体验,幼儿之间可以互相补充对观察对象的认识,与同伴分享观察成果。例如,认识香蕉,幼儿表达自己吃了香蕉,可是没有看到香蕉的种子。正是这些交流引起了幼儿观察水果种子的愿望。

(6)指导幼儿记录观察结果

观察记录是观察认识教育活动的一个重要方面,也是表达的一种方式。记录对于幼儿对观察对象的总结、形成概念、交流信息都起到一定的作用。所谓观察记录,就是幼儿以形象化的符号、图表等,表达对观察对象的观察结果。例如,在长期系统性观察中,幼儿画出蝌蚪长出后腿,这就代表幼儿观察到蝌蚪在一定时间内变化的结果。幼儿的观察记录在一定程度上反映出幼儿的观察水平,反映出幼儿对观察对象的认识正确与否,也是评价幼儿发展的重要材料。对于不能完成记录的幼儿,教师要教会他们运用符号记录,并且懂得符号的意义。幼儿的年龄特点决定了他们从事一件事的持久性差。观察记录能够培养幼儿对待事情坚持不懈的品质,使幼儿产生责任心等。

(7)注意观察环境的选择

观察认识教育活动对观察的环境要求比较高。观察的环境要尽可能明亮、安静,采光和照明条件要好,这些都是保证幼儿能够方便地看、仔细地倾听观察对象的环境特点。

(二)实验操作教育活动的设计

实验是指在人工控制现象发生的条件下,对现象进行感知和测量的方法。它是科学实践的重要形式,是获取信息和检验理论的基本手段。幼儿科学教育的实践操作是在人为控制条件下,教师或幼儿利用一些材料、仪器、设备,通过简单操作或演示,对周围常见的科学现象加以验证的一种方法。

幼儿园的实验操作教育活动是预定性科学教育活动的一种。实验操作教育活动的目标主要是通过幼儿亲自摆弄实验对象,发现事物的变化。幼儿园的实验操作教育活动主要是教师按照预定的目的或设计,利用一些材料,通过简单的演示或操作,对周围常见的科学现象加以验证的一种活动。实验的操作过程比较简单,能够帮助幼儿理解一些简单的科学现象或知识,培养幼儿对科学的兴趣和求知欲望,同时也培养幼儿的动手操作能力。

1. 实验操作教育活动材料与环境的要求

在幼儿科学实验过程中,教学材料是不能缺少的重要物资。幼儿进行实验操作教育活动时所用的各种材料是幼儿学习科学知识的外部条件之一。教师要在活动前为幼儿准备丰富的、具有可操作性的、符合幼儿需要的材料,引领幼儿主动与材料产生相互作用。在实验操作教育活动中,材料与环境的选择与设计需要注意以下几点。

(1) 活动材料具有典型性

实验的材料要围绕实验的内容选取,要有典型性,让幼儿能够完全掌握材料的特征,能够达到良好效果。例如,磁铁吸铁的活动。磁铁的首要性质是吸铁,但是还有同极排斥、异级相吸的原理。幼儿在操作过程中难免会遇到这样的问题,所以教师在准备材料的过程中要充分考虑这些因素,为幼儿选择的磁铁要具有这样的性质,而不是随便拿取,结果有的磁铁相关性质表现明显,有的则不明显,导致幼儿不易察觉。

(2) 活动材料要安全、卫生

实验操作的材料要确保安全、卫生。因为幼儿在操作材料的过程中,容易接触嘴巴、手等,所以实验操作材料要绝对安全,对幼儿的健康有充足的保证。例如,在活动"盐、糖不见了"中,要确保糖可以食用,并且保证所有幼儿都对糖没有过敏反应等。又如,"操作小球滚动"的实验,要选择相对较大的球,保证幼儿不会塞到鼻子、耳朵里。

(3) 活动材料的结构要完整

结构性是材料所具有的特征,材料蕴含着丰富的可探索性和可利用性。材料在被使用时能揭示自然现象间的某种关系及不同材料之间的联系。教师对材料结构的认识越丰富,越有利于幼儿的探索、发现、创造和获得各种有关的经验。例如,在"沉与浮"的实验中,教师要准备多种不同材质的纸张,让幼儿观察什么样的纸张沉得慢,什么样的纸张沉得快。如果将纸张折叠成小船,会延长纸张的下沉时间,使幼儿知道,虽然是同样的材料,但改变其形状会使沉浮现象发生改变。

(4) 活动材料要充足

充足的材料是幼儿进行实验的保证,特别是让幼儿操作的材料,更应该保证数量充足。材料充足与否,直接关系到幼儿探索活动的进行,影响幼儿科学经验的获取。数量充足的材料可以减少幼儿等待的时间,提高学习科学的积极性。为幼儿提供充足的材料,并不意味着材料越多越好,应根据活动的具体性质确定材料数量与幼儿人数的比例关系。活动材料的设计还要考虑从幼儿探索的角度出发。例如,实验操作教育活动"沉与浮",教师提供的"沉"和"浮"的材料比例要适当,基本为1∶1;针对大班幼儿,还要设计一些能够变化的材料,因为变化可以改变沉浮现象。

(5) 活动材料要摆放适当

实验材料的摆放直接关系幼儿操作及活动目标的达成。有些活动材料不适合在活动开始时出示,这就需要材料摆放适当,便于分层、分时出示。例如,在"让鸡蛋浮起来"的实验中,教师可以先后出示糖、沙子、盐,使幼儿能够清楚地观察到在水里加盐,鸡蛋会浮起来;而在"沉与浮"的实验中,材料就可以一起出示,让幼儿充分观察,提出假设,然后验证。

(6)活动环境要适宜

实验操作教育活动应该选择在视线比较好、安静、适宜观察的地方进行。在幼儿园中,通常选择幼儿的活动室进行实验操作教育活动。有条件的幼儿园可以设置专门的实验操作教育活动场地,便于幼儿操作、观察、交流、探讨。这样的环境便于幼儿静心,投入操作的热情也比较高。

心理环境也是幼儿进行科学实验操作的必备条件之一。幼儿在宽松、愉悦的人际氛围中能够全身心地投入操作、观察中,愿意进行各种实践活动,效果更好。

2. 实验操作教育活动过程设计的步骤

实验操作教育活动的过程是整个活动的关键。幼儿在实验操作教育活动过程中检验假设、发现现象、探索规律、形成概念。幼儿的实验是重复前人的实验,是对结果的验证。幼儿不会选择实验用的有结构的材料,教师需要把材料放在幼儿面前,然后由幼儿自由操作。实验操作教育活动的过程就是幼儿获得直接经验的过程。所以,实验的操作过程对于幼儿来说是发现问题、解决问题的关键,在具体的操作、讨论中开始形成概念。实验操作教育活动是集体教育活动的一种形式,也是预定性教育活动,所以其活动过程的设计与预定性教育过程基本相似。

(1)开始部分

凡是新奇、变化的事物都容易引起幼儿的注意。开始部分的主要目的就是将幼儿的注意力集中在教育活动上。一般来说,实验操作教育活动的开始部分比较简单,教师展示活动材料,幼儿的注意力就会很快集中到材料上。这一环节的主要目的是引起幼儿的操作动机。

(2)基本部分

基本部分就是幼儿实验操作教育活动的过程。实验操作教育活动是一种预定性活动,是把准备的材料通过与教师、幼儿的互动转化为活动目标的实施方案。幼儿在基本部分中,通常是面对具体的材料,通过操作来发现其中的现象和规律。幼儿在具体的操作过程中要注意以下几点。

①幼儿的操作活动要有一定的顺序

应根据教学目标来进行操作活动,在操作过程中要注意实验材料运用的先后顺序,不能一下子把全部材料都用上,幼儿可能观察不到是什么材料产生的现象。例如,盐、糖不见了。教师提供的材料很多,要让幼儿在水中分别加入糖、盐、沙子等,然后让幼儿感知,使幼儿掌握糖或盐溶解在水里,所以水变甜或变咸了。固体的糖和盐溶解在水中,所以看不到了。相反,沙子加入水中,不管如何搅拌,都不能溶解在水中。

②教会幼儿记录

对于大班的幼儿,教师要教会他们记录实验中的现象,便于幼儿对照比较和总结。幼儿记录是以幼儿为主设计相应的图表和标识,这些抽象的符号为幼儿今后系统地学习科学知识做好了准备。

③注重语言的讲解作用

教师的演示和操作及对幼儿操作的指导离不开教师的语言。在实验操作教育活动中，教师的语言要有讲解功能，能够在短时间内讲清楚道理，进行指导必须有恰当的修饰。

④注重对操作过程和实验结果的整理

对于幼儿来说，实验是他们比较喜欢的科学活动，但是幼儿在实验中带有许多盲目性，常常只注重操作过程的趣味性，忽视了操作过程的科学性和实验结果的知识性。教师要善于总结实验操作过程中涵盖的科学原理，同时也要对科学知识进行整理，使幼儿在实验中掌握事物的发展规律。

(3)结束部分

结束部分是实验操作教育活动的整理阶段。幼儿在操作过程中，已经获得丰富的直接感知经验，教师要善于让幼儿阐述自己在实验中的发现。幼儿的思维过程是明显的"动作思维"，即边做边想。操作后的小结主要是教会幼儿概括、表达，促进幼儿从具体形象性思维向抽象概括性思维发展。同时，教师要对整体的操作过程和结果进行评价，评价时要以肯定和鼓励为主，不仅要评价幼儿操作实验的结果，更重要的是对幼儿参与操作活动的态度、探索精神进行评价。活动结束时，教师可以提出一些启发性的问题，以激发幼儿对延伸活动的兴趣和对下一次活动的期待。

(4)延伸部分

延伸部分主要是促进幼儿对知识的再理解，使幼儿能够在实际的生活中，运用所学的知识解决问题。所以，教师可以把延伸部分布置为在生活中的运用和对生活的观察。例如，学习溶解后，让幼儿想想生活中有什么地方有溶解现象。做菜放盐，就是溶解概念在生活中的运用。

3.实验操作教育活动的指导

实验操作教育活动是预定性活动，是集体活动的一种形式。教师事先知道实验结果，只是指导幼儿验证结果，所以要注重对幼儿操作过程的指导。为了使幼儿得到预期的实验成果，教师在指导幼儿进行操作实验时要做到以下几点。

(1)保证充足的实验操作材料和用具

幼儿操作的实验用具、材料一般来说比较简单，是幼儿经常接触的玩具、日用品等，用具和材料要方便幼儿使用。幼儿的实验材料要保证充足、多样，使每一个幼儿都能够参与到实验中。充足的实验操作材料和用具，是保证幼儿顺利进行实验的前提。例如，实验操作教育活动"糖不见了"，要保证所有幼儿都有糖和杯子，并且杯子要透明，便于幼儿观察，但不能太大，要方便幼儿使用。

(2)保证幼儿充足的实验操作时间

实验操作教育活动比其他活动需要更多的时间，因为幼儿需要操作、记录、理解、学习、交流等。充分的时间能够保证幼儿反复进行实验活动，并在操作中探索、发现、解决问题。所以，实验不能有时间限制，否则，有些实验现象就观察不到。例如，实验操作教育活动"沉与浮"。有些东西是先浮后沉，如棉花、纸张等；有些东西是沉，但是经过改变形状会浮起来，如橡皮泥，块状时沉，捏成小船样，就会浮起来。这些都是需要时间来验证的。如果时间不够用,幼儿就不能得到这些经验。所以,在幼儿进行实验操作时,要让幼儿有充足的时间,以达到实验效果。

(3)帮助幼儿使用工具,掌握实验操作技能

幼儿的实验操作一般简单有趣,所以,应尽可能让幼儿自由操作。但是,在实验操作中的某些环节,或在某些材料的使用上,幼儿会遇到各种不同的困难。教师要教会幼儿如何使用操作工具,如何运用材料。例如,轻拿物品,平衡摆放物品,熟练使用各种盛器等。

幼儿的发展水平不同,能力也是不同的。对于同样的实验,有些能力差的幼儿会感到困难,难以完成实验。教师要根据幼儿操作的实际情况,给予不同程度的指导。在实验过程中,还应引导幼儿通过观察,注意实验材料、方法、操作过程中的变化和实验结果,使幼儿不仅能够了解实验结果,而且能够学习实验的方法。

(4)整合幼儿的交流与讨论,促进幼儿的自我发展

分组实验是科学学习中常用的一种方式。小组成员之间由于承担的任务不同,通过交流与讨论,能够分享各自取得的成果,并在此基础上,相互帮助,相互协调,共同完成任务。在班级中,担任同样任务的幼儿,对于相同的任务有不同的认识和理解,相互之间也可以交流和讨论,并且在交流和讨论的过程中,能够再现操作中的某些现象,达到共同分享的目标。在交流和讨论中,难免会有不一样的意见,应允许幼儿有"纷争"。例如,"杯子里的纸不会湿"的实验。两组幼儿争吵起来,一组幼儿的实验结果是杯子里的纸会湿,另一组幼儿的实验结果是杯子里的纸不会湿。教师没有急于肯定或否定,而是要求幼儿按照教师说的方法,重新做一遍实验,果然杯子里的纸没有湿,失败的一组是因为没有掌握好实验的方法。幼儿间的这种交流与讨论具有积极的意义,有益于幼儿的自我发展。

(5)要求幼儿遵守实验操作规则

实验操作规则对于保证幼儿实验成功起着重要作用。在实验正式开始前,教师要交代清楚实验操作规则,并要求幼儿自觉遵守。在实验中,教师要及时提醒幼儿遵守规则,否则要暂时离开操作场地,以免影响其他幼儿操作,以保证幼儿实验的成功。

(6)加强纪律约束,保证幼儿实验的安全

实验初期,教师要强调实验的纪律性,以保证幼儿实验的安全。幼儿年龄小,对于危险没有足够的认识,加强纪律约束是对危险的降低。例如,实验"糖不见了"。如果幼儿随便把杯子弄坏,就会伤害到幼儿;如果幼儿随便品尝杯子里的东西,可能会给幼儿留下实验的东西都可以吃的错误印象。这些对于以后的化学学习是非常危险的。化学实验具有一定的危险性,必须让幼儿明白用于实验的材料不能随便品尝、闻等。一段时间后,等幼儿基本掌握了实验的规律和纪律,教师就可以放手让幼儿自己做实验。当然,对于不适宜幼儿操作的实验,应由教师演示完成。

(三)讨论探究教育活动

讨论探究教育活动是幼儿科学教育活动常用的一种类型,是指幼儿在教师的指导下,围绕某活动主题与同伴进行平等的交流,陈述自己的发现,表达自己的观点和困惑,质疑他人的发现与观点,并在交流中理解他人的想法,发现自己的不足,从而在协商中求同存异、达成共识,引发进一步的讨论与交流。

讨论探究教育活动是指在教师引导下,以教师与幼儿共同讨论为主,在讨论过程中,幼儿通过与同伴、教师的交流,有效地促进思维的发展,通过看和说的活动方式,获取科学经验。讨论探究教育活动一般对幼儿的知识经验有一定的要求,所以在大班开展较多。

1. 讨论探究教育活动材料与环境的设计

讨论探究教育活动主要是通过一个话题,引起幼儿对同一话题的其他现象进行探究,并且能够在实际生活中运用。所以,讨论探究教育活动的材料应该是幼儿实际生活中经常遇到的,可以是一些图片或视频等比较直观的材料。在引导幼儿开展讨论探究教育活动之前,教师要进行充分的探究和操作,了解探究活动的难点和关键点,预测幼儿在讨论探究教育活动中可能出现的问题和困难,为幼儿的探究活动做好材料和环境方面的准备。

(1)根据讨论探究教育活动目标提供适宜的结构材料

在讨论探究教育活动中,教师要依据活动目标提供给幼儿适宜的结构材料,这能有效激发和维持幼儿的探究兴趣,使幼儿在探究活动中通过与材料的相互作用获得经验。幼儿通过操作特征明显的材料,能够看到事物之间的联系。例如,大班科学活动"如何让水喷得更高"。从幼儿熟悉的喷泉入手,让幼儿探究喷泉喷得高和喷得低的原因。教师为幼儿提供注满水的塑料瓶子、打有1~4个孔的瓶盖,并提出问题:"1孔和2孔的'喷泉',哪个喷得高?2孔和3孔的比较呢,哪个喷得高?"幼儿通过动手操作和实验,能够清楚地观察到"在相同力的作用下,孔越多,水喷得越低;孔越少,水喷得越高"这一现象,从而获得有关压力与压强关系的相关经验。由此可见,如果材料具有适宜的结构,就能够实现教育目标,有效地支持幼儿的探究和发现活动,有助于幼儿获得有关的关键经验。

(2)操作材料简单实用,能够激发幼儿探究的兴趣

操作材料是讨论探究教育活动中必不可少的。幼儿在操作过程中发现问题,在操作过程中尝试解决问题,在操作过程中得出结论。因此,幼儿在讨论探究过程中的操作材料要简单实用,便于幼儿反复操作,并且应是幼儿熟悉的或幼儿对操作材料的属性有一定了解,便于操作。教师还要注意投放的材料应是幼儿感兴趣的,使幼儿产生玩一玩、探究一下的愿望。

(3)提供各种材料,尝试使用工具

幼儿的生活中有各种各样的材料和工具,幼儿经常利用这些材料和工具进行科学活动。让幼儿了解这些材料的性质及工具的使用方法,有利于幼儿更好地利用这些材料和工具进行探究活动。例如,各种探究材料(如沙、石、土等)和工具(如小铁锹、小桶等),可让幼儿运用这些工具和材料进行探究活动。幼儿会发现水与各种材料之间的关系、工具与材料之间的关系。幼儿在运用材料探究的过程中,主动建构有关的知识经验,体验工具的价值和作用。

(4)收集与课题有关的图片

由于讨论探究性活动难以在活动中出示实物,所以图片是讨论探究教育活动中必不可少的材料。图片可以来自互联网,也可以来自报纸、图书,最终都应该以幼儿能够在讨论活动中看到的形式出示,并且要注意搜集与图片有关的资料介绍。

(5)制作与课题相关的图片

有些图片由于一些原因,难以找到现成的,教师要利用一些手段,把抽象的讨论内容绘成图片,也可以用数码相机拍摄下来,制成照片。在活动中,出示照片更有说服力。同时,照片也能把抽象的形容变得具体,增加教学的趣味性。例如,动物的尾巴。幼儿对一些动物的尾巴可能并不认识。用数码相机拍摄下来后,教师就能比较形象地组织幼儿谈论这些动物尾巴的作用;也可以进一步探究"为什么有的动物的尾巴看不到""人为什么没有尾巴"等问题。

(6)利用多媒体技术,让讨论主题再现

多媒体技术对于讨论探究教育活动的作用是非凡的。因为一般的讨论探究教育活动主要是语言的交流,很难集中幼儿的注意力。多媒体技术能够使讨论的主题再现,使幼儿有身临其境的感觉。例如,讨论探究教育活动"神秘的太空",可以通过多媒体技术对我国宇航员飞天的画面进行再现,使幼儿感受到谈论的乐趣,并激发幼儿探究的欲望。

(7)营造自由宽松的讨论探究氛围

宽松、安全的讨论探究环境是幼儿主动探究和学习的基本前提。没有安全的心理环境,主动学习和探究就不可能发生。教师要让幼儿大胆讲述自己的想法,自由地进行交流。在活动过程中,教师要引导幼儿倾听同伴的意见,培养幼儿尊重他人、善于倾听的意识,使讨论活动成为真正有效的活动。

2. 讨论探究教育活动过程的设计步骤

探究活动是幼儿的一种主动活动。讨论探究是在讨论的基础上进行的探究活动,所以谈论的内容很重要,要让幼儿有探究的欲望,活动设计要有新意。讨论探究教育活动是集体活动,所以要有一定的活动程序和阶段,尽管讨论问题的方式和手段不同,但讨论探究从发现问题到解决问题,都要经过类似的活动过程。

(1)提出假设——观察、发现、提出问题

观察是讨论探究教育活动的源泉。观察客观物质世界是幼儿心理发展的必然要求。幼儿一般对观察到的事物进行探究,在发现问题之后提出问题。

(2)动手操作——尝试解决问题

幼儿通过动手操作感知具体事物,而感知是形成经验结构和智慧结构的主要方式。动手操作满足了幼儿思维的直觉行动和具体形象的特点,满足了幼儿需要直接经验奠基的发展要求。但是,手的操作还必须和心智的操作、改变相互结合,这样才能实现对原有认识的强化和调整。所以,动手操作阶段是讨论探究的重要阶段,也是幼儿尝试解决问题的阶段。幼儿在操作过程中,形成对事物的粗浅认识,并且去探究"为什么",从而形成自己的见解。例如,"认识磁铁"活动,教师可以设计"磁铁能吸引一些东西"的活动,幼儿在操作过程中发现有些东西磁铁能够吸引、有些东西不能,从而引起幼儿探究的欲望,看看磁铁究竟能吸引哪些东西。

(3)记录信息并得出结论——形成解决问题的信息

幼儿在与同伴或教师的接触中可获取讨论探究的结果,收集有关的信息,并且记录这些信息,对信息进行解释。幼儿对自己记录的信息进行解释的过程就是尝试解决观察、发现问题的过程。可以让幼儿进行个别的讨论交流,然后再进行集中的研讨,引导幼儿说出自己的见解,使不同幼儿的观点相互"碰撞",让幼儿在不同观点的"碰撞"中,形成解决问题的信息。

(4)表达与交流——探讨解决问题

表达与交流是幼儿探究后的自然流露。幼儿对探究结果的表达是多样的、有语言的,也有实物的。但更多的是用实例、模型表达,同时结合语言进行交流。

在讨论探究教育活动中,让幼儿进行科学探究要注重上述四个方面的内容,但不是每个活动都必须按照这样的过程机械地进行。最为重要的是,教师要明确每一个活动最主要的目标,不要盲目套用探究活动的基本环节,使其成为一种僵化的模式。

3. 讨论探究教育活动的指导

讨论探究教育活动是预定性活动,是集体活动的一种形式。讨论探究教育活动主要通过语言达到讨论交流的目的,所以教师能够用语言调动幼儿参与活动的积极性显得尤为重要。

(1)让幼儿自主选择活动材料

"提供丰富的可操作的材料,为每个幼儿都能运用多种感官、多种方式进行探究提供活动的条件。"这是《纲要》对科学教育的要求。根据自己的需要和兴趣选择材料是幼儿主动学习的重要前提和基本条件。让幼儿自己选择材料和决定用材料干什么,不仅有利于幼儿利用原有经验,澄清自己的想法,按自己的方式和想法解决问题,获得有益的经验,还有助于幼儿把自己看成一个能产生思想、能支配时间的人,一个行动者和能解决问题的人,能使幼儿产生一种想要探索发现的欲望。

教师在巡视过程中,要注意反思讨论探究的内容是否适合幼儿的发展,提供的材料是否对幼儿的探究活动有促进作用,等等。

(2)让幼儿体验探究的过程,发现乐趣

讨论探究教育活动是以幼儿为主体的活动。教师要善于发现幼儿身边有趣的科学现象,为幼儿创造条件,让幼儿运用各种感官,参加探究活动,在活动中展开讨论,指导幼儿进行交流、探究,适当地进行科学知识的渗透,使幼儿在活动中获得知识和经验,体验发现的乐趣。例如,讨论探究教育活动"认识磁铁"。为幼儿准备大小不同的磁铁,提供纸、积木、石子、塑料及铁制玩具、回形针等材料,让幼儿去玩磁铁,去发现磁铁的秘密。幼儿通过自己的操作探索,知道了什么东西能被磁铁吸起,什么东西不能被磁铁吸起,有的幼儿还发现了磁铁相互排斥的现象。这些自主操作的过程,是幼儿产生强烈自主探究欲望的源泉。

(3)让幼儿自主选择活动过程

幼儿是学习的主体,有权选择探究活动的方式,教师不可直接控制,而应给予尊重和支持,引导幼儿在活动中用自己独特的方式进行探究活动。同时,教师要为幼儿创设宽松、自由的环境,让幼儿大胆地讲述自己的想法,自由地进行交流。在活动过程中,教师要引导幼儿倾听同伴的意见,培养幼儿尊重他人的习惯,使讨论、交流成为真正有效的探究活动。

(4)帮助幼儿学习讨论探究的技能

在讨论探究教育活动中,教师要利用多种多样的活动方式,表达对科学的认识。教师要注意培养幼儿的语言表达能力,使幼儿在讨论中能够用语言表达自己的发现、见解、主张,能够用语言描述自己在探究活动中的发现和自己的心情。同时,幼儿在观察发现的过程中,容易很快忘记观察到的情况,教师可以帮助幼儿设计图画符号来记录发现内容。例如,用图画记录磁铁能够吸引什么东西,幼儿在讨论、交流的时候就能够根据记录说出自己在操作磁铁过程中的发现。

(5)注意观察幼儿讨论探究的情况

在幼儿进行讨论探究的过程中,教师要尽可能地给幼儿提供空间和时间,要避免打扰幼儿的探究活动。但是,这并不是说教师在幼儿探究活动中没有任务,教师要巡视,要观察幼儿的讨论探究情况,了解幼儿在讨论探究过程中出现的问题和困难,适时提出一些问题,引导幼儿探究活动的发展。对于幼儿在讨论过程中出现的意见分歧,教师要及时让幼儿记录下来,不要轻易给出答案。在讨论、交流中让幼儿将出现的意见分歧讲述出来,大家一起讨论,给出答案。

(四)分类教育活动

1.分类教育活动的内容

在幼儿园科学教育中,可以进行分类的活动内容很多。幼儿在开始进行分类时,总是从最外显的特征出发。所以,幼儿园的科学教育活动内容是根据幼儿的年龄特点和对事物认识的程度,按照分类的类型,由浅入深地设计的。

(1)挑选分类

挑选分类是指从许多种物体中,将具有某一种(或几种)共同属性的物体挑选出来,成为一类。例如,把蔬菜和水果混合在一起,让幼儿从中挑选出水果。这类活动比较简单,适合幼儿园小班开展。随着幼儿对生活经验的掌握,可以逐渐增加难度。例如,在水果、蔬菜、花卉中挑选出水果。这样的内容可以在小班、中班开展。

(2)二元分类

二元分类又称是与否分类,是指从许多物体中,选择出具备某一种属性的物品,排除其他物品。即将许多物品按某一标准分为"是"与"不是"两种。例如,蔬菜和水果放在一起,让幼儿进行分类,苹果、梨子、香蕉等是水果,黄瓜、西红柿等是蔬菜;或者只指出水果,其余的肯定不是水果即可。这样的活动内容相对来说比较简单,一般在幼儿园小班、中班进行。

(3)多元分类

多元分类是指将物品按照一些共同的标准分成两类或几类。例如,苹果、香蕉、橘子都是水果,黄瓜、西红柿都是蔬菜。多元分类活动对幼儿的知识要求较高,要求幼儿对生活经验有一定的了解,并能掌握分类的标准,所以一般在幼儿园中班、大班开展。

幼儿园分类活动的很多内容可以结合认识活动,让幼儿进行分类。例如,动物类——家禽、家畜、野兽、鸟类、昆虫等;植物类——树木、花卉、蔬菜、水果、谷类等。

2.分类教育活动材料的要求

在分类教育活动中,材料的设计对调动幼儿学习的积极性、主动性有着至关重要的作用。幼儿是通过多种感官与周围世界的交互作用充分感受、体验各种具体事物而获得知识的。在分类教育活动中,幼儿对材料进行操作时,体验材料之间的相同点与不同点,探索分类教育活动的不同层次要求。因此,在设计分类教育活动材料时要注意以下几个方面。

(1)材料要具有生活性和趣味性

在分类教育活动中,活动材料应该是幼儿在日常生活中经常见到的、感知的材料,幼儿对材料应有基本的认识。幼儿的年龄特点决定了他们还不能在抽象的概念水平上进行分类,而必须依赖于具体的形象和操作。因此,教师要提供充足的分类材料和用品,且材料应该具有生活性和趣味性,以激发幼儿的好奇心和探索欲望。在活动中设计新颖有趣的活动材料,容易引起幼儿的注意,使幼儿在愉快的状态下,进行探索操作活动,促进幼儿记忆力、观察力、思维能力的发展,培养幼儿的动手能力。

(2)材料要与具体活动目标相联系

分类教育活动的目标确立后,教师要有意识地为幼儿提供紧扣目标的材料,以达到预定的活动目标。教师要善于捕捉材料中包含的科学分类因素,准确地为目标"服务"。例如,"弹性分类",教师为幼儿准备塑料玩具、橡皮泥、充气的气球等,在进行分类教育活动时,教师要求幼儿按照变形与不变形进行分类,幼儿能够对这些材料进行二元分类或多元分类;再次进行分类活动时,教师要求幼儿按照变形后能否恢复原来的样子进行二元分类。

(3)材料的难度要形成一定的层次

幼儿的思维发展是循序渐进的,教师为幼儿设计的材料要符合幼儿的发展特点,适合幼儿的发展水平,体现难易的层次递进,使幼儿在"阶梯式"的材料中逐步提高分类的技能和水平。幼儿的分类经验随着年龄的增长逐渐丰富,分类材料的设计在难度上要体现层次性。例如,在"纽扣"的分类教育活动中,为了让幼儿按照由浅入深的标准进行分类,教师的材料设计顺序应该是:根据纽扣的形状进行分类,教师提供形状不同的纽扣;根据纽扣的形状、颜色进行分类,教师提供多种形状、颜色的纽扣;根据纽扣的形状、颜色、大小进行分类,教师提供多种形状、颜色,以及大小不一的纽扣。这一系列的活动材料由易到难,幼儿的分类能力也逐渐提高。

(4)材料可以是图片、玩具模型等

操作材料对于调动幼儿参与活动的积极性是不言而喻的,但是生活中有许多分类教育活动是不能让幼儿亲自进行实物操作的。例如,汽车的分类、动物的分类等。教师可以借助各种汽车的模型、动物的图片等让幼儿进行分类教育活动,以便幼儿在操作模型、图片中提高分类能力。

3.分类教育活动的指导

(1)在明确分类的具体要求后分类

幼儿往往将操作活动和物体的感知混为一谈,因此,教师提出的分类标准要清楚、明确,让幼儿按照要求去做。例如,在"植物根的分类"活动中,教师提供给幼儿很多植物根的小卡片,要求幼儿根据植物根的特征、用途,在众多根中找出须根、直根、块根。分类之前以"看一看、比一比,这些植物的根一样吗?"等简单明了的指导语帮助幼儿在操作这些材料的过程中获得一系列的科学经验,使幼儿能较顺利地进行分类教育活动。

(2)在充分感知的基础上进行分类

充分感知物体是对物体进行比较,找出物体之间的相互关系,并根据其共同特点与特征进行分类的必要前提。幼儿的年龄特点决定了幼儿不可能在抽象的概念水平上进行分类,必须依赖于物体具有的形象和动手操作,所以教师要提供充足的材料让幼儿感知。

幼儿的分类活动大多属于低水平状态。即根据物体的颜色、形状、质地、气味、声音等自然属性来分类,要求幼儿在细致观察、认真感知的基础上,发现其特征属性,然后进行分类。分类的正确性取决于感知活动的准确性。

(3)在操作活动中学习不同的分类教育活动类型

操作活动是幼儿认识事物最直接、最具体的活动。教师要引导幼儿在操作活动中进行探索、积极思考,在操作观察中学习分类教育活动的类型。在幼儿阶段,教师主要指导幼儿学习二元分类法,即要求幼儿在感知水平上把物体分成两类。但也可以根据幼儿不同的年龄,学习不同的分类类型。

(4)指导幼儿根据不同的标准进行分类

每一种分类必须根据同一个标准,否则就会出现重叠和分类过程的逻辑错误。幼儿往往根据自己的想法进行分类,分类依据也是不断变化的,但只要各类别物体彼此不交叉和重叠,该分类依据就可以成立。幼儿的分类标准通常有以下几个:①根据物体的外部特征进行分类。这是幼儿进行最初分类时常用的标准,一般在小班、中班上学期使用较多。例如,根据物体的颜色、形状、大小、长短、重量等外部特征进行分类。②根据物理量的差异进行分类。即按照物体的大小、长短、粗细、厚薄、宽窄、轻重等的差异进行分类。③根据物体之间的联系进行分类。这种类型的分类活动,要求幼儿知道事物之间简单的联系,一般在小班下学期和中班进行。例如,把兔子和萝卜分为一类,把猫和老鼠分为一类,这是按照动物的食物链标准进行的分类。④根据物体的功能或用途进行分类。这种类型的分类活动,要求幼儿掌握一些科学知识,对生活中的科学经验有简单了解,只有在此基础上,幼儿才能按照标准进行分类,一般在幼儿园中班下学期和大班进行。例如,将物体分为学习用具、玩具、家具等。⑤根据物体的材料进行分类。这种类型的分类活动对幼儿的要求更高,幼儿要掌握一些概念才能进行分类,一般在大班进行。例如,将物体按照塑料制品、木制品、铁制品等进行分类。⑥根据物体的属性进行分类。这种类型的分类活动一般要求幼儿具有操作经验、对概念有一定的理解,一般在大班进行。例如,将物体按照是否有弹性分类。⑦根据物体的一个或多个特征进行分类。这种类型的分类要求幼儿有一定的理解能力,要兼顾两种标准,一般在中班、大班进行。例如,把红色的、圆形的纽扣分为一类。

(5)根据幼儿的年龄特征,设计分类标准

幼儿对事物类别关系的认知还不成熟,分类能力仍在发展中。这就要求教师按照幼儿的年龄特点,设计分类标准。一般来说,幼儿只能够按照事物的外形或量的差异进行分类,因为这些都是外部的、容易观察到的,适合在小班进行;而对事物内在的、物理特性的分类适合在大班进行。对于3~4岁的幼儿来说,同时在头脑中思考两件事,还要从事物不同的两个方面进行是比较困难的。所以,这种分类教育活动要在大班进行。教师可以先让幼儿根据一种标准进行分类,然后按照另一种标准进行分类。例如,找出既是红色又是圆形的纽扣,可以先找出红色的纽扣,然后在此基础上,找出圆形的纽扣。

(6)指导幼儿自己制订分类标准

幼儿对分类有时理解不足,不能前后一致地按照标准进行分类,特别是对年龄较小的幼儿,可以用"请你按照大小的标准进行分类"这样的语言帮助幼儿分类,并且要时刻提醒幼儿。在幼儿有了一定的分类经验之后,鼓励幼儿自己制订分类标准。例如,面对一些材料不同的玩具,教师可以问幼儿:"这些玩具怎样分呢?"幼儿就会想办法按照材料进行分类,或按照形状进行分类等。

(7)指导幼儿认清分类的要点

在分类教育活动中,最重要的就是找出事物的要点,即"共同点"。对"共同点"的不同的抽象概括水平,显示出了幼儿认知发展水平的差异。所以,在分类教育活动中,不能用成人的标准要求幼儿,不能认为符合概念的分类标准才是正确的。例如,在分类教育活动中,有的幼儿把鱼和水放在一起,显然是按照两者之间的关系进行分类的;有的幼儿把鱼和猫放在一起,是按照它们之间食物链的关系进行分类的。教师要肯定幼儿的分类,幼儿的分类只有共同点或标准的不同,只有水平高低之分,没有对错之分。

(五)其他科学教育活动

幼儿科学教育活动是多种形式的教育过程。在幼儿的日常生活中、其他教育活动中,都蕴含着科学教育。幼儿园中还有种植与饲养、测量、信息交流、早期科学阅读等科学教育活动。这些活动不用设计具体的活动步骤,根据目标和内容,在幼儿园的各种教育活动中都可以完成,一般在渗透性教育活动中完成。

1. 种植与饲养教育活动的设计

种植与饲养教育活动是幼儿喜欢的活动之一。幼儿园的种植活动可根据各地的气候等自然条件,有目的、有计划、有组织地带领幼儿开展。种植的内容最好是一颗种子从开花到结果的全过程。不仅能培养幼儿对植物的兴趣,还能学到许多有关植物的科学知识。饲养活动是一项既动脑又动手的活动,有利于培养幼儿热爱劳动的优秀品质。种植与饲养教育活动可以让幼儿掌握简单的劳动技能,促进幼儿认知能力的发展。

(1)种植与饲养教育活动的目标

幼儿的种植与饲养和成人的种植与饲养有着明显的区别。幼儿种植与饲养的主要教育活动目标是对生命科学的探索,从而获取有关动植物的具体经验。具体教学目标如下:①观察动植物的生长、发育、死亡等生命现象,了解物与物的关系、人与自然的关系,理解有关生物科学的简单道理。②学习简单的种植与饲养的劳动技能,培养幼儿动手操作的能力。③在种植与饲养过程中培养幼儿对动植物的爱护之情,为今后学习生物科学提供感性材料。④在照顾动植物的过程中,领悟对生命的珍爱。

(2)种植与饲养教育活动的内容

①种植的内容

幼儿园中的种植主要是指自然角的管理和园地的管理,包括播种、管理、收获等简单的劳动。其主要包括以下内容：

水养植物。水养植物就是把植物的一部分浸泡在水里，在短期内，植物会萌发、生根、长茎叶，甚至开花。水养植物主要包括：种子类，如红豆、黄豆、玉米等；蔬菜类，如白菜心、萝卜根、芹菜根、大蒜、洋葱等；树枝类，如杨树、柳树等；花卉类，如桃花、迎春花、水仙花等。水养植物还包括无土栽培，但是对于幼儿园来说，无土栽培的要求比较高，一般幼儿园没有能力达到，所以进行的较少。

盆栽与园地植物。盆栽植物是指在花盆里种植的植物，一般在自然角中进行管理，或者摆放在活动室，既可以美化环境又能供幼儿观察。园地植物是在幼儿园一角或者墙边等地方进行园地种植，提供给幼儿观察植物生长全过程的植物。盆栽与园地植物的品种与水养植物是相同的，但其重要性是不能替代的。水养植物虽然能够观察到萌发的全过程，但是等到其本身养料耗尽时，就会枯萎。因此，幼儿只能看到植物生长的某一阶段，而不能看到植物生长的全过程。幼儿会对枯萎的植物很不理解，也会为没有看到水养植物的开花、结果而感到遗憾。而盆栽与园地植物正好能够弥补幼儿这一过程的遗憾，能够表现植物生长的全过程，使幼儿体验到果实带来的喜悦。例如，水养植物花生，花生的发芽、长叶，幼儿能够看到，但是以后的生长过程就看不到了。如教师把发芽的花生栽在园地里，幼儿在长期的照顾管理过程中，就能观察花生的生长，秋天的时候，教师带领幼儿收花生，幼儿能够亲自体验到采摘花生的乐趣，同时也能培养他们对科学知识的探索精神。

②饲养的内容

饲养的内容主要包括对动物的管理，如帮助收集饲料、喂养，学习简单的饲养技能。其主要包括以下内容：

水生动物。水中饲养的鱼、龟、虾、泥鳅、田螺等都是幼儿观察的对象，这些水中生活的动物，饲养比较简单，饲料容易得到，存活率比较高，容易照顾，所以比较适合幼儿饲养。有的水生动物即使几天不进食也不会死亡。例如，龟、田螺等。

家禽。家禽身体比较小，比较温顺，深受幼儿喜爱。家禽的饲养比较容易，饲料没有要求，容易存活，适合在幼儿园饲养。例如，鸡、鸭、鹅等，一般以饲养鸡居多。但是，家禽的粪便处理有难度，一般由成人完成。

家畜。家畜的饲养比较难，一般在幼儿园是饲养兔子，但是兔子对饲料的要求比较高，饲养不易，需要在教师的帮助下饲养。

(3) 种植与饲养教育活动的指导

①种植与饲养的内容要符合幼儿的年龄特点

幼儿年龄小，种植、饲养的技能差。所以，在选择种植品种和饲养类型时，要考虑幼儿的年龄特点。也就是说，为幼儿选择种植的品种时要考虑哪些易成活、易生长、易照顾，盆栽与园地种植的品种还要考虑对土质要求不高、生长周期相对较短、容易看到果实。例如，小班、中班幼儿适合种植水养植物，如洋葱、白菜根等。大班幼儿适合种植一些园地植物，如牵牛花、花生等。

②在种植与饲养中培养幼儿的探究精神

种植与饲养是实践操作活动,幼儿对动手操作的活动都是非常感兴趣的。由于种植与饲养需要一定的操作技能,包括挖土、浇水、除草、喂食、打扫等。教师不能包办代替,应该指导幼儿学习操作技能,克服一定的困难,坚持以幼儿为主进行种植与饲养。这样,幼儿在学习这些技能的过程中,就会发现问题,并且进行探究,由浅入深地了解事物,掌握事物发展的一些规律。例如,在给植物松土、除草的过程中,遇到蚯蚓,幼儿就会观察蚯蚓,引起对蚯蚓能够松土的探究;同时,也会对草能够争夺植物的养分,影响植物生长的概念进行探究。同样的道理,在饲养中,幼儿能够观察到以往不能观察到的现象,从而引起他们的探究。例如,田螺是怎么走路的,究竟吃什么,怎么吃,这些都是幼儿不知道但感兴趣且需要动脑去想的。通过饲养,幼儿能够亲自了解田螺的这些问题,从而对饲养、探究充满热情。

③种植与饲养的过程与幼儿认知的科学活动相结合

种植与饲养是科学教育活动的一种形式,其目的是学习科学知识、掌握科学概念、了解科学规律。所以,在种植与饲养的过程中要指导幼儿观察种植与饲养的对象,全面系统地掌握观察对象的生长过程,扩大幼儿的知识面。同时,教师要利用各种机会,因势利导,帮助幼儿提高认知水平。例如,在种植盆栽植物时,花盆的底部有一个小孔,幼儿充满疑问,猜想小孔会把浇的水漏掉,应该没有小孔。教师就要结合这一问题,引导幼儿讨论如果没有小孔会怎么样,也可以做实验(用一个有孔的花盆和一个没有孔的花盆,分别种植同样的植物,观察结果)。

④注意在活动过程中培养幼儿对生命的珍爱

在种植与饲养教育活动中,幼儿通过亲自操作,懂得植物、动物都是有生命的。操作的过程本身就是生命教育。例如,把植物拔掉就不会再生长了,小金鱼死了就不会再回来了,等等,使幼儿懂得生命是可贵的,并且是不能逆转的,从而培养幼儿对生命的珍爱。

另外,在种植与饲养教育活动中,可以加入一些人与自然的内容,让幼儿懂得爱护植物、动物就是爱护地球、爱护自己的家园。

2.测量活动的设计

测量是人类生活中精确交换信息的一个重要方面,对于幼儿来说,学习测量可以准确地认识周围世界,适应社会生活。测量是用量具或仪器来测定物体的尺寸、角度、几何形状或表面相互位置的过程的总称。幼儿科学教育活动中的测量是指通过观察或运用简单的测量工具,对物体进行简单的、初级的测定。测量活动对幼儿以数做精确的表达是很有帮助的,同时可以培养幼儿严谨的科学态度。

(1)测量活动的目标

在幼儿学科学的过程中,测量作为科学领域的一项内容有重要意义。测量可以帮助幼儿更准确地观察、认识周围世界,获取关于时间、空间等方面的具体经验。幼儿园的测量活动晚于分类活动,其主要目标如下:①以测量为工具,将事物的属性及其关系数量化,培养幼儿数量化思维的发展。数量化思维是幼儿思维发展的一个重要方面。②运用简单的测量方法,对周围世界以数做精确表达,初步知道通过测量可以获得量化的信息。③学习使用不同的简单工具进行测量的方法,培养幼儿对测量的粗浅认识。

(2)测量活动的内容

幼儿园关于测量的科学教育活动不是很多,测量的一般内容有:物体的长度、高低、粗细、薄厚、宽窄、轻重、温度等。测量的类型分为观察测量、自然测量、正式量具测量。自然测量和正式量具测量,因为小班、中班幼儿年龄小不适合进行,所以一般在幼儿园大班进行。小班、中班幼儿可以进行一些粗浅的观察测量。幼儿园测量活动的内容是根据测量活动的类型来设计的。

①观察测量

观察测量是指通过眼睛、手等感官来测量物体。例如,用手来测量温度,用眼睛来观察大小、高矮等。这种依靠感官的测量一般用于特征比较明显的认识对象。一般来说,这样粗浅的测量在小班进行,但是不是科学活动的测量,往往是与其他领域的内容相结合进行的。

②自然测量

自然测量,就是不采用标准的量具,利用一些自然物对物体进行直接的测量,往往不能做理论依据。例如,用步长、手长等作为量具。但是,自然测量的误差比较大,幼儿之间的对比会有差异。

③正式量具测量

正式量具测量是指以通用的标准量具对物体进行测量。幼儿对正式量具的认识,能够让幼儿掌握量具的作用,掌握概念性较强的知识。幼儿使用的量具主要有尺、天平、温度计、钟表、秤等。幼儿掌握正式量具的操作和使用方法是有困难的,教师要教会幼儿如何使用,或者能够简单地读懂量具上刻度所表示的意义。

(3)测量活动的指导

①帮助幼儿学习自然测量

由于测量技能本身的要求,幼儿对于测量的技能和方法还比较难以掌握,因此需要教师指导。幼儿学习测量首先是从直接比较两个并列的物体入手,所以自然测量在幼儿园阶段是最常用的测量方法。教师要从身边的物体开始,教会幼儿用自然测量的方法来区别物体之间的物理差异。例如,用手测量桌子的长短,小朋友之间比较高矮等。

②帮助幼儿学习正式量具测量

帮助幼儿学习如何使用正式量具进行测量,培养幼儿的测量意识,正式量具具有精确性,幼儿使用的正式量具一定要经常进行校正。只有保证量具的精确,幼儿形成的概念才能正确。在学前期,幼儿已经有了通过测量来认识周围物体的需要,因此,需要让幼儿从小树立应有的测量意识,特别是培养幼儿用量具对物体进行测量的意识,这是幼儿更精确细致地认识事物的必不可少的手段之一。

3.信息交流活动的设计

信息交流是指幼儿将获得的有关周围环境的信息,以语言的或非语言的形式进行表达和交换。信息交流是讨论的一个阶段,是指幼儿互相交流自己获得的经验、信息和感受。信息交流使幼儿感知周围世界的第一印象在头脑中形成的表象,通过语言交流或其他方式表达出来,进而使幼儿对事物的理解更加清晰,更能客观地评价别人的探索成果。

(1)信息交流活动的目标

在幼儿学科学的活动中,幼儿通过各种方法获得大量的有关客观世界的信息,以及自己在探索过程中的感受。信息交流活动的目标就是让幼儿通过讨论、交流自己对周围世界的观察过程和结果,提出疑问,抒发愉悦、惊奇等情绪,和同伴分享所得的结果,以此来掌握科学概念和事物发生、发展的客观规律。

(2)信息交流活动的内容

幼儿的科学知识是在探索之后、在讨论中形成的。信息交流活动对幼儿的知识经验和语言交流有一定的要求,一般在中班下学期或大班进行。信息交流活动的内容与信息交流的类型相关,一般根据信息交流的类型确定活动内容。

①信息交流中的语言方式

信息交流中重要的是语言的交流。由于幼儿年龄小,还不能用文字来记录自己的发现或感受,只能用语言来描述。所以,信息交流活动中语言的方式是描述法和讨论法。描述法是指在教师的指导下,幼儿用语言向同伴或教师讲述自己在科学探索中的发现、疑问等。讨论法是指幼儿与同伴之间、幼儿与教师之间通过口头语言,表达、交流自己在科学探索中的发现。幼儿用语言交流的方法,可以交流自己在探索活动中,运用了什么方法,以及从中获得的情绪体验。例如,观察蚂蚁的活动后,幼儿交流蚂蚁如何与同伴打招呼,自己是如何观察到的,等等。

②信息交流中的非语言方式

幼儿年龄小,面对丰富的自然界和众多的发现,难以全部用语言来交流,同时又容易忘记自己的发现。所以,图像、动作、表情等就成了幼儿主要的交流方式。

图像记录。图像记录是指对周围环境进行观察后,用各种不同方式,如数字、表格、绘画等记录发现、认识、感受和体验。图像记录既是幼儿观察活动的一个方面及表达的一种形式,也是对幼儿进行科学教育的一种手段和方法。它不仅可以培养幼儿观察周围环境的兴趣,还可以提高幼儿观察的积极性和主动性,如探究活动记录、生长记录、种子发芽记录等。

手势、动作、表情记录。当幼儿在科学探索中遇到一些难以用语言来表达的物体或现象,或者情绪饱满时,常常用手势、动作、表情来进行交流。例如,幼儿尝到酸的东西后,皱眉、吐舌等表情。

自然材料记录。幼儿在自然界中往往会有许多机会接触到自然材料,可以用自然材料来进行信息交流。例如,秋天的田野,幼儿可以采摘一些麦秸、玉米、高粱等;夏天的海滩,幼儿可以收集一些贝壳、海螺等。自然材料记录就是以这种方式展现观察到的自然界的物体,并进行交流的。

(3)信息交流活动的指导

《纲要》中指出:"通过引导幼儿积极参加小组讨论、探索等方式,培养幼儿合作学习的意识和能力,学习用多种方式表现、交流、分享探索的过程和结果。"信息交流的方式不同,对幼儿的指导也是不一样的,教师在对幼儿进行早期科学阅读指导时要注意以下几个方面。

①语言交流方式的指导

在交流活动中,教师要注意从以下几方面进行指导:要给予幼儿充分的描述和讨论的机会,鼓励幼儿用语言表达获得信息;指导幼儿用简单明确的语言表达来描述有关科学的发现;培养幼儿在理解词义的基础上正确运用语言;培养幼儿的口语表达能力。

②图像记录方式的指导

在幼儿具备一定技能的基础上进行图像记录。图像记录方式需要幼儿有一定的绘画基础,并且能够理解绘画的含义,所以一般在幼儿园中班、大班应用。图像记录中经常运用的曲线、符号等,对于幼儿来说,并不是很难绘画的,主要是选择的图像要适合特定信息的表征方式。这些表征方式的选择来源于幼儿的经验。这些可以通过讨论来促进技能的发展,或者是教师给予幼儿一定的样本,对幼儿的图像记录进行指导。

在具备一定感性经验的基础上,采取形式多样的记录方式。图像记录的方式可以是数字、符号、表格等。记录的内容可以是连续的,也可以是单独的、个别的。这些记录能够反映出幼儿在科学活动中的发现、探索,但是这些图像记录一定是在幼儿获得大量感性经验的基础上进行的。幼儿记录后,教师应该让幼儿讲解图像记录的内容,只有这样,幼儿才能与同伴交流探究的结果,分享和交流探究的过程,使幼儿的图像记录更加丰富、真实。在进行图像记录的时候,教师要为幼儿准备好记录所需的纸、笔等材料。

4.早期科学阅读活动的设计

在幼儿学习科学的过程中,不仅需要直接的感性经验,也要通过间接的科学原理的学习了解科学知识。而幼儿间接学习的材料,最直接的就是图书,幼儿对那些语言生动、情节丰富、图画形象突出、色彩鲜艳的图书充满兴趣,利用这些图书进行科学教育就是早期的科学阅读。

早期科学阅读是指幼儿通过阅读寓有科学知识的作品,包括故事、儿歌、谜语等,学习科学的一种方法。早期科学阅读有利于丰富幼儿的科学经验,引导幼儿学习科学、理解科学概念,激发幼儿的想象力,提高幼儿创造的潜力。

(1)早期科学阅读活动的目标

早期科学阅读活动既是科学教育的方法之一,同时也能够促进幼儿语言的发展,所以不仅要在早期科学阅读活动中培养幼儿的科学精神,而且要在语言活动中注意对幼儿进行科学知识的教育。其目标具体如下:①利用儿童文学作品对幼儿进行学习科学知识、理解科学概念的教育。②激发幼儿学习科学的兴趣,引起科学幻想,提高幼儿的科学创造潜能。

(2)早期科学阅读活动的内容

在学习科学的过程中,不仅可以让幼儿体验科学探究的过程,也可以利用儿童文学作品开展科学活动。一般的早期科学阅读活动需要幼儿有一定的理解文学作品的能力,所以在幼儿园中班下学期或大班进行。早期科学阅读活动的内容一般根据早期科学阅读的类型来确定。

①科学诗

科学诗以向幼儿普及科学知识为主要目的。它是科学内容与诗歌形式相结合的产物。幼儿科学诗的种类繁多,有叙事诗、抒情诗、儿歌、歌谣等。

②科学童话

科学童话是用童话的艺术形式向幼儿传授科学知识,将科学性和童话性相统一。科学童话的内容一般比较浅显,情节比较简单,传达一定的科学知识,丰富幼儿的科学知识与概念。

③科学故事

科学故事是科学内容和故事形式相结合的产物。它把科学技术上的发现、发明及发展,常见自然现象的科学原理,动植物的生活习性或其他物体的特征、性能等知识融于有人物、情节的故事中。

④谜语

谜语是通过隐喻和暗示,提供某些根据和线索供人猜测的一种隐语。科学活动中的谜语主要是以具体的自然物和某种现象为谜底,通过对该物体或现象特点进行描绘,影射谜底,对幼儿进行科学教育。

⑤多媒体

多媒体是以动态的画面向幼儿展示科学内容的一种方式。它比书本更生动地为幼儿提供大量的科学信息。例如,植物的生长周期。同时,教师还要注意新闻媒体对幼儿科学知识教育的作用。

(3)早期科学阅读活动的指导

①利用科学活动的各个环节,对幼儿进行早期科学阅读

幼儿园的集体活动都是具有一定的活动环节的,在这些环节中,教师要善于运用早期科学阅读的内容,如开始部分可以用谜语的形式引起幼儿的注意力。例如,"认识花生",可以利用"麻屋子,红帐子,里面坐个白胖子"的谜语开始。中间部分可以用科学故事或科学童话说明事物的特性。例如,"小蝌蚪找妈妈",用小蝌蚪找妈妈的过程来说明蝌蚪变成青蛙需要的环节。结尾部分也可以用早期科学阅读的相关内容,引起幼儿对活动内容的反思和对事物发展的探索。

②早期科学阅读的材料要适合幼儿的年龄特点

早期科学阅读是科学教育的重要手段,主要表现为材料符合幼儿的年龄特点,不同年龄阶段的幼儿选择的阅读材料虽然有所不同,但是早期科学阅读作品应该围绕一个科学现象或概念展开。教师指导幼儿阅读时,也要注意科学概念的指向,不能包含太多内容,以免幼儿难以理解。

③结合幼儿园的科学主题活动指导阅读

幼儿园的主题活动一般来说与科学领域的联系比较多。因此,可以结合幼儿园的主题活动来指导幼儿进行阅读活动。通过阅读扩大幼儿的眼界,使幼儿产生丰富的想象,但科学活动的阅读,不要求幼儿掌握阅读内容,只要求幼儿理解其中的道理即可。

④教师在早期科学阅读活动中,指导幼儿掌握科学知识

由于幼儿年龄的关系,幼儿对于阅读重点把握得还不准确。教师要带领幼儿阅读,运用提问的方式与幼儿一起阅读,在阅读中找答案。然后,围绕阅读的重点开展活动,对于重点内容,教师要适当进行指导。教师要鼓励幼儿将主要内容进行总结、归纳,使幼儿能够比较深入地理解图书的主要内容。

三、幼儿数学教育的目标、内容

学前期的幼儿正处在逻辑思维萌芽和初步发展时期。由于数学学科结构和知识体系较为系统、严谨,逻辑性十分突出,所以数学学习对幼儿逻辑思维能力的初步发展、良好思维品质的形成有着重要的作用。因此,在确立幼儿数学教育目标和选择数学教育内容时,要以幼儿的发展、社会的要求和学科的特点为依据。

(一)幼儿数学教育的目标

幼儿数学教育目标是对幼儿进行数学教育的依据和准则,它体现了对幼儿进行数学教育的目的和要求。数学教育目标的确立为教学内容的选择提供依据,为数学教育活动的评价提供标准。

1. 幼儿数学教育的总目标

《纲要》中对于幼儿数学教育的目标在科学领域的目标中明确表述为"能从生活和游戏中感受事物的数量关系并体验到数学的重要和有趣"。从表面上看,只有这一条是数学教育的目标,实际上,科学领域中的其他目标也包含数学教育的目标,可以理解为:①对周围环境中事物的数量、形状、时间和空间等感兴趣,有强烈的好奇心和求知欲。②能运用各种感官感受事物的数量关系,获得有关数、量、形、时间、空间等感性经验,体验数学的重要和有趣。③学习用简单的数学方法,解决生活和游戏中简单的问题,并用适当的方式表达、交流解决问题的过程和结果。④学习正确使用数学的操作材料,有良好的学习习惯。

2. 幼儿数学教育的年龄阶段目标

《指南》中关于幼儿数学年龄阶段的目标为:数学认知。

目标1 初步感知生活中数学的有用和有趣

目标2 感知和理解数、量及数量关系

目标3 感知形状与空间关系

3. 幼儿数学教育的分类目标

《纲要》中数学教育的总目标和《指南》中的年龄阶段目标都包含了幼儿数学教育的情感目标、方法与技能目标、认识目标的培养过程,具体分类为。

(1)数学教育的情感目标

幼儿数学教育的核心是情感和态度。幼儿对数学的好奇心、求知欲都是幼儿学习数学的内部动力。幼儿对事物的数量、形状等产生兴趣,会为幼儿进行的智力活动提供最佳的情绪背景,同时在积极探索活动中也将逐渐培养起幼儿对数学学习本身及一切学习活动的积极情感,使幼儿爱学习、会学习。幼儿只有愿意参加数学活动,才可能观察到、感知到环境中

事物的数量、形状等;幼儿只有喜欢数学活动,对数学活动感兴趣,才可能积极主动地投入活动中,才可能去探索、发现有关的数学现象,从而获得有关数、量、形状、空间和时间的感性经验。

(2)数学教育的方法与技能目标

数学教育的方法与技能对幼儿数学知识的掌握起决定性作用。幼儿的数学认知是从外部动作开始的,逐渐内化。因此,培养幼儿正确使用数学操作材料的技能至关重要。幼儿通过与各种有关数学材料发生作用而对其中蕴含的数学关系有所感受和认知。例如"一一对应"的操作、分类活动的操作、数字分解组合的操作等。幼儿掌握了材料的操作技能后,才能在数学认识的学习过程中举一反三,从而获得有关数学关系的感知和认识。

幼儿在生活中会接触到许多用数学知识来处理的问题。在数学教育中要注意让幼儿学习运用适当的方法进行表达、交流、操作、探索,运用已经掌握的方法解答生活和游戏中的某些问题。

学习解决问题不是简单地运用已知的信息,而是对信息进行加工,需要对已经掌握的方法、知识进行再次思考和重新组合,找出解决问题的方法。当问题被解决后,幼儿的能力也会得到提高。

(3)数学教育的认识目标

幼儿的知识是在与环境交互作用的过程中逐步建构并不断丰富的。这种相互作用的过程不仅让幼儿获得经验,即建构知识,同时也让幼儿获得"做"的能力,即会做和知道怎么做,这种能力也是知识。幼儿是在生活和游戏中感受到事物的数量关系的,是在日常生活中获得有关数、量、形、时间、空间等的感性经验。

人的认识能力的发展远比获得知识重要得多。数学是一门培养和锻炼思维能力的基础学科,幼儿在构建一些初级的数学概念的过程中,需要对所操作的材料进行比较、分析、综合、概括,才可能将有关的数学概念的本质属性从具体的事物中抽象出来,这一过程对幼儿思维能力的发展具有积极的作用。思维能力的发展使幼儿能够运用已知的信息,对信息进行加工、重组,从而能够用简单的数学知识和方法解决生活中出现的某些问题,当问题解决了,幼儿的能力也随之发生变化,得到提高。

(二)幼儿数学教育的内容

幼儿数学教育的内容是实现数学教育目标的重要保证,是实现数学教育目标的媒介,是将目标转化为幼儿数学发展的中间环节,是教师设计和组织数学教育活动的主要依据。根据幼儿学习数学的规律和特点,让幼儿以一定的逻辑思维能力去获得数学知识,发展幼儿的逻辑思维能力,可以把幼儿数学教育分为以下内容。

1. 数前准备教育

感知集合是幼儿数前准备的重要教育内容,同时也是幼儿建立初步数学概念以及理解加减运算的感性基础。教师只是引导幼儿感知集合,并不需要理解集合的概念。幼儿阶段感知集合教育主要有分类、排序、比较、数量关系等。

(1)给物体分类、排序

分类是把相同的或者具有共同特征的东西归并在一起。当幼儿分类时,需要感知和辨认事物的明显特征,并把相同的或者具有某一共同特征的东西归在一起,形成某种物体的集合,这个过程就是幼儿感知集合的过程。引导幼儿分类时,可按照物体的名称、物体的外形特点、量的差异、物体的用途、物体间的关系等进行分类。

排序是按物体的某种特征上的差异或特定的规则排列。排序有助于幼儿建立初步的序列概念,体验序列之间的传递性、双重性和可逆性等关系。

(2)比较两组物体的相等和不等

幼儿学会用对应的方法进行两组物体之间的比较。对应是指在两个集合中,一个集合里的任何一个元素,按照确定的对应关系,在另一个集合里都有一个或几个元素与之相对应。让幼儿学会用一一对应的方法,比较两个集合元素的多少,初步形成"多""少""一样多""不一样多"等概念。

(3)理解"1"和"许多"及其关系

"1"是自然数最基本的单位。教幼儿区分"1"和"许多"并理解它们之间的关系,可以体验集合与元素之间的关系。

2.数系列教育

(1)认识和理解10以内的数

认识10以内的自然数,理解数的意义和数与数之间的数差关系,知道"没有"可以用"0"来表示。

认识序数、计数、相邻数、奇数、偶数等。

认读和书写阿拉伯数字。

认识10以内的分解组成。

(2)学习10以内数的加法、减法和应用

3.几何形体系列教育

①能够辨认平面图形,并说出名字和主要特征。②认识简单的几何体,初步形成空间概念。

4.时间、空间概念的教育

①认识并理解简单的时间概念。②认识空间关系。

四、幼儿数学教育活动的设计与指导

幼儿数学教育活动设计是指依据一定的数学教育目标,选择恰当的教学教育内容和形式,对幼儿施加教育影响的方案。数学教育活动是教师为促进幼儿数概念发展而开展的一项创造性工作。幼儿数学教育活动一般以专门教育的形式完成,是教师有针对性地计划、组织和指导幼儿进行数学学习的活动。教师对幼儿数学教育的目标、幼儿学习数学的特点、教学方法的运用等的掌握程度,是决定教育活动设计、组织和指导是否成功的关键因素。

(一)数前准备的教育活动设计

幼儿数学教育中,数前准备的主要内容就是集合,集合是现代数学的一个最基本的概念。幼儿数学启蒙教育中以具体集合概念和一一对应作为感性基础,利用幼儿已有的生活经验和周围环境,将集合观念渗透在数、形等方面,并先于数教育。这样有利于幼儿形成数概念,更有利于幼儿理解知识,促进计算思维的发展。

幼儿集合概念的形成、发展经历的是一个由泛化笼统到精确的过程。幼儿期感知集合教育是指在不教给幼儿集合术语的前提下,让幼儿感知集合及其元素,学会用对应的方法比较集合中元素的数量,并将有关集合、子集及其关系的一些思想融入整个幼儿数学教育的内容和方法中。

1. 分类、排序教育活动的设计

(1)分类教育活动的设计

分类是幼儿认识数和学习计数的基础。分类是一种智力活动,是逻辑思维的一个重要组成部分。幼儿在学习分类的过程中感知、理解集合及其元素,分类活动能够促进幼儿分析、比较、观察、判断、综合等思维能力的发展。

分类活动是幼儿园数学教育中的一项重要内容。首先,在进行分类教育活动时,教师应教会幼儿如何感知和辨认分类对象;其次,讲明分类的标准并进行示范,逐渐提高分类的难度,同时要给幼儿一定的操作时间;最后,要谈论分类的结果。幼儿的分类能力有明显的年龄差异,在设计教育活动时要注意幼儿的年龄特点,设计符合幼儿年龄特点的分类形式。

按物体的名称分类,这是最初的分类,即把相同名称的物体放在一起。例如在一堆玩具中找出娃娃,放在一起。一般在小班(3岁左右)的幼儿中进行这种分类活动。小班的幼儿不能按照某一特征进行分类,幼儿对物体的感知是笼统的、模糊的,分不清物体的本质特征和非本质特征,所以只能按照名称进行分类。

按物体的外部特征分类,即按照物体的颜色、形状等分类。颜色、形状的种类多少应根据幼儿的实际水平而定,一般在幼儿园中班(3~4岁)的幼儿中进行这种分类活动。中班的幼儿能够按照物体比较明显的特征进行分类。

按照物体量的差异分类。即按照物体的大小、长短、高矮、粗细、厚薄、轻重等量的差异分类。一般在幼儿园大班(5~6岁)的幼儿中进行这种分类活动。大班幼儿已经能够按照物体的颜色、形状、大小及用途等进行分类,但是不能离开具体的分类情景。

按照物体的空间方位分类,即按照天上飞的、地上跑的、水里游的、桌子上的、桌子下的等进行分类。这种分类活动一般在大班中进行。

按照数量分类,即把分类和认数相结合,既能提高幼儿的分类能力,又能加深幼儿对数的认识。这种分类活动一般在中班、大班中进行。

(2)排序教育活动的设计

排序是建立在比较基础上的思维活动,是反映幼儿思维判断与推理能力发展的一项重要活动。设计排序教学活动时要按照从小到大的数量排序;从次序排序到特定规则排序;从参照排序到独立排序。排序教育要根据幼儿的年龄特点设计教学活动方案。

①按照次序关系排序

按照次序关系排序包括按照物体量的差异和数量多少的次序排列,例如圆点卡片1~5、皮球、小棍等。

排序是以比较为基础的,最简单的比较是两两比较。排序最小的数量是3,设计小班幼儿排序活动时,可以从数量为3的物体开始排序。小班幼儿能够排好3个物体的顺序后,再逐渐扩大到4个、5个物体排序。中班可排7个,也可增加到10个。对于大数量的排序,也同样是按照先找两端、再逐一比较、最后确定序列的步骤进行。

②按照特定规则排序

按照特定规则排序包括按照物体的外部特征、量的差异、数量多少、派发位置的特定规则排序。在量的比较教学中,幼儿已经积累了一定的对物体大小、长短、粗细、高矮等量的特征进行区分的相关经验,一般来说,次序规则在先,特定规则在后。按照量的次序规则排序实际上就是幼儿理解量的差异的一种操作表现。

幼儿通过不同形式的操作活动可以理解和掌握不同形式的排序。当幼儿积累了较多的排序经验以后,教师可以启发幼儿自己去寻找排序材料中的不同,按照自己的理解独立思考,并尽可能用不同于他人的方式来排序。

2."1"和"许多""一一对应"的数学活动设计

(1)"1"和"许多"

"1"是自然数的基本单位,也是表示集合中元素数量的基本单位。"许多"是一个笼统多数的词汇,代表含有两个以上元素的集合。区别"1"和"许多"为幼儿正确学习逐一点数和认识10以内的数量奠定了基础。这是3岁前幼儿数前教育的重要内容,可以进行以下设计:①通过观察和比较,区别一个物体和许多个物体。②采用游戏或操作的方法理解"1"和"许多"的关系。例如1个、1个……合起来是"许多";"许多"可以分成1个、1个……。③通过感官感知"1"和"许多"。例如跳一下,跳许多下;找寻一个东西,找寻许多东西;幼儿园中的一个水壶,许多水杯。

(2)"一一对应"

"一一对应"就是比较两组物体的数量,确定两组物体是否一样多,哪个多,哪个少。这是不用数数进行的数量比较活动,可为幼儿将数与物建立"一一对应"的关系,进而准确地数数奠定基础,这是3岁左右幼儿数前准备教育的重要内容。

(二)数系列教育活动的设计

数概念是数学中的基础知识,也是幼儿开始积累数学感性经验时首先遇到的问题之一。幼儿掌握数概念是一个比较复杂的过程,一般经过感知物体、产生数的表象、形成抽象数概念三个复杂的智力活动过程。这个过程既有连续性,又有一定的阶段性。不同年龄的幼儿,发展水平和接受能力是不同的。幼儿数概念的发展主要表现在计数能力的发展、数序概念的发展、认识数的组成以及加减运算等几个方面。

1. 认识和理解 10 以内的数的教育活动设计

10 以内数的概念的发展主要是计数能力和数序概念的发展。具体的教育活动有计数、基数、序数、数序等数学活动。在进行教育活动设计时,既要考虑幼儿认识数的特点,又要注意培养幼儿的数学思维。

(1)计数

幼儿数概念的发展是从计数开始的,并通过计数活动来实现对数的认识。

计数是一种操作活动,是以数的形式表示物体数量的活动。计数活动的实质是将具体集合的元素与从"1"开始的自然数之间建立起一一对应的关系。在不遗漏、不重复的情况下,数到最后一个元素所对应的数就是计数的结果,也就是总数。

计数是一种有目的、有手段、有结果的活动。其目的是确定物体的数量,手段是一种数数的操作,结果表现为数的形式。作为一种技能,计数活动涉及三个部分:用正确的顺序说出数词;能确认可用于计数的若干单位物体;能把数词和计数的单位物体一一对应。

计数的活动设计主要有按物取数或按数取物、目测数数、按数群数数、顺着数和倒着数。在活动中要观察幼儿掌握的情况,可适时增加计数的难度,使幼儿逐步学会不受物体颜色、大小、形状、排列形式的干扰,正确判断物体的数量、掌握数量的守恒,从而真正理解数的意义。

(2)基数

表示物体数量的自然数或正整数。因自然数有单数和双数之分,所以认识单数、双数可以视为对基数含义的深入理解。

基数概念是幼儿数概念形成的开始和基础。基数的教育主要在小班、中班进行。一般的基数教育活动设计有:会手口一致地点数;学习一些常用量词;掌握 10 以内数的顺序。大班的基数活动设计有:认识 10 以内数的倒数,能够正确区分 10 以内的单数和双数。

(3)序数

自然数可以表示物体的数量,也可以表示物体的次序,当自然数用来表示事物的次序时,称为序数,通常用"第几"表示。

认识序数以认识基数为基础,因此序数的教育一般安排在基数学习之后,一般在中班进行。序数的教育活动设计一般遵循从一个方向的判断开始,然后再逐步进行到从不同的方向判断,最后学习二维判断,即同时从两个方向来判断。指导幼儿活动时,要教会幼儿判断序数的方法;利用教具多种样式的排列帮助幼儿明确计数方向;让幼儿体验基数和序数的转换。

(4)数序

自然数的顺序。每个数在自然数中都是按照后面的一个自然数比前面一个自然数多 1 的规律排列起来的。数序指的是每一个自然数在自然数列中的位置以及与相邻两数之间大小的关系。

幼儿在学习计数的过程中,已经对数字的顺序有了一些初步认识。但开始学习计数时,往往是在一个数词与另一个数词之间机械地建立起联系,并不明白数的顺序关系。幼儿通过不断的操作活动,如比较实物数量的多少和给实物排序等活动,可逐渐掌握数的顺序关系。在幼儿园中,在中班、大班进行数序的学习。数学的活动设计以操作活动为主:通过操作知道10以内自然数列中相邻两数之间多1和少1的等差关系;学习10以内的相邻数,知道相邻数之间的等差关系。设计教育活动时要注意,幼儿数概念发展的一个关键经验就是运用数序的观念排出10以内的自然数列,理解数列中数的顺序和数差关系对数字的顺序,从根本上说是和"多1"的概念联系起来的。在学习整体数列之后,开始学习相邻数。

2.10以内数的组成和加减运算的活动设计

幼儿在发展数概念的同时,计算能力也在逐步地发展着,而且与数概念的发展有着紧密的关系。幼儿计算能力的发展具有一定的顺序性和阶段性。

(1)10以内数的组成

数的组成是指自然数列中除1以外的任何一个数,都可以分成两个部分,这两个部分数又可以合成原来的数。也就是说,一个数(总数)可以分成几个部分数,几个部分数又可以合成一个数(总数)。幼儿学习数的组成,只是学习一个数与两个部分数之间的分合关系。

幼儿掌握数的组成既是数群概念的发展基础,也是进一步理解数之间关系的标志。幼儿对数的组成的理解比对基数、序数的理解晚一些。因为要理解数的组成,一定要理解基数,要有初步的数概念,并且要有一定的分析、综合和比较能力,幼儿必须掌握并运用集合与子集、子集与子集之间的关系,其中包含可逆的过程,还包含整体和部分的关系。

数的组成的学习,有助于幼儿对其中蕴含的数量关系的感知和理解。掌握数的组成可以使幼儿从整体与部分的关系中理解数与数之间的关系,不仅能加深幼儿对数概念的理解,也能提高幼儿的思维能力。学习数的组成是理解加减运算的基础。

设计数的组成活动时要注意:让幼儿理解数的组成的实质是数群和子群之间存在等量关系、互补关系、互换关系的反映。幼儿数的组成教育以操作活动为主,让幼儿在操作中理解组成的含义,理解上述三种关系的意义。一般先用实物练习分与合,同时用数字表示出来,然后过渡到直接用数字进行分合练习。

等量关系,即总数可以分成相等或不相等的两个部分数,两个部分数合起来等于总数。

互补关系,即在总数不变的情况下,一个部分数逐渐减少或增加,另一个部分数就逐渐增加或减少。

互换关系,即两个部分数交换位置,总数不变。

由于数的组成实质上是一种概念水平上的数运算,因此要引入运算符号,这种数运算也就变成了形式上的加减运算。例如幼儿把4分成3和1,以及将3和1合起来是4时,就可以导出"3+1=4""4-1=3"。因此,学习数的组成可以为幼儿学习加减运算积累感性经验。幼儿在抽象水平上掌握数的组成之间的数群关系,也就直接成为掌握加减运算中数群关系的基础。4岁之前的幼儿不能理解数的组成,5岁以后,幼儿能初步理解数的分合,但不全面、不稳定,表现为常常漏掉某一种组成形式,并且对互换关系的实际意义不太理解。5岁半以后,幼儿对数的组成的理解能力发展较快,6岁半左右能基本掌握数的组成。所以在幼儿园数学活动中,小班、中班不进行数的组成教育,中班下学期可以进行简单的渗透,大班开展数的组成教育。

(2)学习10以内的加减法

学习10以内的加减运算,目的是让幼儿初步理解加法(求和)、减法(求差)的含义。幼儿要掌握10以内整数的加减运算,并会以此解决日常生活和游戏中遇到的实际问题。

幼儿计算能力是在各种活动中以及成人的教育影响中逐步发展起来的。3岁以下的幼儿对加减运算基本上处于朦胧状态。3岁以上的幼儿开始进入加减法的实物操作阶段。4岁左右的幼儿一般会自己运用实物进行加减运算,但在进行加减运算时,需要将表示加数和被加数的两堆实物合并,再从第一个开始一个一个地逐一点数后说出总数。在进行减法运算时,幼儿也一定要把减掉的实物部分拿掉,再逐个数剩下的物体个数,得到剩余数。5岁以后,幼儿学习了顺数和倒数,能够将顺数和倒数的经验运用到加减运算中去。这时,多数幼儿可以不用摆弄实物,而用眼睛注视物体,心中默默地进行逐一加减运算。5岁半以后,随着幼儿数群概念的发展,特别是学习了数的组成以后,幼儿在教师的引导下,开始运用数的组成知识进行加减运算,从逐一加减向按数群加减的水平发展。

10以内加减法的教育活动设计要从通过实物进行运算发展到运用表象进行运算,最后到运用符号进行列式运算。小班不进行运算能力的教育,在中班、大班进行加减运算能力的教育。开始运用实物进行教育时,要注意幼儿在计算总数时,点数要准确。口述应用题时,要使幼儿理解加减法的含义,感知加减之间的互逆关系,认识运算符号及加减算式并知道算式表示的意义。进行符号运算时,要让幼儿由感知动作水平、形象表象水平上升为感知抽象水平,使幼儿掌握更多的运算技巧和方法。

(三)几何形体系列教育

几何形体是对客观物体形状的抽象和概括,具有普遍性和典型性。数学概念中的形包含平面和立体两部分,几何图形是指点、线、面以及它们的集合。平面内由点、线、面构成的图形叫平面图形,是在同一平面内的图形,没有厚度;由空间点、线、面构成的图形叫立体图形(三维空间),是由面围成的封闭的图形,有长、宽、高。

幼儿认识几何图形的难易顺序是先平面图形后立体图形。认识平面图形的一般顺序是:圆形、正方形、三角形、长方形、半圆形、椭圆形、梯形等。认识立体图形的顺序是:球体、正方体、圆柱体、长方体等。幼儿在认识几何图形时,经常把几何形体和实物混淆,且形与体不分。例如"圆的",既包括圆形、椭圆形,也包括球体;"方的",包括正方形、长方形、正方体、长方体。幼儿往往还受图形大小、排放形式的影响,不能正确判断图形。

几何形体的设计要考虑幼儿认识几何形体的顺序,要先认识平面图形,然后认识立体图形。幼儿在充分感知几何图形的基础上,认识几何图形并能说出几何图形的名称。所以教师在教学设计中,应让幼儿看、摸、感知有形物体,再逐步抽象出平面图形,并用正确的语言表达。然后通过图形分类,帮助幼儿了解图形的主要特征并初步理解图形之间的关系。

几何形体的认识有些难度。帮助幼儿认识几何形体时,可先让幼儿充分地观察、触摸、摆弄几何形体,感知几何形体的特征,然后通过和平面图形进行比较来认识几何图形,给几何图形命名。

(四)时间、空间概念的教育

时间、空间概念的认识对于幼儿来说是有一定难度的,幼儿理解时间、空间的概念时有明显的自我性,以自我为主体,然后逐渐过渡到客观地认识时间、空间。

1. 时间概念的活动设计

时间是物质世界运动变化过程的持续性和顺序性。任何客观物质都要经过一个持续发展的过程。时间具有流动性、不可逆性、连续性、均匀性、无直观性、相对性等特点。

幼儿认识时间概念有自身的特点,容易受生活经验的影响;容易受知觉的影响,把时间和空间等同起来理解;容易理解短的周期时间顺序,表达时间的词语发展存在一定困难。在进行教学活动设计时,要遵循幼儿认识时间的特点,按照幼儿对时间概念认识的发展规律,逐步理解和掌握单位时间的词汇和含义。

幼儿掌握时间比较困难,一般把时间同具体的事件结合在一起。教幼儿认识时间,主要是通过日常生活、游戏等进行的。设计教育活动时,不论哪个年龄段的幼儿,让他们理解表示时间阶段(单位)的词汇时,都要将它们与幼儿日常生活中的活动、具体时间以及幼儿的生活经验联系起来,使幼儿对时间的认识建立在生动的、直观形象的基础上。

小班的时间认识一般是认识早上、晚上、白天、黑夜,并能运用这些词汇。教师可以把一天的各个部分与幼儿的具体活动结合起来,通过提问帮助幼儿理解具体的时间概念。例如通过提问"天亮了,小朋友起床了是什么时候?""在幼儿园和小朋友上课做游戏是什么时候?"来认识早上、白天等的概念。先认识早上、晚上的时间概念,然后再认识白天和黑夜。利用图画书等帮助幼儿理解"一天"的时间概念,认识一天的各组成部分之间是连续的、不可分割的。

中班的时间认识是昨天、今天、明天、星期等。教幼儿认识昼夜的交替等时间概念时,也应结合幼儿生活经验,选择幼儿感兴趣的、印象深的事情,提出问题,进行交谈。例如教师可以问幼儿"昨天玩什么游戏了?""今天我们做什么了?""我们哪天要去春游?",通过这些谈话加深幼儿对时间的理解,同时通过日常活动强化对时间的认识。幼儿理解时间的概念需要一段时间,需要不断反复的过程,这样才能很好地理解时间的具体概念。

大班的时间认识可以是对具体的钟表、整点、半点、日历的认识。时钟的认识是大班幼儿时间概念中的一个重点和难点,可以对幼儿进行时钟认识的讲解,引导幼儿了解时钟的用途,认识钟面的结构,演示讲解时针、分针转动的方向和规律,认识整点和半点,在日常生活中巩固对时间概念的具体认识。

2. 空间概念的活动设计

空间是客观世界运动着的物质存在的基本形式。客观世界中的任何一种物体都存在于一定的空间之中,都占有一定的位置并且与周围的物体之间存在着相互位置关系,称之为空间。空间方位是指对客观物体的相互位置关系的认识,也是狭义的空间概念。幼儿园中学习的就是狭义的空间概念。对于空间方位,一般用上下、前后、左右等词汇来表示。

物体位置的辨别需要有一个基准,就是以什么为基准来确定客体的空间方位。基准不同,空间方位就截然不同。所以在帮助幼儿辨别空间方位时,确定基准是十分必要的。物体的空间方位关系是相对的、可变的和连续的。上下、前后、左右是相对的概念。幼儿对空间方位关系的辨别有赖于自身思维能力的发展,特别是幼儿思维的相对性的发展。

空间方位的教育活动设计要遵循幼儿辨别空间方位的顺序:上下、前后、左右,并且是以自身为中心的定位逐渐过渡到以客体为中心的定位。在进行以客体为中心区分上下、前后、左右的教学设计时,教师可以运用演示和幼儿观察比较的方法,还可以运用操作和游戏的方法。同时,教师可以通过确定不同的物体作为主体进行比较,采用改变主体位置的方式让幼儿在演示性操作中感知和理解空间方位的相对性、连续性、可变性。

小班的幼儿只能辨别上下、前后,只能理解自己能直接感知的狭小区域的空间方位。例如自己身体的前后和正对着自己的物体等的空间方位。对于不是正对着自己身体的物体,就无法辨认。所以,设计小班教育活动时,要以幼儿的身体为基准,辨别空间方位。

中班幼儿的空间概念发展最快,幼儿能够熟练地辨别上下、前后,并开始以自己为中心辨别左右方位,能够辨别较远距离的物体和稍偏离上下、前后、左右方位的物体的方向。设计教学活动时,可以考虑幼儿发展的实际情况,增加难度,逐渐过渡到以客体为基准。

大班幼儿能够熟练地辨别上下、前后,并能以自我为中心分辨左右,判断自我与物体之间的左右关系。在此基础上,能够以客体为中心辨别左右。由于幼儿对对面客体的左右方位认识与对自己左右方位的认识正好相反,所以理解起来比较困难。在开始对幼儿进行左右方位教学时,尽量不以对面的物体为中心来分辨左右。

(五)幼儿数学教育活动的指导

幼儿数学教育活动大多是以集中教育活动的形式进行的。因为集中教育活动能够集中地实现教育目标,教师比较容易组织全班幼儿的学习活动。在幼儿数学教育中,多数教学内容需要教师在集中教育活动中进行演示、讲解、讨论,引导幼儿学习。小组活动、区角活动等是对集中教育活动内容的巩固和提高。

1. 引导幼儿主动学习

教师在进行数学教育活动时,要注意运用各种教学方法,引起幼儿学习的兴趣。可以通过游戏的形式引导幼儿学习。例如"送图形回家",把圆形、三角形等图形按照要求一一对应地送回到"家"里。也可以直接提出问题,激发幼儿的好奇心和探索的愿望。

2. 为幼儿提供足够的时间和空间

在数学教育活动中,操作活动是经常运用的教学方法。在幼儿进行操作的过程中,教师要给予幼儿足够的时间和空间,让幼儿充分地尝试和探索,寻求解决问题的方法,并感受和发现其中的数学关系。在幼儿活动的过程中,教师要仔细地进行观察,了解幼儿活动的过程和活动特点,必要时给予幼儿鼓励和指导。在幼儿进行操作时,教师要让幼儿充分地尝试和探索,让幼儿自己找到更快、更多的解决问题的方法。

3. 帮助幼儿形成系统化的知识经验

对于幼儿在活动中获得的经验,教师应帮助幼儿归纳,使幼儿获得的零散、点滴的经验得到及时的整理。在经验整理的过程中,将幼儿获得的经验系统化、概括化,并形成一定的结构,这样幼儿能够运用已有的知识经验去学习、吸收新的知识。形成结构的知识经验,不仅易于储存,也便于今后使用时的检索和提取。

4. 数学知识的讲解要准确

在数学教育活动中,一些数学知识是教师直接指导幼儿进行学习,在学习的过程中,教师讲授的知识要准确,不能有偏差。

在幼儿数学教育中,有些数学知识、技能需要教师示范、讲解、指导幼儿学习。例如认识和书写阿拉伯数字;认识一些数学符号(加号、减号、等于号等)。

新的数学活动或游戏,教师需要在进行前集中讲解、演示,让幼儿明确在活动中要做什么,怎样去做。

幼儿对一些数学关系是难以独自发现和感知的,需要教师结合幼儿生活中的经验或设计一定的情景,引导幼儿观察、讨论,使幼儿对数学关系有所感知和体验。

5. 教师的提问要有逻辑性

数学教学离不开师生之间的互相交流,师生之间互相交流的常用方法就是问答。问答是一种互动行为,因为在教师的提问行为中,有幼儿行为的介入。教师在提问时要注意以下问题。

(1)教师的提问要清晰

教师的提问要清晰、准确,问题不能太难,要让幼儿知道应该回答什么。教师一次只能提出一个问题,这样幼儿才能记住并思考教师提出的问题。

(2)给幼儿思考问题的时间

教师把问题提出来以后,应该让幼儿有短暂的思考时间,然后再请幼儿回答。问题提出后,立刻让幼儿回答,幼儿常来不及思考,同时会紧张,影响回答。

(3)对幼儿的回答要及时肯定

幼儿回答问题后,不论是对是错,教师都要积极地回应,表示对幼儿的肯定。如果幼儿未能正确回答,教师可以提供线索,引导幼儿回答。或者将问题分解为小问题,降低难度,使幼儿容易回答。

6. 指导要有针对性

幼儿数学教育的活动形式有许多种,在指导数学教育时,要根据幼儿的实际情况,有针对性地进行指导。例如小组活动中,教师要针对不同幼儿的发展水平,为幼儿创设良好的数学学习环境,提供充分的、多层次的学习材料。这样可以使幼儿有充分的机会选择与自己发展水平相适应的材料进行学习,同时在这一过程中,幼儿之间也有更多的交往和学习机会。

在区角活动中,教师要向幼儿介绍新材料的使用方法、新活动的要求与规则,使幼儿知道怎样做、怎样玩。同时要注意幼儿之间存在的差异,教师要进行个别指导。

第二节 幼儿园艺术领域活动设计

一、幼儿音乐教育的目标、内容

幼儿音乐教育活动是有目的、有计划的教育活动。音乐教育能够丰富幼儿的情感,培养初步的感受美、表现美的情趣和能力。

(一)幼儿音乐教育的目标

幼儿音乐教育的目标是对幼儿音乐教育预期达到标准的一种期望,目标不仅制约着音乐教育的整个实施过程,也是一切音乐教育行为的出发点和归宿。确立幼儿音乐目标主要依据的是幼儿音乐发展的特点和规律,社会对幼儿音乐教育的要求,以及音乐教育学科本身的特点。

1.幼儿音乐教育的总目标

幼儿音乐教育的总目标和年龄阶段目标与美术教育的一致,都是艺术领域的目标。只是在音乐教育、美术教育两个方面各自有学科本身的特征。

2.幼儿音乐教育的分类目标

幼儿音乐教育的分类目标结合《指南》中对艺术教育目标的定位和要求,结合幼儿音乐教育的实施,分为认知目标、情感目标、技能目标。

(1)认知目标

幼儿音乐教育的认知目标,可以从掌握幼儿音乐教育中各种有关的音乐知识入手,以及认知能力方面的发展要求。例如"能正确地唱准曲调""能认识各种打击乐器"等。

(2)情感目标

幼儿音乐教育的情感目标包括幼儿在音乐教育中的情感体验和表达能力的发展,以及对音乐活动的兴趣和爱好的发展。例如"喜欢歌唱""喜欢参加打击乐的演奏""乐意参加舞蹈活动,并体验到快乐"等。

(3)技能目标

幼儿音乐教育的技能是指在音乐教育中,幼儿用身体动作进行音乐体验和表达的能力。例如"能够掌握基本的歌唱技能""能够跟随音乐节拍做动作"等。

(二)幼儿音乐教育的内容

幼儿音乐教育的内容包括四个方面:歌唱活动、韵律活动、打击乐活动、音乐欣赏。幼儿音乐教育的四个方面各自独立又相互联系。

1.歌唱活动的内容

歌唱是人类表达、交流思想感情最自然的方式之一,更是幼儿表达自己思想情感的一种方式。对于幼儿来说,歌唱是他们日常生活中不可缺少的一个重要组成部分。歌唱既能给幼儿的生活带来无穷的乐趣,同时它还具有中介的教育价值,能在潜移默化的审美熏陶中陶冶幼儿的情操、启迪幼儿的心智、完善幼儿的品格。因此,歌唱是幼儿音乐教育的一个重要内容。

(1)歌唱的基本知识与技能

①保护嗓音

关于保护嗓音的一些基本常识,也应及早地让幼儿掌握。例如,不大声喊叫着唱歌;不在剧烈运动时或剧烈运动后大声地唱歌;不长时间地连续唱歌;不在空气污浊的环境中唱歌;不在咽喉发炎时唱歌等。关键是要及时教给幼儿正确的唱歌发声方法。

②姿势

正确的唱歌姿势是指无论是站着还是坐着唱歌,都应保持身体和头部的正直、放松;两臂自然下垂或放在腿上;两眼平视,两肩放松;口型保持长圆形,嘴唇的动作要求自然,根据正确的咬字及发声的需要适当地张开嘴,应避免嘴角向两边延伸成扁圆形。

③呼吸

呼吸是唱歌的动力。唱歌时有气息的支持,才能保持或延长歌声。唱歌时正确的呼吸方法应该是自然地吸气,均匀地用气,并尽量在呼吸时一次吸入足够的气息并保持住,然后在演唱时根据乐句和表情的需要慢慢地、有节制地运气。另外,在呼吸的时候还应注意不抬头、不耸肩、不发出很大的呼吸声,一般不在乐句的中间换气,必须按照一定的乐句规律来换气。

④发声

正确的发声方法是使歌声优美、动听的基本要求。要使幼儿学会用"自然美好的声音"来唱歌,就必须运用一定的发声技巧。首先,幼儿的下巴放松、嘴巴自然打开,用自然的声音唱歌。其次,不大声喊叫,也不过分地克制音量。一些害羞、胆小、自卑的幼儿往往在唱歌时非常拘谨、紧张,而一些表现欲望强的幼儿往往会大声喊叫着唱歌,这些都是要加以纠正的。

⑤咬字

唱歌和说话一样,需要咬字清楚,才能表情达意。但由于受到歌曲旋律和节奏的影响,对幼儿来说,唱歌时的咬字比说话和念儿歌困难。有的幼儿会因为吐字器官配合不当,出现个别字音咬不准的情况;有的幼儿由于对歌词词义的不理解而吐字含糊不清;还有的幼儿由于歌曲速度快、个别乐句节奏短促或一字多音而产生吐字方面的困难等。针对这些情况,要教给幼儿正确的吐字方法。这可以从培养吐字器官(唇、齿、舌、喉)的相互配合开始,所以小班的歌唱活动一般是以"歌唱韵律"的形式来组织的。

⑥协调一致

协调一致是指在集体歌唱活动中,幼儿能够掌握一些正确的与他人合作的技能。首先,表现为歌唱时不使自己的声音太突出,能够有意识地将自己的歌声和谐地融入集体的歌声之中;其次,在接唱、轮唱、二声部合唱等不同的表演中,能够做到准确地与其他幼儿、其他声部相衔接,保持音量、音色、节奏、力度等方面的协调,以及声音表情、脸部表情和动作表情方面的和谐一致。而集体唱歌协调一致的训练是在幼儿成长的过程中逐渐提出要求,以达到目标,对年龄小的幼儿应该只提基本要求。

(2)歌唱的基本表现形式

不同的歌唱表演形式可以表达出不同的演唱效果。在幼儿的歌唱活动中,可根据歌唱者的人数及合作、表演方式的不同,将歌唱的形式分为以下几种。

①独唱

独唱是指一个人独立地唱歌或独自演唱。

②齐唱

齐唱是指两个或两个以上的人在一起整齐地唱同一首歌曲,这也是幼儿园集体歌唱活动的一种最主要的形式。

③接唱

接唱是指将一首歌曲分为几个乐句,由幼儿分组轮流一句一句地演唱。

④对唱

对唱是指个人与个人、小组与小组间以问答的方式各自唱歌曲中的问句和答句。

⑤领唱

领唱是指由一个人或几个人唱歌曲中比较主要的部分,集体唱歌曲中配合的部分。

⑥轮唱

轮唱是指两个声部按一定间隔先后开始唱同一首歌曲。

⑦合唱

合唱是幼儿歌唱学习中的重要音乐体裁,是指两个不同声部相配合的集体演唱形式。合唱有助于培养幼儿的合作能力,有助于幼儿美化心灵、扩大视野、陶冶情操和身心健康地发展。

2.韵律活动的内容

在幼儿音乐活动中,音乐与身体动作常常是不可分割的。随着音乐进行身体动作活动,不仅是幼儿学习音乐、学习舞蹈、体验和表达情感最自然的方式,也是幼儿音乐教育的一项极其重要的内容。韵律活动在幼儿园教育活动中,占有非常重要的地位。

(1)幼儿韵律和舞蹈活动

著名的音乐学家奥尔夫说过:"音乐教育应该始于工作。"所谓的韵律和舞蹈活动是指在音乐的伴奏下,以协调性的身体动作来表现音乐的活动,是一种常规性的音乐教育活动。在实际的幼儿音乐教育活动中,身体动作和音乐往往是密不可分的,动作是幼儿表达和再现音乐的一种最直接而自然的手段。韵律和舞蹈活动既能满足幼儿对音乐的参与、探究的需要,获得表现和交流的快乐体验,又能够促进幼儿身体运动能力和协调性的发展以及音乐感受力、表现力和创造力的培养。因此,幼儿韵律和舞蹈能力的发展是一个渐进的过程,体现出一定的年龄特点。此外,要结合幼儿生理机能的发展来设计活动的韵律和舞蹈动作的内容,幼儿韵律和舞蹈活动的主要内容是学习音乐伴奏下的韵律动作和舞蹈。

(2)韵律和舞蹈活动的基本技能类型

①律动

律动是在音乐伴奏下的韵律动作,可分为基本动作、模仿动作和舞蹈动作。

基本动作是指幼儿在反射动作的基础上发展起来的日常生活动作。例如走、跑、跳、拍手、曲膝、晃手等。

模仿动作是指幼儿模仿特定事物的外在形态和运动状况所做出的身体动作。内容如下：动物的动作——鸟飞、兔跳、鱼游等；自然形象——花开、风吹、下雨等；日常生活的工作——洗脸、梳头、照镜子等；成人劳动或活动的动作——摘果子、锄地、骑马、打枪等；幼儿游戏中的动作——坐跷跷板、拍皮球等。

舞蹈动作是指幼儿要学习和掌握的舞蹈表演动作，主要是一些基本肢体、步伐动作。例如：小班幼儿要掌握碎步、小跑步；中班幼儿在此基础上要掌握跳步、垫步、侧点步、踵趾小跑步、踏点步、踏踢步；大班幼儿要掌握进退步、交替步、溜冰步、跑跳步、跑马步、秧歌十字步等。除此之外，还包括一些简单的手和臂的动作。例如：中班幼儿要学习和掌握"手腕转动"；大班幼儿则学习基本的"提压腕"，手臂的动作主要是平举、上下摆、弯曲和划圈等，这些也属于专业性舞蹈动作学习的内容，有一定的技术难度要求，所以，在常规性的幼儿韵律活动中，使用频率不多，大多是为了韵律活动的完整性而运用。

②律动组合

律动组合是指按照一首结构相对完整的乐曲组织起来的韵律动作组合。一般可分为身体节奏动作组合、模仿动作组合。

身体节奏动作组合是指最基本的身体动作的组合。例如击掌、跺脚、拍腿、捻指等身体动作组合，其动作本身没有特别的意义，注重的是动作的节奏性。

③幼儿舞蹈

幼儿舞蹈的专业学习要遵循幼儿年龄和身体的发育情况，科学地进行指导和练习。幼儿舞蹈专业学习包括芭蕾舞、民族舞、国标舞、集体舞等。幼儿基本舞蹈训练、幼儿基本舞步的学习主要以模仿、练习为主，使幼儿懂得幼儿舞蹈的基本知识（包括特点、风格及类别），掌握一定的舞蹈基本动作及舞蹈训练的一般规律，增强良好的舞蹈审美情趣，并在学习、表演中获得丰富的艺术审美经验。幼儿舞蹈的内容主要有舞蹈动作、舞蹈动作组合。

舞蹈动作是指经过多年文化积淀，已经基本程式化的艺术表演性动作。幼儿要学习和掌握的舞蹈动作，主要是一些基本舞步和肢体动作：芭蕾舞的基本动作、民族舞的基本动作、国标舞的基本动作等。

舞蹈动作组合是指以舞蹈动作为主的韵律组合。它比较注重动作的组织结构，可以有表现简单情节的表演舞组合，也可以有结构较自由、松散的自娱舞组合和以队形变化、舞伴间交流为主的集体舞组合。除此之外，还有芭蕾舞组合、民族舞组合（包括秧歌舞组合、铃鼓舞等）、国标舞组合（包括牛仔舞、恰恰等）、环操、绳操等。

幼儿舞蹈是动作艺术。它是以经过提炼加工的人体动作作为主要表现手段，运用舞蹈语言、节奏、表情和构图等多种基本要素，塑造舞蹈形象，表达人们思想感情的一种表演艺术。幼儿舞蹈的表现形式主要有集体舞和表演舞。

集体舞是幼儿园舞蹈律动的一种重要表现形式，是许多小朋友参加的、有一定的队形和规定动作并可交换舞伴的舞蹈形式。它是幼儿交流和分享音乐感受的一种很好的形式。

表演舞是集歌唱、舞蹈、表演于一体的综合表演形式，通过综合艺术的表现形式来反映幼儿的思想情感,主要特点是用肢体动作、面部表情等表达音乐形象和歌曲内容。幼儿在表演的过程中,聆听悠扬的旋律,感受优美的舞姿,从而得到艺术的熏陶。

(3)韵律和舞蹈活动的道具

在幼儿韵律和舞蹈活动中,道具不仅能增强活动的艺术性,还可以辅助幼儿更有效地参与活动。所以,在为幼儿韵律和舞蹈活动选择道具时应注意以下几点。

①艺术表现力

在专业舞蹈活动中,通过专业的舞蹈道具来配合舞蹈动作的编排,使音乐表现更准确、丰富,同时帮助幼儿展开一定的想象,促使幼儿对动作和音乐的表现更充分。

②制作简单,操作便捷

在韵律歌唱活动中,可通过制作简单的小沙锤(酸奶瓶里装上大米或豆子)开展韵律操活动,充分有效地锻炼幼儿的手腕运动能力,并锻炼其节奏感。

3.打击乐活动的内容

打击乐教学是幼儿园音乐教学的一个重要组成部分。打击乐教学不仅要帮助幼儿初步掌握乐器演奏的一般知识和技能,增强节奏感,而且要增强幼儿对音色、曲式结构、多声部表现力的敏感性,培养幼儿基本的合作意识、合作能力、创造意识、创造能力、组织纪律性等,并让幼儿在活动中获得欢快、成功的体验。在打击乐活动中,节奏尤为重要。如果不能准确地打出各种节奏型,就不能整齐协调地演奏。所以,教师应根据幼儿的年龄特点和乐曲特点,选择适合幼儿的打击乐曲,让看似抽象的节奏变得轻松易学,让幼儿享受打击乐活动的快乐。

(1)打击乐曲

幼儿音乐教育的打击乐曲主要有两种:一种是纯粹的打击乐曲,即专门为打击乐器创作或仅由打击乐器来演奏的乐曲;另一种是特定的歌曲或器乐曲。幼儿音乐教育活动中的打击乐作品一般是特定的歌曲或器乐曲。这种作品一般包括特定的歌曲或器乐曲和配器方案两部分。配器方案就是根据特定的歌曲或器乐曲,专门创作的打击乐器演奏的方案。配器方案一般由专业的音乐工作者创作,有的是教师根据音乐作品创作的。

(2)打击乐器演奏的简单知识技能

掌握打击乐器演奏的简单知识技能是幼儿进行打击乐演奏的前提。幼儿可以学习的有关打击乐器演奏的简单知识技能主要有:乐器和乐器演奏的知识技能、配器的知识技能、指挥的知识技能。

①乐器和乐器演奏的知识技能

幼儿音乐教育中,幼儿可以接触的打击乐器主要有大鼓、铃鼓、串铃、腰铃、碰铃、三角铁、钹、锣、木鱼、双响桶、沙球、木琴等。要让幼儿了解这些乐器的名称、形状、质地、音色特征及一般持握演奏方法等。由于相同或相似材料制作的乐器,在音色、音响上具有很多的共性,因此使用中可以相互替代。

②配器的知识技能

在幼儿音乐教育中,配器主要是指教师引导、组织幼儿用集体讨论的方式,选择适当节奏型以及合适的乐器,为幼儿熟悉的歌曲或乐曲设计伴奏的一种活动形式。一般有按音色分类配器、按表现需要选择合适的节奏型和选择配器方案。

③指挥的知识技能

幼儿打击乐的指挥内容主要是如何与人沟通、与人合作,以及如何与人相互协调。因此,幼儿一般情况下不必学习专业性的指挥起势、收势和划拍,而只要学习如何自然地开始、结束、轮流、交替和击打出所要求的节奏型,必要时还可用相应乐器演奏方式的模仿动作作为指挥动作,例如在指挥碰铃演奏时,教师可以用双手轻轻相触的方式指挥。

(3)打击乐器记谱法

常用的打击乐器记谱法主要有图形记谱法、语言记谱法和动作记谱法三种。用图形、语言、动作等符号记录设计的配器方案,谱子比较直观,内容简单明了,因此一般幼儿园已经普遍使用。

(4)打击乐器的演奏常规

打击乐器演奏要有常规性的动作,便于幼儿准确地演奏和变换演奏乐器。一般有开始、活动过程、结束三部分常规活动。例如,整齐地将乐器拿出或放回、乐器没有演奏前不要发出声响、看指挥、积极与指挥交流、注意倾听音乐、交换乐器等。

二、幼儿音乐教育活动的设计与指导

幼儿音乐教育活动的设计就是根据一定的音乐教育目标,选择符合幼儿年龄特点和教育规律的音乐教育内容和方法,通过各种组织形式对幼儿实施音乐教育与影响的方案。幼儿园音乐教育的形式是多种多样的,在教育过程中,教师应针对具体的教育内容,设计教学方案并进行指导。

(一)幼儿歌唱活动的设计与指导

歌唱是幼儿音乐启蒙的一个重要手段,是幼儿音乐教育的核心内容,是幼儿进入音乐天地最自然的途径。根据幼儿的年龄特点,结合幼儿音乐教育活动,探索科学的歌唱教学途径和方法,在歌唱活动中培养幼儿对歌唱的兴趣,使幼儿学会歌唱的基本方法以及具备创新的能力,能够享受歌唱带来的愉悦。

1. 幼儿歌唱的年龄特点

不同年龄段的幼儿歌唱的要求不同,这是根据幼儿歌唱的年龄特点来决定的。幼儿的歌唱能力是与说话能力的发展平行的,从牙牙学语开始,逐渐从近似唱歌,发展到能唱音域合适的歌。

(1)小班幼儿歌唱的特点

小班幼儿喜欢歌唱,尤其会对那些富有喜剧色彩、情绪热烈的歌曲产生浓厚的兴趣。这一时期的幼儿一般都会唱几首简单的歌曲,有的甚至会即兴哼唱一些自己编的旋律和短句,然而自己编的歌曲的曲调带有很大的模仿性,在教师的正确指导下,大致能唱准旋律。

(2)中班幼儿歌唱的特点

中班幼儿的语言有了一定的进步发展,已经能够完整地再现一些简短的歌曲和较长歌曲中比较完整的片段。但在歌词的理解方面还有一定困难,会出现错字、漏字的现象。中班幼儿在唱他们所熟悉和理解的歌曲时,可以做到用速度、力度、音色的明显变化来表现歌曲中的不同形象和情绪。

(3)大班幼儿歌唱的特点

大班幼儿一般已经可以比较完整准确地再现熟悉歌曲的歌词,唱错字、发错音的情况会大大减少。对歌曲中由二分、四分、八分音符构成的一般节奏已掌握较好,甚至能较好地掌握带附点的节奏和切分节奏。到了大班末期,大多数幼儿能够比较自如地把握常见的幼儿歌曲的节奏,不管歌曲速度是快还是慢,都不会影响他们把握节奏的准确性。

大班幼儿在音准把握能力上有了一定的进步发展,都能基本唱准曲调;他们一般能够学会呼吸时自然而迅速,不耸肩,不发出很响的吸气声。大班幼儿对歌曲的形象内容、情感的体验与理解能力也会在一定程度上得到增强。幼儿积极主动地在歌唱中用声音变化来表达感情,还能积极争取使自己表现得更独特和完美。一些能力强的幼儿还能够对熟悉歌曲的节拍、节奏做出变化,甚至能够独立地即兴哼唱出相对完整的新曲调。

2.幼儿歌唱活动的设计

(1)范唱

范唱是教师把新教材正式介绍给幼儿的过程。教师的范唱不仅应有正确的歌唱技巧,如正确的姿势、呼吸,清楚的吐字,准确的旋律与节奏,适当的表情等,还应当为幼儿树立良好的榜样,并且怀着对幼儿、对歌曲的真挚感情来演唱,使幼儿真正受到音乐艺术的感染。幼儿对听教师富有感情地唱自己所喜爱的歌曲,往往比听声乐技巧高超的歌唱家的演唱更加偏爱、备感亲切。

(2)学唱新歌

学唱新歌的方法多种多样,教师可以根据歌曲的特点和本班幼儿的年龄特点灵活选用。

①介绍歌曲

有的歌曲相对来说歌词比较长,也比较复杂,一般来说,可以先教幼儿掌握歌词,这样,歌词的难点往往就迎刃而解了。教师可以通过提问的方法将歌词串起来,以此引导幼儿记忆歌词、掌握歌词。而有些歌曲比较简单,同样一段旋律有几段押韵、相似的歌词,这样的歌词通常只需先教一段,待幼儿体会到了歌词韵律节奏之间的关系,再把第二段、第三段歌词告诉幼儿,幼儿学起来就会很快。

②熟悉歌曲节奏

有些歌曲节奏鲜明,词曲结合朗朗上口,可以采用先教歌曲节奏的方法,熟悉掌握节奏,按节奏学习歌词,进而学会演唱歌曲。如《两只小象》可通过拍手、拍肩等身体动作引导幼儿学习歌曲节奏,再有节奏地朗读歌词、学习旋律并演唱全曲。

③熟悉旋律

有些歌曲旋律简单、流畅,可采用教旋律的方法,由简到难,掌握全曲。如《青蛙》可先教幼儿学会演唱第一句旋律,第二句旋律几乎相同,只改动最后几个音即可。

④分句教唱法

有些歌曲相对来说比较长,乐句结构清楚,可以采用老师教唱一句、幼儿跟一句的方法,由歌词到旋律、再到词曲结合学唱全曲。这种教唱方法的好处在于一句一句跟唱,便于幼儿模仿,但同时这也破坏了歌曲的完整性和要表达的艺术形象,而且一句一句地学唱,也难以促进幼儿的积极记忆和思维等心理活动的发展。

⑤整体教唱法

结构短小、形象集中、单一的歌曲,可以采用整体教唱法,即幼儿从头到尾跟唱全曲。用这种方法教唱,可以保证整首歌曲的意义、情绪、形象的完整性,在学唱过程中能引起相应的情感体验。

在教唱与练习新歌的过程中,教师应注意教会幼儿掌握歌曲中的重、难点,注意培养幼儿的歌唱技能,如正确的歌唱姿势、呼吸方法、发声方法等,以及通过变换演唱形式来增进幼儿练习歌曲的兴趣。歌唱的形式大致可分为独唱、齐唱、接唱、对唱、领唱、轮唱、合唱等。

3. 幼儿歌唱活动的指导

幼儿歌唱活动要适合幼儿的年龄特点、理解水平和接受能力,要发挥音乐艺术美的感染力,使幼儿在轻松愉快的气氛中积极主动地学习。

(1)导入活动的指导

导入新歌的目的是把幼儿的注意力吸引到新歌的题材和意境中去。教师在导入新歌时,可以用故事、谜语、表演等形式,同时注意幼儿的发声练习,让幼儿自然地进入新歌的学习过程中。

(2)帮助幼儿熟悉、记忆歌词

教师可以按照歌词的内容进行讲述,让幼儿形象地记忆歌词,然后进行提问,在提问中熟悉、记忆歌词。还可以利用图片、直观教具,帮助幼儿记忆歌词。

节奏朗诵是一种既简单又能使幼儿尽快记住歌词的方法,就是教师指导幼儿按照歌曲节奏朗诵歌词,有助于幼儿记忆歌词、旋律、节奏。配合幼儿有节奏的拍手动作,可以使歌词朗朗上口,从而帮助幼儿尽快记住歌词。

(3)学习初步的歌唱技能

教给幼儿初步的歌唱技能,使幼儿能有感情地歌唱,能理解、感受歌曲所表达的感情。幼儿歌唱时有呼吸不正确的现象,教师要及时加以纠正。可以在范唱和教唱时,让幼儿感觉歌曲的句子、段落结构等,并注意进行正确示范。幼儿在咬字、音准等方面的问题也要及时纠正。同时还要注意让幼儿用自然的声音、自然的面部表情和自然的身体动作来表达歌曲的情感。

(4)注意对幼儿创造能力的培养

在歌唱教学活动中,教师应该尝试培养幼儿的创造力。可以采用多种形式,调动幼儿歌唱的积极性。可以让幼儿为歌曲配动作、为歌曲增编歌词等,培养幼儿的创造力。在编歌词的活动中应注意,选择那些歌词结构整齐、重复较多的歌曲进行练习,由易到难、由少到多,逐步培养幼儿增编歌词的创造力。

(二)幼儿韵律活动的设计与指导

韵律活动就是幼儿随着音乐进行的各种有节奏的身体动作。韵律活动可以使幼儿的情绪、心理需求获得满足,可以促进幼儿想象力、表现力和创造力的发展,并让幼儿获得一定的快乐。

1. 幼儿韵律的年龄特点

韵律活动能力是指在音乐的伴奏下,以协调的身体动作来表现音乐形象的能力。韵律活动能力的发展,依赖于一定的动作技能的发展和对音乐的感受能力、理解能力、表现能力。

(1)小班幼儿韵律的特点

小班的大多数幼儿已经掌握了拍手、摇头、晃动手臂、用手指点或拍击身体的部位、点头或摇头、小幅度慢速运动躯干等简单的非移动动作,但腿部力量较弱,脚掌缺乏应有的弹性,身体左右摇摆大,自控力差。

(2)中班幼儿韵律的特点

中班幼儿在韵律活动中,手部动作出现频率较高,运动路线主要以直线、曲线为主,中层次空间的动作出现次数最多,移位式动作很少出现,多数幼儿在自由律动中会出现两种及两种以上动作,比较喜欢做重复动作。多数幼儿具有前奏感、节奏感,而乐段感与乐句感的发展相对滞后,很少出现与同伴合作做动作的行为,都是自己单独做动作。

(3)大班幼儿韵律的特点

大班幼儿对鲜明、有特点的节奏、音响和舞蹈律动具有浓厚的兴趣,节奏性活动是幼儿阶段主要的音乐活动。幼儿的思维以形象思维为主,他们在表现活动中往往会加上自己的主观想象,喜欢夸张新奇的事物,乐于尝试,愿意表现。

大班幼儿能逐步认识到事物之间的一些简单关系和联系,对于事件、情节的表现成为他们在韵律活动中的突出特点。他们喜欢听和讲故事,喜欢聆听和朗读节奏鲜明、有韵律的歌谣,喜欢看情节有趣和色彩鲜明的动画片、木偶剧与儿童剧,喜欢在游戏中再现和表演自己感兴趣的人物表情、动作、情节和活动场面,表演时根据自己的经验和想象不断求新与创造。

2. 幼儿韵律活动的设计

(1)熟悉音乐

韵律活动的音乐应是幼儿熟悉的,幼儿对熟悉的音乐会有亲切感,会降低合拍的难度。可利用倾听的方法熟悉音乐,在倾听后,先处理音乐中节奏、内容、舞蹈动作这些比较难的部分,也就是先把重点处理好。

(2)示范

教师做示范,向幼儿传授没有学习过的舞蹈动作,同时用讲解的方法描述动作的要领,调动幼儿审美的积极性,同时积累舞蹈动作的表象。示范可根据幼儿的需要进行调整,初次示范应起到欣赏的作用,用正常的速度进行示范。幼儿学习的时候,示范的速度要慢,并要重复示范。

(3)幼儿动作练习

幼儿动作练习是韵律活动的主要内容,幼儿通过身体动作来感知、理解、表达音乐,享受表达音乐的快乐。幼儿练习的时候,可以采用动作分解练习的方式,然后组合,与音乐组合。

(4)创造性的表达

在掌握基本动作后,教师可以让幼儿按照音乐的旋律表达自己的意愿,鼓励幼儿自编动作,肯定和鼓励幼儿富有个性的表演。

3.幼儿韵律活动的指导

(1)加强基本动作的指导

韵律活动是由基本动作组成的,如果幼儿掌握得好,学习韵律活动就会比较快,比较容易。所以教师要加强基本动作的练习,但要防止专门化的训练。专门化的训练只注意动作技能的传授和规范,忽视了幼儿学习的特点和教育规律,忽视了情感体验和趣味性。

(2)处理好"教"与"学"的关系

在韵律活动中,教师要给幼儿提供大量的创造机会,激发创造热情,培养创造能力。创造力的培养是建立在"教"的基础上的,教师要启发性地教给幼儿基本动作,然后根据基本动作,让幼儿自主地依赖音乐以及音乐所要表达的内容创编动作。

(3)韵律练习要动静结合

在韵律活动中,教师要将动作与语言相结合,生动、简洁、形象地讲解动作要领。要以音乐为主,不要过多运用语言进行讲解,而要让幼儿尽快地习惯倾听音乐、感受音乐,以提高对音乐的感受力。同时要做到动静结合,在活动中及时调节幼儿身体的适应程度,以消除疲劳,达到保教结合的目的。

(4)培养幼儿的音乐感受力

音乐感受力是指幼儿对音乐节奏的强弱、快慢,音色的明暗及音乐所表达的思想感情等的感受能力。在韵律活动中,教师应当让幼儿多听音乐,培养幼儿对音乐的理解力和感受力。

(三)幼儿打击乐活动的设计与指导

幼儿园打击乐活动的目的是让幼儿体验节拍、节奏以及掌握使用各种乐器的技能,并学会手眼协调地进行演奏。每个幼儿都喜欢敲敲打打,对声音具有一种天生的敏感,打击乐与幼儿这种与生俱来的本能很相配。在活动中,幼儿手、眼、脑、心并用,使大脑建立起复杂的神经联系,让头脑变得灵敏、聪慧。活动中对音乐灵感的寻求,对演奏状况的把握,对作品的处理、分析,都要进行丰富活跃的形象思维活动,使幼儿的观察力、记忆力、想象力、创造力等都得到相应的锻炼和提高。

1.幼儿打击乐的年龄特点

(1)小班幼儿打击乐的特点

小班幼儿逐步掌握了一些主要用大肌肉动作来演奏的打击乐器的使用方法,最容易掌握的是铃鼓和串铃的演奏方法。他们在入园初期,随乐意识和随乐能力都很差,大多数幼儿不能做到基本合拍地随音乐演奏,而且有部分幼儿只顾玩弄乐器而忘记了演奏的要求。3岁末期,不仅大多数幼儿能够基本合拍地随音乐演奏,而且一般幼儿已具备了初步的随乐意识。

(2)中班幼儿打击乐的特点

中班幼儿开展打击乐活动时可以选择节奏鲜明的乐曲,可以 2/4、3/4 拍乐曲为主。许多民族风格的乐曲,如一些少数民族的乐曲,节奏型都比较明显,易于中班幼儿理解把握,同时也可以让幼儿感受不同民族的音乐风情。由于手部动作发育的特点,可以在常见的打击乐器,如:串铃、响板、撞钟、三角铁、铃鼓、木鱼、双响筒、锣、鼓中进行选择。

(3)大班幼儿打击乐的特点

大班幼儿的自控能力、合作能力、接受挑战能力、探索的积极性等方面都有了很大的发展。经过小班、中班系统的教育和熏陶,具有一定的音乐素质。在节奏乐活动中,他们能够通过对音乐、乐器的直接感知以及教师合理有效的调控手段,表现出丰富的感受力和创造力。大班幼儿随着年龄的增长,逐渐将以前对乐器敲打的兴趣转变为操作乐趣和效果乐趣。

2. 幼儿打击乐活动的设计

随乐曲(歌曲)集体演奏的打击乐,在教学中可以有以下两种不同的方式:一种是教师事先选好教材,可以是自己设计编配的打击乐,也可以是别人编配好的教材,然后一步步地教;另一种是在教师的指导下,逐步让幼儿参加活动,共同编配打击乐。后一种方式应在幼儿的节奏感有了一定的发展,对打击乐活动已积累了一些经验的基础上进行,效果才好。

(1)熟悉和欣赏音乐

打击乐曲是根据音乐进行的,倾听音乐是极为重要的一个环节,在告诉幼儿乐曲(或歌曲)的名称、主要内容后,就要引导幼儿仔细听,感受音乐的内容、情绪、性质、力度、速度、风格。

(2)空手练习节奏型

教师带领幼儿以各种节奏动作,如声势动作等,练习各种乐器声部的节奏型,帮助幼儿尽快掌握,以便在较短时间内过渡到使用乐器演奏。要注意的是,空手练习的时间不能太长,在使用乐器的过程中还可继续学习,长时间空手练习会降低幼儿学习的积极性,更重要的是不利于幼儿有更多的机会在集体练习打击乐器的过程中,感受各种乐器的不同音色、音响特点及其在合奏中产生的效果。

(3)介绍乐器的使用名称与方法

在掌握了各声部节奏型的基础上,教师可以向幼儿介绍打击乐的名称,让幼儿去探索乐器的敲击方法,然后再指导幼儿正确使用打击乐器,并引导他们比较、辨别乐器的音色特点。

(4)随着音乐打击乐器

在幼儿随音乐打击乐器的过程中,可以让部分节奏感较强的幼儿先拿乐器练习,随后逐步扩大到其他的幼儿,以互帮互学;或者先分声部练习,等各声部熟练掌握后再合奏。

幼儿在具有一定打击乐经验的基础上,教师还可以有计划地逐步让幼儿与自己共同为乐曲(或歌曲)设计节奏型、选配乐器等,以培养他们创造性地编配打击乐的能力。还可以用故事及游戏来进行打击乐教学,这种方法较适合在小班初期使用,以培养小班幼儿对打击乐的兴趣。

3.幼儿打击乐活动的指导

(1)注意常规的培养

在幼儿园打击乐教学活动中,应注意培养幼儿良好的活动常规,包括训练幼儿看指挥的习惯,注意打击乐器的分发与收回。可以将乐器放在幼儿座椅下面,或现场分发;收回乐器时,可以让幼儿将乐器轻放在座椅下面,或让个别幼儿到每人身边收取,或让幼儿自己放回指定的地方等。

(2)依靠图谱,掌握乐曲节奏的变化

与歌词相比,节奏更为抽象,在节奏乐教学中,图谱法是引导幼儿进行节奏演奏的有效手段,通过图示把音乐内容简单化、形象化,增强直观效果,使幼儿学起来轻松、有趣,能将摸不着的抽象概念演变成形象的图示,使幼儿感受到不同的图示所表达的不一样的含义。教师几乎不用讲解太多,幼儿便理解了。也可以让幼儿以自己的身体为乐器,通过拍手、跺脚、拍腿等动作进行节奏训练,使幼儿快速掌握音乐的整体结构,为协同一致地演奏好乐曲打下扎实的基础。但在使用图谱法时要注意,图示要简单、明确、统一、有规律,让图示成为帮助幼儿理解、记住节奏,便于幼儿进行演奏的一种工具。

(3)正确指挥,集中幼儿注意力

指挥法是打击乐演奏整体教学法的一个核心。在活动过程的前阶段,一般采用教师指挥的方法,后阶段开始逐步引导,有意识地培养幼儿进行创造性的指挥练习。为了达到演奏的效果,教师的自身素质非常重要,在活动中必须注意:①教师本身的动作必须到位、准确,洋溢着热情。②坚持培养幼儿良好的看指挥的演奏习惯。③教幼儿学习分声部看指挥时,首先可以用身体动作指挥或者语言提示,然后逐步过渡到用手势指挥和看眼神提示。④在声部转换前,提前将自己的头部和目光转向下一个将要演奏的声部。

三、幼儿美术教育活动的设计与指导

幼儿美术教育活动设计就是根据一定的美术教育目标,选择美术教育的内容和方法,对美术教育过程中的一切事物进行设计,并通过各种组织形式对幼儿施加美术教育影响的方案。在实施美术教育的过程中,教师必须对幼儿的具体活动展开指导。

(一)幼儿绘画教育活动的设计

幼儿绘画教育活动是教师引导幼儿用各种笔、纸等工具和材料,运用线条、造型、色彩、构图等艺术语言创造出视觉形象,从而表达创作者的思想、情感的一种活动。绘画对幼儿具有很大的感染力。幼儿在绘画中创造出来的艺术形象,既是幼儿对生活环境的反映,又是幼儿对事物主观的审美感受和评价。绘画活动的材料方便易得,受场地和时间限制少,因此在幼儿园开展得比较多,是幼儿园美术教育活动中最主要的活动形式。

幼儿绘画教育活动的类型按照不同的标准,有不同的划分方法。从使用的工具、材料上区分,可分为常规材料绘画和综合材料绘画,如彩绘笔和油画棒是常规材料,棉签和油画棒的组合,手指画等是综合材料绘画。从教师是否命题上区分,可分为命题画和意愿画,例如教师命题"快乐的六一",从内容上区分,可分为物体画、情节画、图案画,例如小动物、小房子、汽车、手帕、围巾的花边等。

1. 绘画活动过程的设计

幼儿绘画经历了幼儿自身一个完整的生命循环。绘画作为一种视觉艺术，具有强烈的直观性，对幼儿有很大的感染力。

不同类型的绘画活动，特点各不相同，活动的内容、课题设计也有所不同。但总体来说，活动设计是相似的，教学要求也相同。

(1) 活动准备

绘画的活动准备包括材料准备和经验准备。幼儿园应该为幼儿提供丰富多样的绘画工具和材料，除了日常使用的常规性绘画材料外，还要根据本班幼儿的实际情况准备一些符合幼儿发展的废旧材料，通过教师的引导，创造性地开展一些绘画活动。教师还要注意在幼儿绘画用纸上做好标注，便于幼儿作品的收藏，为以后幼儿美术发展水平的评价做好准备。

经验准备是指教师要利用各种机会，引导幼儿观察欣赏，形成物态的丰富表象，随机地帮助幼儿积累艺术经验。幼儿生活经验越丰富，对周围事物的理解越深刻，美术表现的情感、素材就越丰富，进行美术活动的动力也就越充足。

(2) 创作引导

创作引导即开始部分，它是绘画开始前的一个重要环节，目的在于激发幼儿的创作愿望，明确本次活动的重点和要求，为绘画活动的顺利进行做好铺垫。创作引导包括引导幼儿回忆与本次活动有关的经验，交代本次绘画活动的具体要求，最主要的是集中幼儿的注意力。教师要在短时间内调动幼儿已有的经验和相关的技能，使幼儿尽快进行绘画创作。

(3) 创作的展开

创作的展开是绘画活动中重要的一步。在这一步中，要对幼儿绘画的构图、造型、色彩等进行指导，这是幼儿完成绘画任务、展示绘画技能的重要一步。

构图是绘画中比较复杂的技能。一开始，幼儿的画面是杂乱的，常常会画一些不相关的物体。辅导幼儿构图，不是简单地只靠绘画练习就能完成的，而是应该让幼儿多看、多欣赏优秀的绘画作品，辅导幼儿先画出完整的构图，再描绘物体的细节，并初步尝试处理近大远小、重叠等关系。

造型主要是通过线条、形状来塑造的。线条的平稳、力度、准确性受小肌肉发展的限制，也受手眼协调能力的限制。教师要帮助幼儿选择最适合自身水平的塑造造型的方法，不能强求一律，片面地追求"像不像"。

色彩的重要作用是表达感情。教师要注意教会幼儿认识色彩、调配色彩，启发幼儿用色彩来表达自己的情感，不要一味地用物体的固有色来限制幼儿。

在幼儿进行绘画创作的过程中，教师应该有目的地指导幼儿在绘画中表达自己的思想，帮助幼儿构思所要表达的内容，还可以进行小组创作、全班集体创作等。

(4) 作品欣赏

作品欣赏是绘画活动的小结部分。教师要引导幼儿互相欣赏、分享作品，促进幼儿社会性和审美能力的提高。在欣赏的同时,让幼儿描述绘画的内容,因为绘画是幼儿自我表达的主要方法,是幼儿思想的体现。教师要尊重幼儿,接纳不同水平的幼儿,赞赏、分享是对幼儿最大的鼓舞。

(5)活动延伸

活动延伸的设计,可以是教师的有意延伸,也可以是幼儿园环境创设的延伸。可以把绘画的内容编成故事放在语言角里,让幼儿"看图讲述";还可以放在主题内容中变成背景,例如"海洋世界",教师可以把幼儿绘画的小鱼放在主题内容中,变成幼儿园的主题活动内容,供家长欣赏。

2.绘画活动的指导

不同年龄阶段的幼儿,身心发展、生理发展、绘画发展都是不同的。教师在指导幼儿绘画时,必须遵循幼儿身心发展的规律,以及幼儿绘画能力发展的规律,根据不同年龄阶段幼儿绘画的特点进行指导。

(1)技能的学习要与幼儿的经验结合

教师在指导绘画的过程中,常常会碰到幼儿的创造性与技能之间的矛盾。如果技能教得太多,就会限制幼儿创造力、想象力的发挥,使幼儿的画面如出一辙;如果不教技能,幼儿就不能用画面表达自己内心的想法,只能用语言来补充说明。所以,教师在指导幼儿绘画时,要把技能、技巧的学习与幼儿生活的经验紧密联系起来。例如在进行"涂色"练习时,幼儿会把颜色涂到轮廓外面,教师要让幼儿把"太阳公公的脸洗干净",变成红红的颜色,否则"太阳公公"就会不高兴了。

(2)所画内容与情感体验相联系

在绘画的众多形象中,幼儿一般以排队的方式把这些形象放置在基底线上,形成并列关系,然后使自己画的人、物都围绕着绘画的主题,并具有一定的情节。教师在指导幼儿绘画时,要引导幼儿把不同的事物联系起来,从单一的表现过渡到表现一定的情节,这样幼儿的形象分布和形象主次关系处理能力才能有所提高。幼儿的绘画作品在很大程度上是通过自己的情感体验来表现绘画内容的。教师在指导时,应尽可能地使所画的内容和幼儿的生活经验、情感体验相联系,鼓励幼儿把自己画的人、物与周围环境联系起来,在充分观察、体验的基础上,借助绘画形式表达自己独特的感受。

(3)为幼儿创设绘画的情境

幼儿的兴奋强于抑制,情绪多变,很容易受外界因素干扰,因此作画时没有明确的目的,绘画的内容不断地变化。教师可为幼儿创设绘画的情境,让幼儿在创设的情境中,有目的地进行绘画。例如"动物运动会",教师可以让幼儿画出小动物,并且把画好的小动物粘贴在"森林"中。

(4)开展多种形式的绘画练习

幼儿的绘画技能必须通过练习提高。但是技能练习的形式要多样化,这样才能引起幼儿的兴趣。要结合不同年龄阶段幼儿的特点,选择适合幼儿的练习形式,选择的方法要具有多样性。多样性的练习能让幼儿在轻松的氛围中掌握绘画的技能。

(二)幼儿手工教育活动过程的设计

幼儿手工教育活动是教师引导幼儿发挥自己的想象力和创造力,直接用双手或操作简单的工具,对具有可塑性的各种形态的物质材料进行加工、改造,制作出占有一定空间的、可视且可触摸的多种艺术形象的一种教育活动。手工活动对增强幼儿手部肌肉动作的协调性、灵活性和实际操作能力,对于培养幼儿的观察力、注意力和耐心细致的习惯,以及丰富他们的想象力、创造力都有重要的影响。手工活动的内容包括纸工、泥工和综合材料制作。

1.纸工活动过程的设计

纸工是以不同性质的纸为主要材料,运用折、剪、撕、贴等各种技能塑造造型的活动。纸工活动有助于训练幼儿手指的灵活性,培养幼儿的目测能力、空间想象能力,帮助幼儿认识几何图形的特征、变化等。纸工包括折纸、撕纸、剪纸、粘贴等。

(1)体验纸的不同性质

幼儿喜欢玩纸、撕纸。纸工活动的开始部分,可以让幼儿体验纸的不同性质,感知纸的不同特性,利用不同的纸,运用不同方法进行纸工制作。

(2)学会简单的折叠方法

在纸工的基本部分,教会幼儿掌握折叠的一些基本方法。例如对边折、对角折、集中一角折、双正方形、双三角形等。教会幼儿较平整地折叠简单的玩具,学习用两种或两种以上的纸折成简单的组合玩具和立体物体组合造型,并且运用一些辅助手法,使表现的形象更加生动。

(3)学会使用剪刀、粘贴

正确使用剪刀,掌握三种剪法,即目测剪、按轮廓剪、折叠剪。能认识剪贴的工具与材料,并运用剪刀剪出简单的外形。在幼儿能够正确使用剪刀后,可以将剪刀和粘贴相配合,组成新的画面。例如可以先折成小动物,然后运用剪刀剪去多余部分,再粘贴在衬纸上,添画上背景和其他景物,组成一幅半立体的画面。

(4)欣赏幼儿制作的纸工作品

结束部分可以让幼儿欣赏自己创作的纸工作品,让幼儿说出自己制作的过程,并对自己的作品进行评价,说出优点、缺点。

2.泥工活动过程的设计

泥工是以黏土、橡皮泥、面团等为材料,用搓、团、压、捏、拉等手法来塑造形体的一种表现形式。泥工活动能使幼儿掌握用手和一些简单的工具塑造各种物体形象的方法,帮助幼儿认识事物、形成空间概念。

(1)体验泥的不同性质

引导幼儿对泥有所认识,知道简单的泥工工具。可以利用一些泥工作品,引起幼儿对泥工的兴趣。

(2)学会简单的泥的塑造方法

泥工的基本制作技法包括团圆、搓长、压扁、捏、挖、嵌接、分、押拉等。在基本部分中,教师要有意识地、逐渐地把这些技法教给幼儿,由浅入深地设计一些物体形象,逐渐增加塑造的难度。例如在小班可以设计一些简单的"苹果""面条""饼干"等,然后在此基础上,可以设计将两个基本形体结合在一起,构成一个新的物体,如把两根"面条"合在一起变成"麻花"等。

(3)学会使用辅助工具和材料塑造形象

学会使用辅助工具和材料塑造形象是教学活动的难点,教师应在幼儿掌握基本的技法后指导幼儿学习。主要是教会幼儿塑造物体的主要特征,使用简单的辅助材料表现简单的情节,在此基础上,使用简单的工具和材料细致、生动地表现物体的主要特征和细节,要求幼儿塑造出的形象要突出特征和某些细节。

(4)欣赏幼儿制作的泥工作品

结束部分可以让幼儿欣赏自己塑造的泥工作品,让幼儿说出自己制作的过程,并讲清是如何运用工具和辅助材料塑造形象的,对自己的作品进行评价。

3.综合材料制作活动过程的设计

综合材料的制作一般是指利用废旧材料,综合所学的美术知识和技能,使用各种不同的工具和废旧材料制成简单的玩具。在制作的过程中,可以使幼儿认识各种材料的性质、用途,培养幼儿有目的、有计划地开展工作的能力。综合材料的制作活动一般在中班、大班进行。

在利用废旧材料制作玩教具的过程中,教师要逐渐增加难度,可以先制作一些简单的玩教具,例如教师可以先做成半成品,然后让幼儿进行粘贴,共同完成玩教具的制作。在幼儿的经验逐渐丰富之后,具备了一定的操作技能,可以利用一些针、线、布等自然材料以及无毒的废旧材料制作简单的玩具。为幼儿设计的活动,应侧重于让幼儿独立地完成制作过程,并综合运用各种操作技能和工具材料表现立体的玩具。

4.手工活动的指导

幼儿手工活动有自身的特点,教师要根据幼儿手工制作的特点,结合幼儿小肌肉群发育的特点,对幼儿进行合理、有针对性的指导。

(1)提供范例,引发幼儿制作动机

在进行手工活动前,教师可以提供精美多样的手工范例,激发幼儿的创作动机。利用直觉形象思维,加深体验,开阔创作思路,帮助幼儿从中悟出制作的方法。范例既可以是教师制作的,也可以是大一年级幼儿的作品,还可以是实物。要帮助幼儿明确制作意图,确立制作形象。

(2)练习制作工具和材料的使用方法

使用工具和材料是制作的关键,教师要为幼儿提供符合幼儿年龄特点的制作工具和材料,使幼儿初步掌握工具和材料的使用方法,这样才能帮助幼儿学习技能,并最终实现自己制作的意图。

(3)进行手工练习,体验手工材料的性能

幼儿手部肌肉还不够协调、灵活,而手部肌肉的协调性、灵活性能体现出手工制作水平的高低,因此技能、技法的练习是非常重要的。教师可引导幼儿先进行简单的分步练习。分步练习可进行多次,然后在逐步熟练、掌握基本步骤后,再进行整体练习。练习的时候应采用游戏的方法。

手工制作的技能、技法的掌握需要一定的练习,幼儿手工制作的意图也是在充分接触手工材料的过程中逐渐产生的,因此教师要为幼儿提供与手工材料充分接触的机会,让幼儿在接触手工材料的过程中,对手工活动产生兴趣。

(4)引导幼儿欣赏作品,合理进行评价

幼儿完成作品后,教师应对幼儿作品的创新性、独立性等进行综合评价。教师要鼓励幼儿大胆参与评价,大胆向同伴介绍自己的独特构思、表现手法和制作过程,共同分享制作的快乐。教师要欣赏幼儿的作品,使幼儿了解不同内容、不同风格的手工作品,从而了解作品的表现风格、表现手法和表现特点,拓宽幼儿的视野。教师要尊重幼儿的作品,并鼓励幼儿珍惜自己的作品、欣赏同伴的作品,让幼儿利用自己的作品进行游戏活动。

第八章 组织幼儿园活动的技能

第一节 组织幼儿园教育活动的基本技能

一、基本技能概述

(一)导入技能

导入是幼儿园教育实施活动的起始环节,一般时间不宜过长。良好的导入可以收到先声夺人的效果。为了有效地吸引幼儿的注意力,激发幼儿学习的兴趣,引出活动的内容,营造良好的活动情境,教师可以变化地运用多种方法。

1. 直观导入法

在活动开始时,通过让幼儿观看实物、图片、标本或播放幻灯片、电视录像片等方式来引起幼儿的兴趣,从中提出问题、创设活动情境的导入方法。例如,教师在活动一开始出示小马的图片:"笛笃,笛笃,瞧,谁来了?"在幼儿观察了图片上小马的鞋子后,教师开始引导幼儿讨论小马的鞋子是用什么做的,有什么作用。

2. 演示导入法

通过演示实验、操作玩教具和表演的方法来激发幼儿的好奇心,使幼儿产生想要了解演示中出现的各种现象及原因的强烈愿望。如在活动开始时,教师和幼儿一起首先做了一个小演示:弹响舌打出各种快慢不等的节奏型后提问:"谁帮我们发出这些有趣的声音?"进而认识舌头各部分的名称及部位。

3. 作品导入法

用儿歌、故事、谜语等文学作品对幼儿具有的特殊吸引力,来引出活动的内容,引发幼儿参与的方法。例如在活动开始时,教师首先让幼儿猜谜底是小手的谜语导入主题,引起幼儿的好奇心,激发幼儿认识小手的兴趣。

4. 游戏导入法

指活动开始时教师通过设计各类趣味性的游戏来引出新内容或将所学内容与游戏活动加以整合,来调动幼儿的学习兴趣,激发幼儿的学习动机,活跃幼儿学习的气氛。如活动一开始,教师设计开"小汽车"到羊村的游戏,让幼儿一边学做司机开小汽车,一边辨认马路上禁止向右转、红绿灯和停车场的标志并做出相应的动作反应。随后引出认识生活中常见标志的活动内容的学习。又如活动一开始,教师设计了"听指令做动作"的游戏让幼儿按照教师的指令用左右手触碰身体的各个部位,比如请用"右手拍拍头,请用左手拍拍脸"等,通过欢快的小游戏调动幼儿参与活动的积极性。

5. 音乐导入法

利用歌曲、乐曲或组织简短的音乐活动来导入的方法。如"春天来了,燕子都飞回来了,现在我们听音乐学小鸟飞起来……"。

6. 经验导入法

在活动一开始,设计者从幼儿已有的生活经验和知识经验出发导入新内容,使新旧内容发生联系令幼儿自然产生愿意学习和掌握新知识经验的动机,激发幼儿学习的兴趣。如:活动一开始教师设计下面的问题与幼儿进行谈话:一年有几个季节?这些季节都叫什么?现在的天气渐渐暖和了,什么季节到了?春天是什么样子的?春天有哪些变化?随后教师引出大班诗歌《春天的秘密》的学习。

(二)讲解技能

讲解技能是教师在组织活动中,运用语言向幼儿传授知识、解答问题或交代活动方法的行为方式。讲解要简单、通俗、形象、直观,时间不宜过长,内容不宜过深。主要有以下类型。

1. 解释式讲解

解释式讲解是指教师对词语、概念、意义进行准确的解释,对有关知识进行必要的介绍、说明,对技能训练要领进行扼要的提示、解说的行为方式。根据讲解的内容不同,解释性讲解又可分为意义讲解、演示讲解、示范讲解。

意义讲解应做到简单、通俗,讲解的时间不宜过长,内容不可过深,尤其是对新词的解释和科学道理的说明不必做科学系统地阐释。如讲解磁铁吸铁的现象只要告诉幼儿磁铁有磁性,所以能吸起铁和其他金属,不必要告诉幼儿磁铁有两极以及两极间的相互作用等知识。

演示讲解应做到形象、直观,一般是边讲解边操作直观教具。如健康活动中讲解身体前屈动作要领时,要求幼儿两膝不能弯曲。教师可以边讲解边用手拍拍伸直的膝盖告诉幼儿这个地方不能弯曲。

示范讲解在音乐活动、美术活动中用得最多。教师在运用示范讲解时,一定要边做示范边讲解。

2. 描述式讲解

描述式讲解是指教师把人或物的具体形象、场面的情景气氛、事情的发展经过等,向幼儿描述和讲述出来的一种行为方式。根据所描述的内容的不同,将描述性讲解分为三种:情景描述、叙述式描述、述象式描述。

情景描述是教师对局部的具体形象、场面的情景气氛做形象描述的一种行为方式,在进行诗歌、音乐、美术等欣赏活动中经常要采用这种讲解。

叙述式描述是教师按照时间或空间的顺序,讲述事物发展变化的过程和各部分之间的关系。描述式描述要注意内容的秩序性、情节性和完整性。

如中班科学活动:小蝌蚪是怎样变成青蛙的。

教师:春天来了,青蛙妈妈在水草上产下许多黑黑的卵。天渐渐暖和了,黑黑的卵一个一个地都变成了大脑袋、长尾巴的小蝌蚪。一天又一天,小蝌蚪慢慢长大起来,它先长出前腿,再长出后腿,尾巴渐渐缩短消失,最后变成了一只青蛙。

述象式描述是指教师用生动的语言将人或物的外部形象特征描绘出来的一种讲解方式,述象式讲解要求形象生动鲜明,能再现事物的典型形象。

例如描述长颈鹿。

教师:长颈鹿脖子很长,所以叫长颈鹿,它的腿也很长,跑得特别快。它的个子是动物中最高的。长颈鹿脑袋小、耳朵小、眼睛大、有小的鹿角。身上有杏黄色圆斑,腹部及腿上的颜色较浅,尾巴细长,尖端有一撮毛。

3. 论说式讲解

论说式讲解是指教师给幼儿论是非讲道理,使幼儿明白或悟出一定道理的一种行为方式。论说式讲解要求教师的语气、态度要平等、温和,结合幼儿的生活经验摆事实讲道理,使幼儿心服口服,不能盛气凌人,强词夺理。

运用论说式讲解的技能应注意讲解要科学、规范,同时具有趣味性、启发性、逻辑性、针对性,符合幼儿的接受能力,避免过多的专业术语。

(三)提问技能

提问几乎贯穿幼儿园教育活动的全过程,教师可以设计一系列不同目的和作用的提问,帮助幼儿思考和探究,并获得所预期的学习经验。提问技能是指在提问过程中教师通过设置问题,启发幼儿回忆、思考、观察、操作、探索,以寻求问题答案的行为方式。教师运用提问技能是促进幼儿思维、评价教育活动效果、推进和发展教育活动、实现活动目标的基本手段。

根据提问的目的和作用不同,可以将提问分为以下几种。

1. 回忆式提问

这种提问要求幼儿通过回忆检索已有知识和经验来回答问题。问题的答案教师先前已给出,幼儿不需要深入思考,只需从记忆中提取材料。如:幼儿听完儿歌后设计提问:"儿歌里有哪几种水果?它们各自的颜色是什么?"让幼儿回忆儿歌里提到的水果及颜色。

2. 判断式提问

教师列举一些容易搞错的、似是而非的问题,让幼儿比较、辨别、确定"是不是""好不好""对不对",或列举很多可能的情形、条件、结果,让幼儿做出选择、判断。如:对于故事中小马开门前后的行为,教师提问:"你觉得故事里的小马开始的行为做得对还是后面的行为做得对?"

3. 理解式提问

这类提问要求幼儿用自己的话对事实或事件进行叙述,对照和比较事实或事件的异同。这类提问需要幼儿经过观察和思考后作出回答,一般包括叙述提问和比较提问,要求幼儿在观察、了解事物的基础上,对事物进行叙述性回答以及要求幼儿对事物作出比较,说出异同点。如:故事里的奶奶遇到了什么开心的事?这两张图片上的花长得有什么不一样?除了图片中的物体是圆柱体以外,大家再仔细观察我们教室里还有哪些东西是圆柱体?

4. 运用式提问

运用式提问指教师通过设置问题情境,鼓励幼儿运用已有的知识经验解决问题的提问。这是一种典型的高级提问。例如:在认识镜子的活动之后,教师提问:"根据镜子能反射的特

点,怎样做就能看清暗处的物体呢?"(这种提问方式适合大班幼儿)

5. 评价式提问

这类提问要求幼儿对人的态度、情感、行为表现、观点及事物的价值、他人作品等进行价值判断和选择,并说出自己的看法。这是一种高水平的提问,他需要幼儿在充分了解事实材料的基础上或根据一定的标准进行判断,需要幼儿能从不同角度认识和分析问题,评价事物。如:你觉得故事里的小猴子做得怎么样?为什么没学会?小朋友应该如何做?

在运用提问技能时应注意:首先要选点准确。提问要有针对性,克服随意性。教师要针对教育活动的目标、重点、难点多设问,并注意问题之间的逻辑性、顺序性。其次难度要适宜。提出的问题要符合不同年龄幼儿的理解能力。提问的主要目的是启发幼儿观察、思考、讨论、探索等,所以问题过易,不能达到启发幼儿的目的;过难,幼儿"跳起来也够不着",有可能会放弃,而失去学习的兴趣。对于小班幼儿我们通常问一些镶嵌式的问题,如喜欢吗?你同意吗?但对于中大班幼儿就可以提一些由表及本的问题,如追问方式的提问,在提问之后可以继续追问"为什么?"等。

(四)观察技能

幼儿园教育活动的合理开展起始于对幼儿的观察,观察是研究幼儿发展与教育教学的有效途径。观察技能是指教师在活动中随时留意幼儿对各种不同的活动内容和方法的反应,悉心听取幼儿的问答,引导幼儿感知客观事物,认真巡视幼儿的操作和练习活动,了解不同幼儿对各类活动的兴趣和理解程度,及时捕捉幼儿的反馈信息,灵活调控自己的活动计划的能力。这是组织幼儿活动的基本技能。主要有以下几种类型。

1. 根据观察方式的不同,可分为环视法和点视法

环视法:又叫扫视法,是指教师的视线有目的地前后左右地观察,将全班幼儿尽收眼底,以便了解全体幼儿在活动中的整体表现。

点视法:指在活动中,针对部分或个别幼儿进行的观察。例如,幼儿在游戏时,教师在一边走动巡视观察,了解幼儿的游戏情况,发现幼儿在游戏中的情况。

2. 根据有无目的性可将观察分为有目的性观察和随机观察

例如,教师对幼儿所做的"观察记录"属于有目的性的观察;教师对幼儿中间偶然发现的一些情况进行观察并进行指导。

在进行观察时应注意,教师要尽量做到"眼观六路,耳听八方",随时随地注意幼儿活动中的表现,及时调节自己的计划、内容、要求等。教师要做旁观者、支持者,要特别关注个别幼儿的表现,进行有针对性的指导。有些时候细心观察可以帮助教师及时发现活动中幼儿身体不适等情况,采取相应措施。

(五)演示技能

演示技能是教师根据教育活动的目标、内容及幼儿身心发展水平和活动的特点,运用各种媒体(实物、模型、图片、声像资料、实验设备等)向幼儿展示或实际表演,传送信息,引导幼儿进行观察、模仿、思考,促进幼儿理解、掌握知识技能的行为方式。幼儿好奇心强,思维具有具体形象性,教师通过直观演示向幼儿提供各种可以直接感受的信息,这不仅符合幼儿感

知事物的心理特点,容易被幼儿理解接受,而且还能极大地激发幼儿参与活动的兴趣。

演示技能的主要目标是为幼儿提供鲜明生动的感性材料和直接模仿的范例,扩展幼儿的认知视野,激发幼儿的活动兴趣和探索的欲望,提高幼儿学习效率,具有直观性、趣味性的特点。在幼儿园教育活动的组织和实施过程中经常要用到这种技能。主要有以下类型。

1. 展示型演示

教师通过展示实物、模型、图片等,丰富幼儿感性经验的一种演示。

2. 实验型演示

通过各种简便易行的小实验,向幼儿揭示事物的本质特征、概念、原理和规律。

发现型演示:是一种让幼儿通过观察实验中事物的变化获取知识、发现规律的演示。例如:白糖或盐放到水里溶解的过程。

验证型演示:是一种让幼儿通过观察事物变化的过程及结果,验证已获得的知识经验的演示实验。例如:验证"水是无色的"的科学活动。

3. 示范型演示

教师将自己的声音、身体动作、动作顺序、操作事物的方法,直接演示给幼儿,为幼儿提供直接模仿的范例的演示方法。如教跳舞时的动作示范、学习洗手时的动作演示,以及摆弄教具时的操作过程示范等。

4. 电教演示

又称声像演示,是教师运用现代化视听媒体进行的演示。通常使用的现代化媒体有录音、投影、电视、计算机课件等。

在进行演示时要注意演示的内容要明确,对教具及设备的操作要熟练,且必须要事先演练;演示的速度要适中,不宜过快;演示的角度要合适,能让所有的幼儿都看清楚。

(六)评价技能

评价技能是指教师通过对幼儿现有发展水平的了解,反思所提供的教育活动、学习环境、教育策略是否适宜幼儿的发展需要,是否有效地引导幼儿的学习与发展,并做出改进与调整的技能判断。

评价主要的目的是用来反馈信息、调控行为和激发幼儿的学习热情。评价是教师的指挥棒,也是联系幼儿思想与情感的纽带,是一个教师的能力素质与师德水平的综合体现。

1. 评价要全面、恰当

教师对幼儿的评价应建立在了解幼儿的基础上,不仅对全班幼儿要有整体的了解,而且对每个幼儿要有全面细致的了解。既要看到每个幼儿的长处,也要看到幼儿的不足,同时还要看到幼儿不断变化发展的一面。幼儿之间有明显的差异,需要教师通过活动观察、个别谈话以及家长交流,把握其实际水平,在此基础上做出评价。

2. 评价要依据幼儿的年龄特点

幼儿的认知特点是具体直观的,要遵照不同年龄幼儿的身心发展特点,在正确教育观念的指导下,发挥评价的教育作用。其中教师评价幼儿的语言应简明易懂;评价方式要直观;评价应正面积极,以鼓励和引导为主,更多地关注他们的进步,使幼儿在教师的积极引导中不断发展。

3.评价要具体客观

在丰富多彩的教育活动中,教师对幼儿的评价一定要客观公正,面向全体幼儿,从幼儿实际出发,使每个幼儿在原来的基础上都有不同程度的提高,都得到充分的发展,杜绝教育活动中的一刀切现象。通过评价帮助幼儿正确认识自己的优势,也看到自己的不足,只要努力就会把事情做好。

(七)现代教育技术的应用技能

现代教育技术的应用技能主要是指运用现代化视听媒体的应用技能,包括幻灯、录音、录像、电影、电视等。通过现代视听媒体的使用,增强了幼儿园集体活动的直观性和信息的表达能力,激发了幼儿的学习兴趣和积极性,提高了幼儿学习的注意力,也提升了幼儿园集体教学活动的质量和效率。

1.运用多媒体技术呈现直观材料的优势

①对感官的刺激性较强,适用于声情并茂的活动过程。②任意的放大或缩小可以展示宏大与微观、整体与局部,使幼儿了解到常规条件下不能看到的事物,而且使用方便,不受外界条件的限制。③它可以超越时空的界限,看到过去生动形象的事例和预见将来的变化。④它可以随意观察事物发展过程的某一环节,可以控制快、慢、静止,使幼儿充分感知。

这些明显的优势对于揭示事物的本质,促进思维的发展有不可替代的作用。

2.运用与选择多媒体技术依据的原则

(1)根据教学活动目标设计与选择媒体

教学媒体是实现幼儿园集体教学活动目标、完成教学活动内容的一个辅助手段,所以教师在设计选择教学媒体时,首先要考虑该媒体是否适合本次活动所要达到的目标及完成的活动内容,否则不但无法达到既定的目标反而会造成精力和资源的浪费。

(2)根据幼儿的年龄特点设计与选择媒体

在幼儿园集体教学活动媒体的选择与设计时,幼儿的年龄特点是应该考虑的一个重要因素。不同年龄段的幼儿,生理、心理特点不同,所以设计与选择的媒体也要与此相适应。对于年龄较小的幼儿可设计选择直观性强、画面色彩鲜艳、表现简单明了、易于把不同事物分辨开的媒体,如:图片、模型、幻灯机、投影仪和电视等;对于年龄较大的幼儿,其自控能力和抽象逻辑思维能力都有一定的发展,可以选择使用那些表现手法较复杂、信息连续性较强的媒体,如:动画、视频录像等。

(3)从经济实用的角度设计和选择媒体

从经济适用的角度考虑教学媒体的选择,也是幼儿园集体教学媒体设计与选择的必须考虑的一个重要因素。在同样能够达到活动目标、完成活动内容的前提下,设计者应考虑选择代价小、有实效的媒体。

3.多媒体技术应用的要求

①会熟练使用各种视听设备,发挥其功能。②可配合其他教学手段使用。③根据教育目标教育活动的需要设计开发相应的课件,融科学性、教学性和趣味性为一体,辅助幼儿的

活动。④为了保护视力,注意提醒幼儿不宜长时间地接触计算机屏幕、手机等,一般观看的时间以 10 分钟左右为宜,而且不宜多用。⑤教师对计算机软硬件的选择与使用要恰当、适时、适度、适量。教师对媒体的选择,首先考虑活动目标,其次是媒体功能,第三是出示的时机,第四是出示的方法,如局部遮挡法、创设情境法、引导观察法、先讲后看或先演后讲,以及边讲边看法等。

除以上基本技能之外,教师在组织幼儿园各类教育活动时还需要具有绘画、手工制作、弹唱、故事讲述、舞蹈、表演等艺术方面的技能,不仅要技艺熟练,还要掌握一定的数量,这些技能学习与训练是在其他艺术课程里进行的。

二、教育技能的综合运用

组织幼儿园教育活动往往是教师多项技能的运用,需要教师具有较高的整体素质。新的儿童观、教育观要求教师必须具备综合的能力与技能,这些又要具体落实到教师行为上。为此,我们将幼儿园教师应具备的综合技能,分解为具体的几种教育新技能,每一种技能又要求具有相应的适宜教育行为。

(一)促进幼儿发展的观念

促进幼儿全面发展是幼儿教师工作的重要任务,具体技能可分为以下几方面。

1. 观察幼儿的技能

适宜行为有:经常观察评估幼儿发展,会恰当选择与设计观察工具;会对照幼儿发展领域目标、年龄目标,评估全班幼儿发展状况,发现个体差异;重视幼儿活动过程中的观察,了解幼儿兴趣、需要、性格、学习方式、行为习惯;具体客观地做观察记录或教育笔记,认真做观察分析等。

2. 面向全体教育的技能

适宜行为有:注意对每个幼儿的教育,不偏爱、不歧视,没有被"遗忘的角落",给每个幼儿表现的机会;集体活动或个别指导时都能照顾到全体幼儿;鼓励每个幼儿的进步,欣赏每个幼儿的作品;能依据大多数幼儿发展水平,确定班级学期目标,调整月目标。

3. 因人施教的技能

适宜行为有:了解并理解幼儿技能、兴趣、性格、学习方式的差异,相信这些差异多是发展特点与速度的差异,每个幼儿都有发展潜力与优势;允许幼儿按自己速度前进,依据差异提出不同要求,提供不同材料,给予不同指导;依据个体差异安排适宜活动,让每个幼儿都有感兴趣的活动,都能获得成功;评估时,多纵向比较幼儿自身的发展变化,少进行幼儿之间的横向比较,不苛求全体幼儿达到某种水平。关于这一点也是教师最难做到和掌握的。

(二)增强目标意识的观念

教师应依据幼儿现有发展水平,确定适宜的教育目标,再围绕目标选择教育活动、确定教育形式与方法,最终实现目标,促进幼儿发展。作为教师要做到心中有大目标,才能在各种活动中树立目标意识,随机发挥教师的引导作用,帮助幼儿获得全面发展。具体内容可分为以下几个方面。

1. 确定与分解目标

适宜行为有：在观察的基础上，根据本班大多数幼儿发展现状，确定学期目标；会根据本班幼儿发展变化，调整月目标，会层层分解目标；学期目标、月目标与活动目标相互对应；活动目标重点突出，具体明确，可操作，可检查。

2. 依据目标设计与选择活动

适宜行为有：依据月目标、季节、节日等因素，设计与选择教育活动；一个目标通过多种活动去实现；一个活动指向多个教育目标，挖掘每个活动的多种教育功能；每个活动目标明确，合理选择教具、学具、组织形式、方法手段，有利于实现目标。

3. 依据目标创设环境

适宜行为有：围绕班级目标设计与变更环境，去除背离与干扰目标的环境、材料；环境体现不同年龄、层次目标；明确每个环境的教育价值，了解每种材料与幼儿发展的关系；同类玩具材料难度不同，体现不同发展层次目标。

(三) 突出幼儿主体地位的观念

幼儿是发展的主体，是独立的人、发展的人，幼儿发展有共同规律，又有个体差异，因此教师必须树立尊重幼儿主体地位的新观念。具体内容可分为以下几方面。

1. 尊重幼儿的人格

适宜行为有：像尊重朋友一样尊重幼儿，不能对朋友说的话、做的事，也不能对幼儿说与做；理解童心世界，耐心倾听幼儿说话，尽力避免无意中误解幼儿，伤害幼儿幼小心灵；有足够的耐心、细心和信心，坚持正面教育、态度亲切；蹲下来以平等的姿态与幼儿说话，从幼儿的视角看问题，布置环境。

2. 满足幼儿的需要

适宜行为有：满足幼儿活动的需要，保证足够的活动时间，让孩子们动手、动口、动脑。满足幼儿游戏的需要，提供游戏时间，允许幼儿自选玩具材料，让每个孩子开心地玩。满足幼儿交往的需要，尽可能多给幼儿说话的机会，允许幼儿自选游戏伙伴，鼓励幼儿多说话，敢说话。满足幼儿成功的需要，帮助每个幼儿获得成功，体验成功的快乐，建立自信。理解幼儿自主的需要，珍视幼儿各种积极表现，尽可能多给幼儿参与讨论，选择与决定的权利，不强迫幼儿做不感兴趣的事。

3. 与幼儿沟通的技能

适宜行为有：善于赞赏每个幼儿，让每个幼儿相信"我是好孩子,老师会像妈妈一样爱我"。让每个幼儿都能感到安全与轻松。尽量与每个幼儿交谈、抚摸、搂抱，表示爱抚，让每个幼儿相信"老师喜欢我"。用亲切、温和、生动的语言吸引幼儿，以愉悦的感情感染幼儿，有足够的策略疏导和抚慰幼儿的情绪。幼儿有"破坏"行为时，能心平气和了解原因，耐心处理问题，控制自己与幼儿的冲动，理解幼儿说错话、做错事是正常现象，是幼儿的年龄特点。引导幼儿参与共同制订活动计划，使其变为幼儿理解、乐于遵守的一日生活常规。

(四) 指导幼儿主动活动的观念

幼儿通过自身活动，与环境交互作用，能主动地吸收环境与教育的影响而获得发展，没有幼儿主动活动就没有发展。具体内容可分为以下内容。

1. 合理分配时间

适宜行为有：以游戏为基本活动，每天游戏时间不少于 2 小时，让幼儿有机会参与各类游戏。保证每天户外活动时间不少于 2 小时，其中有足够的体育锻炼内容；适当分配生活、游戏、学习时间，尽可能多给自由活动时间；动静交替，室内外交替，减少过渡环节，杜绝无所事事地消极等待。

2. 充分利用空间、材料丰富

适宜行为有：充分利用空间，根据需要改变布局，移动桌椅、柜、床，尽可能多给幼儿活动空间。充分利用周围社会、自然环境、社区资源。活动区域分割合理，有明显标志，既封闭又开放，既互不干扰，又方便交往。提供身体、认知、社会性活动的多种玩具材料，安全、鲜艳有趣、可操作，吸引幼儿活动。多提供废旧物品与半成品材料、多功能、可变化的材料。鼓励幼儿参与收集、分类、整理玩具图书材料。

3. 指导幼儿活动的技能

适宜行为有：鼓励幼儿参与活动、动手操作、感受体验、探索发现，给幼儿自选活动内容的机会。发现幼儿遇到困难，发生纠纷时，常用鼓励性语言："相信你，一定会成功""太棒了，再试一次""商量一下怎么办"。暗暗地给予支持与帮助。提启发性、有多种答案的问题，提问后给予思考时间，鼓励幼儿商议与争论，引导幼儿寻找答案，允许幼儿有多种答案。参与幼儿活动，作孩子的伙伴，善于巧妙地将教师的意图转化为幼儿的兴趣与愿望。敏感地发现周围事件变化，抓住偶发的教育契机，利用周围的人与事，展开教育活动。注意发现幼儿的兴趣需要，利用幼儿的提问，引发学习活动。

(五) 整体和谐教育的观念

幼儿教育是一个整体，幼儿发展的各个领域也是一个整体，因此各种教育要素要互合、协调统一，要求教师具备以下三种技能。

1. 综合整体教育的技能

适宜行为有：既重视教学活动，又重视生活活动、游戏活动，发挥各类活动的教育功能；要安排集体活动，适度增加小组活动、个别活动、自选活动、自由活动，使一日生活轻松有序；能围绕月重点工作，加强各领域间的横向联系与配合，组织主题活动，系列活动。能灵活运用多种教育形式、方法、手段，发挥每个活动的教育功能。适度安排不同班级、不同年龄及师生共同参与的大型活动。

2. 保教结合的技能

适宜行为有：在教育中渗透保育，在保育中渗透教育，教师、保育员经常共同研究，密切配合。提供安全、卫生无危险的环境，时刻保护幼儿安全健康，执行卫生保健制度，进行幼儿自我保护教育。了解每个幼儿体质，对体弱儿、肥胖儿、病儿等有特殊照料措施，对幼儿不成熟行为（如尿裤子等）个别处理，耐心安慰。随季节、天气、疾病流行等情况，照顾幼儿生活，采取防患措施，加强自我保健教育。保持环境整洁、有序、卫生，成人与幼儿仪表整齐，给每个幼儿自我服务、做值日、收拾整理的机会，培养幼儿自理与卫生的习惯与技能。

3.家、园、社区合作教育的观念

适宜行为有:经常组织家长会、开放日、亲子活动、庆日庆典、采访、电访等多种形式的家园合作活动。设立"家长园地""亲子桥""园历""家园观察联系册"等,介绍幼儿园教育观念目标与内容,双向沟通家园教育情况,同步教育。欢迎家长参观,随时接待来访,鼓励家长教育活动。指导帮助家长进行有效教育。善于利用各种机会与家长沟通,从关心幼儿的角度出发以平等的态度商讨,建立善意合作关系。与家长共同发现每个幼儿的优点与进步,全面地发展地评价幼儿,共同研究教育对策。注意利用社区资源,抓住周围的人、事、物,进行随机教育,开放式教育。

以上是这些教育技能所应该表现的适宜教育行为。教师可以经常的对照这些行为标准,评估自己的教育技能,了解自己的教育观念的变化;并通过不断调整与改善自己的教育行为,提高教育技能,树立教育新观念,增强教师工作的自觉性、主动性与有效性。

第二节 听课、评课、说课技能

听课、评课、说课是教师提高自身教学水平的重要途径。通过有效的听课、深入的评课以及精辟的说课,帮助教师提高幼儿园教育活动设计与组织的能力。

一、听课

(一)听课的作用

听课是初为人师的起点,教学中经常出现这样那样的问题,却不知如何向幼儿讲解传授,如何使幼儿学会贯通,如何使幼儿扎实地掌握。多听课,虚心接受老教师的谆谆教诲,做到备好每一节课,上好每一节课,努力完善、充实自己。

1.听课是教师进步的基石

对于一个新教师来说,对目标的理解不是很深,教法也就不一定适合幼儿,所以多听课也是一种进步的途径。讲前听和讲后听都非常重要,每个人有每个人的教学思路与方法,每个人有每个人的优点,取别人之长补自己之短则是快速提高自己教学水平的捷径。

2.听课教师成长的阶梯

教师们总去听课是不可能的,时间也不允许,只有提高自己的听课水平,扎扎实实地听好每一节课,听一节课有一节课的收获,听一节课有一节课的体会。如果又听、又想、又总结,那会使自己的教学更丰富,更具有特色。时间长了,就会从量变到质变,成为一名合格的幼儿教师。

3.听课是教师自我检验的法宝

在听课中,教师可联系自己的教学,看看自己的教学有没有需要补充的地方,并及时地写在教案中,正是这一次次地修正与补充,使我们的教学越来越好。去听听其他教师的课,不管是青年教师还是老教师,你都会受益匪浅,其乐无穷。

(二)听课的方法

学会听课,首先就是要用辩证的头脑看待各种各样的观摩课,要以鉴别和选择的眼光学会筛选。不管多么优秀的教师的课,其教学过程中也同样存在这样那样的问题,要用自己的头脑去思考和鉴别,应该创造性地吸收,有选择地学习,这是我们听课时要把握的原则。

1. 听课要有准备

听课的时候,我们应把自己定位为教学活动的参与者、组织者。听课前要有充分准备,事先对要听的内容有所了解,如被听教师上课的内容、教学的目标,重点、难点等,这样在听课的过程中就能做到有的放矢,带着问题去听。只有有"备"而听,并尽可能以幼儿的身份参与到学习活动中,才能获取第一手材料,从而为自己如何上好一堂课奠定基础。

我们还应该是审美者而不是批评家,要多学习老教师的长处,闪光点,为我所用。从这个角度讲,新教师不仅要用美的眼光去感受老教师的仪态美、语言美、直观教具美等外在的美;还要去领略老教师如何通过精巧的构思、严密的思维等来充分展示科学的理性美;更要用心去体会教学过程中的尊重、发现、合作与共享,这是更高境界的美,值得我们去永远追求。

2. 听课要知内容

教学是涉及教师与幼儿双边的活动过程。一节课成功与否,不仅仅在于教师讲了多少,更在于幼儿学会了多少。所以听课应从单一听教师的"讲"变为同时看幼儿的"学",做到既听又看,听看结合,注重观察。

一听教师怎么讲的,是不是讲到点子上了。如怎样确定的教学目标;重点是否突出,详略是否得当;二听教师课讲得是否清楚明白。目标采用什么方式实现,如何引导幼儿复习回顾、回顾什么,幼儿能否听懂,教学语言如何;三听教师启发是否得当。新课如何导入,包括导入时引导幼儿参与哪些活动;创设怎样的教学情境,采取了哪些教学手段;设计了哪些问题让幼儿进行探究、如何探究(设计活动步骤);四听幼儿的讨论和回答问题。设计怎样的问题或情境引导幼儿对新课内容和已有的知识进行整合;安排哪些练习让幼儿动手练,使所学知识得以迁移巩固;整个教学氛围如何。五听课后幼儿的反馈。

对于幼儿的学习活动,听课者应该关注以下内容:①幼儿是否在教师的引导下积极参与到学习活动中;②学习活动中幼儿经常做出怎样的情绪反应;③幼儿是否乐于参与思考、讨论、动手操作;④幼儿是否经常积极主动地提出问题;等等。由于教学是一种学习活动,本质是学而不是教;而且教师活动是围绕幼儿的学习活动而展开的,因此在关注教与学双边活动时,更要关注幼儿的活动。

听课不但要听,还要看。一看教师,看教师的精神是否饱满,教态是否自然亲切,思路是否合理,运用教具是否熟练,对教法的选择是否得当,指导幼儿学习是否得法,实验的安排及操作,对幼儿出现问题的处理是否巧妙……一句话,看教师主导作用发挥得如何。二看幼儿,看在整个教学活动气氛,幼儿是静坐呆听、死记硬背,还是情绪饱满、精神振奋;看幼儿参与教学活动;看幼儿对内容的感知;看幼儿注意力是否集中,思维是否活跃;看幼儿的练习、操作、表演情况;看幼儿举手发言、思考问题情况;看幼儿活动的时间是否得当;看不同层次的幼儿的积极性是否都调动起来；看幼儿与教师情感是否交融；看幼儿的学习习惯、整理习惯是否养成；看幼儿分析问题、解决问题能力如何……一句话，看幼儿主体作用体现得如何。

3. 听课要会思考

一边听，一边思考这样一些问题：如教师对教材为何这样处理？换成自己该如何处理？教师是怎样把复杂问题转化为简单问题的？教师的教学有什么值得自己学习的？重点、难点是怎样突破的？自己应怎样对"闪光点"活学活用？上得好的课，应该看得出幼儿是怎样从不懂到懂，从不会到会，从不熟练到比较熟练的过程。在课堂上，幼儿答错了，答得不完整，答得不流利，这是正常现象，正因为这样幼儿才要学习。教师的功夫也就是在幼儿答错时，能加以引导，答得不完整时，能加以启发。所以教师听课，一定要注意看实际效果，看幼儿怎么学，看教师怎样教幼儿学的。思考之后，可以和自己的备课思路进行对比分析，大胆地去粗取精、扬长避短，写出符合自己特点的教案。

听课作为第一感受，必须有反馈式的交流，才有进一步的深化。听课后，能主动地与其他教师进行交流，谈谈自己收益与看法，再听听其他教师的看法。向别人学习，其实也是一种创造。这种创造有赖于自己的观察、思考与探索，只有通过这样的努力才能将别人的教育教学思想转化为自己的理念，而不仅仅是表面上的方法与技巧的增多。要达到这样的目的，就要首先想办法提高自己的思想素养，让自己能够站在一定高度上来学习别人的经验，并逐步形成自己的教育思想、教育理念。

4. 听课后要会评价

听课的目的是使教师个人和整体教学活动得到改进和提高，同时加强教师之间的交流，互相学习评价的方法。

5. 听课要有记录

主要记录教师教学的全过程，包括一是记录主要的教学环节及内容，如教师是如何导入课题的？开展了哪些游戏？提出了什么要求？二是教师及幼儿的表现，如教师都提了哪些问题？幼儿是怎么回答的？每个问题有多少幼儿参与回答？他们是积极举手回答，还是被迫地回答等？以及幼儿的操作动作等。三是记录自己当时随机的感想和评议，四是记录课后他人的评价和自己的体会。所以在听课时注意力要高度集中，记录速度要快。

一般记录越全面对于课后的分析评价就越有利，而不能只记几句条条框框或小标题。注意在记录的过程中要尽量记录教师及幼儿的原话，特别是教师的提问，幼儿的回答等。评价要及时，不要等听课几天之后再来评价，往往印象所剩无几。

二、评课

一般听课之后要进行评课。

(一) 什么是评课

评课就是根据一定评价标准，对照教学活动目标，对教师和幼儿在教学过程中的活动及由这些活动所引起的变化进行价值判断的过程。评课是教学、教研工作过程中一项经常开展的活动，一般在教育活动实施后进行，有自评，有同事之间互相学习、共同研讨的评课；有幼儿园领导诊断、检查的评课;有上级专家鉴定或评判的评课等。

(二)评课的意义

通过评课可以了解教育活动目标的达成度,进而判断幼儿园教育活动实施的成效,还可以知晓教育活动设计的完善与否,发现教育活动设计中的问题与不足,并为教育活动设计的修正和完善提供依据。

通过评课可以调动教师的教学积极性和主动性,帮助和指导教师不断总结教学经验,提高教育教学水平,提升教师的教育教学素养;促进教师改进教学实践,使教师从多渠道获取信息,不断提高教学水平,转变教师的教育观念,促使教师生动活泼地进行教学,在教学过程中逐渐形成自己独特的教学风格。

(三)评课的原则

1. 评课要坚持"以幼儿的发展为本",从幼儿全面发展的需要出发

现代幼儿教育改革的核心理念是"以幼儿的发展为本"。评课要从幼儿全面发展的需要出发,注重幼儿的学习状态和情感体验,注重教学过程中幼儿主体地位的体现和主体作用的发挥,强调尊重幼儿人格和个性,鼓励发现、探究与质疑,以利于培养幼儿的创新精神和实践能力。

2. 评课要从有利于对教学的诊断和正确的导向出发

教学过程是一个准备—实施—目标达成的完整过程,是一个复杂多变的系统,要全面反映这个过程需要考察相当多的因素。正确评价一堂课,既要着眼于教学的全过程,又不能面面俱到,要突出对体现幼儿全面发展教育不可缺少的基本要素的考察,以利于在评价中进行有针对性的诊断和正确的导向。

3. 评课要坚持评教与评学相结合,把评课的重点放在"评学"上面

教学活动的主体是幼儿,教学目标的落实最终体现在幼儿的学习过程之中。教学活动的评价要改变传统的以"评教"为重点的现象,把评价的重点转到"评学"上面,以此促进教师转变观念,改进教学。要把评课的关注点,从教师传递知识转到幼儿有效学习方向上面,转到如何针对学习差异进行因人施教,如何把过多的统一讲授,转变为以指导幼儿分组学习讨论和启发、探究为主要活动方式的课堂。

评课的着眼点在于关心教师在创设有效教学活动的环境与气氛上,关心教师对学习者流动的指导、帮助是否切实有效。

4. 评课要提倡创新,培育教学特色

教学过程具有丰富的内涵,学科、幼儿、教师、教学条件诸方面的不同,使教学过程千变万化。正确地评价教学活动时,既要体现教学过程的一般特征,又要提倡创新,鼓励个性化教学。

5. 评课要从实际出发,坚持客观、公正

教学活动评价要符合幼儿园教学改革的实际,评价的标准是期待实现的目标,但又必须是目前条件下能够达到的、以利于发挥评价的激励功能;评课必须从实际出发,从观察到的、感受到的、测量到的情况出发,不能想当然。评价的内容和要点必须是可观察、可感受、可测

量的,以实际情况进行判断;评价要注重质性评价和综合判断。

(四)评课的要素

1. 评教学目标

教学目标是教学的出发点和归宿,所以,评课首先要评教学目标。

首先,从教学目标制定来看,要看是否全面、具体、适宜。全面,指能从知识、能力、情绪情感及习惯养成等几个方面来确定;具体,指知识目标要有量化要求,能力、思想情感目标要有明确要求,体现学科特点;适宜,指确定的教学目标,能以《纲要》为指导,体现年龄、班级、教材特点,符合幼儿年龄实际和认识规律,难易适度。其次,从目标达成来看,要看教学目标是不是明确地体现在每一教学环节中,教学手段是否都紧密地围绕目标,为实现目标服务。要看教学过程中是否尽快地接触重点内容,重点内容的教学时间是否得到保证,重点知识和技能是否得到巩固和强化。

2. 评内容处理

评析教师一节课上的好与坏,不仅要看教学目标的制定和落实,还要看授课者对教学内容的组织和处理。我们在评析教师一节课时,既要看教师知识教授得是否准确、科学,更要注意分析教师在教材处理和教法选择上是否突出了重点,突破了难点,抓住了关键。要看教学目的的确定是否明确、全面,有针对性、导向性。教学重点是否把握准确,教学过程是否做到突出重点。教学难点是否把握准确并得到突破。教材的组织、处理是否精心。教师必须根据教学必然、教学目的、幼儿的知识基础、幼儿的认知规律以及心理特点,对教材进行合理的调整、充实与处理,重新组织、科学安排教学程序,选择好合理的教学方法,使教材系统转化为教学系统。

3. 评教学程序

教学目标要在教学程序中完成,教学目标能不能实现要看教师教学程序的设计和运作。因此,评课就必须要对教学程序做出评析。教学程序评析包括以下几个主要方面。

(1)教学思路设计

教学思路是教师上课的脉络和主线,它是根据教学内容和幼儿水平两个方面的实际情况设计出来的。它反映了一系列教学措施怎样编排组合,怎样衔接过渡,怎样安排详略,怎样安排讲练等。教师课堂上的教学思路设计是多种多样的。为此,我们评教学思路时,一是要看教学思路设计符合教学内容实际,符合幼儿实际;二是要看教学思路的设计,是否有一定的独创性,能否给幼儿以新鲜的感受;三是看教学思路的层次、脉络是否清晰;四是看教师在课堂上教学思路实际运作的效果。

(2)教学结构安排

教学思路与教学结构既有区别又有联系,教学思路重教材处理,反映教师教学过程纵向教学脉络;而课堂结构则侧重教法设计,反映教学横向的层次和环节。它是指一节课的教学过程各部分的确立,以及它们之间的联系、顺序和时间分配。教学结构也称为教学环节或步骤。教学过程结构的不同,也会产生不同的课堂效果。可见教学过程结构设计是十分重要的。通常,一节好课的评判标准是:结构严谨、环环相扣、过渡自然、时间分配合理、密度适中、效率高。

计算授课者的教学时间设计能较好地了解授课者的授课重点。授课时间设计包括教学环节的时间分配与衔接是否恰当。

①计算教学环节的时间分配:要看教学环节时间分配和衔接是否恰当,要看有没有"前松后紧"或"前紧后松"的现象,要看讲与练时间搭配是否合理等。②计算教师活动与幼儿活动时间分配:要看是否与教学目的和要求一致,有没有教师占用时间过多,幼儿活动时间过少的现象。③计算幼儿的个人活动时间与幼儿集体活动时间的分配:要看幼儿个人活动、小组活动和全班活动时间分配是否合理,有没有集体活动过多,幼儿个人自学、独立思考和独立完成作业时间太少的现象。④计算优差生活动时间:要看不同层次幼儿活动时间分配是否合理,有没有优等生占用时间过多,其他幼儿占用时间太少的现象。⑤计算非教学时间:要看教师在课堂上有没有脱离教学内容,做别的事情,浪费宝贵的教学活动时间的现象。

4. 评教学方法和手段

评析教师教学方法、教学手段的选择和运用,是评课的又一重要内容。所谓教学方法,就是指教师在教学过程中,为完成教学目的、任务而采取的活动方式的总称。但它不是教师孤立的单一活动方式,它包括教师"教学活动方式",还包括幼儿在教师指导下"学"的方式,是"教"的方法与"学"的方法的统一。评析教学方法与手段,包括以下几个主要内容:

一看教学方法的灵活运用。教学有法、但无定法、贵在得法。教学是一种复杂多变的系统工程,不可能有一种固定不变的万能方法。一种好的教学方法总是相对而言的,它总是因活动内容、因幼儿、因教师自身特点而相应变化的。也就是说教学方法的选择要量体裁衣,灵活运用。

二看教学方法的多样化。教学方法最忌单调死板,再好的方法天天照搬,也会令人生厌。教学活动的复杂性决定了教学方法的多样性。所以我们评课,既看教师是否能够面向实际恰当地选择教学方法,同时还要看教师能否在教学方法多样化上下一番功夫,使教学过程超凡脱俗、常教常新、富有艺术性。

三看教学方法的改革与创新。评析教师的教学方法既要评常规,还要看改革与创新,尤其是评析一些素质好的骨干教师的课。既要看常规,更要看改革和创新。要看教学过程中思维训练的设计,要看创新能力的培养,要看主体活动的发挥,要看新的教学模式的构建,要看教学艺术风格的形成等。

四看学法指导的目的要求是否明确。帮助幼儿认识学习规律,端正学习动机,激发学习兴趣,掌握科学的学习方法,养成良好的学习习惯,逐步提高学习能力,有效地提高学习效率。

五看现代化教学手段的运用。现代化教学呼唤现代化教育手段,只凭教师一张嘴的单一的教学手段应该有所改变。看教师教学方法与手段的运用,还要看教师是否适时、适当地用了投影仪、录音机、电脑、电视、电影等现代化教学手段。

5. 评教师教学基本功

教学基本功,是教师上好课的一个重要方面,所以我们评课,还要看教师的教学基本功。

通常,教师的教学基本功包括以下几个方面的内容:

看教态:教师的教态应该是明朗、快活、庄重、富有感染力。仪表端庄、举止从容、态度热情、热爱幼儿、师生情感融洽。

看语言:教学也是一种语言的艺术。教师的语言,有时关系到一节课的成败。教师的课堂语言首先要准确清楚,说普通话,精当简练、生动形象、有启发性、符合幼儿年龄特点。其次,教学语言的语调要高低适宜、快慢适度、抑扬顿挫、富于变化。

看操作:看教师运用教具,操作投影仪、录音机等熟练程度,以及看教师对实验、教具、材料的演示时机、位置把握是否得当,能否照顾到全体幼儿。同时教师的演示和实验操作还要熟练准确,达到良好效果。

6. 评能力培养

评价教师在教学中能力培养情况,可以看教师在教学过程中:是否为幼儿创设良好的问题情境,强化问题意识,激发幼儿的求知欲;是否注意挖掘幼儿内在的因素,并加以引导、鼓励;是否能培养幼儿敢于独立思考、敢于探索、敢于质疑的习惯;是否能培养幼儿善于观察的习惯和心理品质;是否能培养幼儿良好的思维习惯,以及教会幼儿在多方面思考问题,多角度解决问题的能力等。能力培养是一个逐渐的、长期的过程,不是仅靠某一活动就能够实现的。

7. 评师生关系

主要看教师对幼儿的态度,能否充分确立幼儿在教学活动中的主体地位;能否努力创设宽松的、活跃的、生动的教学氛围。

8. 评教学效果

看教学效果,是评价教学活动的重要依据。一般包括以下几个方面:一是教学效率高,幼儿思维活跃,气氛热烈。二是幼儿受益面大,不同程度的幼儿在原有基础上都有进步。知识、能力、思想情操目标都能达到。三是有效利用时间,幼儿学得轻松愉快,积极性高,当堂问题当堂解决,幼儿负担合理。

教学效果的评析,有时也可以借助于测试手段。也就是在教学活动之后,评课者出题,对幼掌握情况当场做测试,而后通过统计分析来对教学活动效果做出评价。

(五)评课的注意事项

要根据教师教学过程的特点和班级幼儿实际,实事求是地公开评价一节课,切忌带有个人倾向;要以虚心的态度、商量的口气与被听课教师共同分析研讨;要重点突出,集中重要问题评议和研究;要以事实(数据)为根据,增强说服力;要做好调查工作,尽可能较全面地了解教师和幼儿情况。

三、说课

(一)说课的作用

说课是一种口头描述幼儿园集体教学活动计划(教案)的方式,是对高结构教育活动设计(备课)的再认识和再反思,也是将活动设计运用于实践的"虚拟教学",是增强设计者教学基本功的一条简洁、有效的途径。

说课可以为幼儿教师优化幼儿园集体教学活动的设计及实施打下扎实的基础。通过说课还可运用关于幼儿生理心理发展以及幼儿园课程与教育活动设计的专业理论知识,进一步学习处理分析教材及教学活动内容的方法与技巧,掌握教学活动设计的原理技术和方法,同时也有利于进一步明确教学目标,理清设计思路,避免教学活动设计中的盲目性,促进教学活动计划的有效落实,提高教学活动实施的效益。

说课可以使教师通过在备课后、上课前对一节集体教学活动设计的阐述,促进教师综合运用所学的专业理论知识和教学技能来解决实际问题,做到知其然又知其所以然。而且说课作为教学活动实施前的准备,能调动广大教师钻研教材的积极性和自觉性;说课又是教学活动有效实施的前提和基础,可帮助教师精心设计幼儿园集体教学活动,避免教学活动实施的盲目性和随意性,使教学取得较高的效益。说课还可促进教师进行教学活动设计的反思,提高教师教育活动设计的素质与能力。同时说课作为教研活动的重要内容,促进了教师间的互相学习、互相交流,实现了教师的专业成长,并推动教师教育活动设计与实施的不断创新。

上课、听课等教研活动都要受时间和场地等的限制,说课则不同,它可以完全不受这些方面的限制,人可多可少,时间可长可短,非常灵活。一般一课时的教案说5~10分钟即可。

(二)说课的基本原则

按照现代教学观和方法论,成功的说课必须遵循如下几条原则。

1. 说理精辟,突出理论性

说课不是宣讲教案,也不是浓缩课堂教学过程。说课的核心在于说理,在于说清"为什么这样教"。

2. 客观真实,具有可操作性

说课的内容必须客观真实、科学合理,不能生搬硬套一些教育教学理论的专业术语,要真实地反映自己是怎样做的,为什么这样做。哪怕是并非科学、完整的做法和想法,也要如实地说出来,以引起听者的思考,通过相互切磋,达成共识,进而完善说者的教学设计。说课是为教学实践服务的,说课中的每一环节都应具有可操作性。

3. 不拘形式,富有灵活性

说课可以针对某一节课的内容进行,也可围绕某一单元、某一章节展开;可以同时说出目标的确定、教法的选择、学法的指导、教学程序的全部内容,也可以只说其中的一项内容,还可以只说某一概念的如何引出,或某一规律的如何得出,或某个技能的如何使用,等等。要做到说主不说次,说大不说小,说精不说粗,说难不说易;要坚持有话则长、无话则短、不拘形式、自由研讨的原则,防止教条式的倾向。同时,在说课中要体现教学设计的特色,展示自己的教学特长。

(三)说课的类型

按领域分:如科学活动说课、数学活动说课、音乐教学说课等;按用途分:如示范说课、教研说课、考核说课、竞赛说课等;按时间分:如课前说课、课后说课等。但从整体来分,说课可以分成两大类：一类是实践型说课，另一类是理论型说课。实践型说课就是指针对某一具体课题的说课，而理论型说课是指针对某一理论观点的说课。

(四)说课的方法

1. 讲说法

讲说法是指运用口头语言作媒介，辅之以板书、教具使用、操作等手段，按准备好的内容向听课者述说。

2. 演说法

演说法是指主要是借助教具(仪器)、实际板书、绘画等手段，辅之以语言说明的说课方式。

3. 对说法

对说法是指说课者和听课者采取对话的方式进行交流。

4. 论说法

论说法是指说课者和听课者针对同一问题，采取讨论、议论、辩论的方式进行的说课。

(五)说课的内容

说课是进一步理清和说明设计思路的过程。说课一般重点依据活动设计时的设计思路来进行阐述。设计思路有时表述可不必全面，但说课作为一种教学实施前的研究活动，要求包括以下方面的内容。

1. 说教材

说教材是指主要述说活动内容的来源、活动内容在整个学段和班级教育目标所处的地位及其作用；说本次教学内容的教学目标及确立的依据。确定教学目标的依据有三点：一是依据教学大纲的规定，二是教材内容的要求，三是教学对象的实际。要把这三点结合在一起通盘考虑，来确定教学的起点和终点。另外，教学目标要全面。素质教育的教学目标有三个层面：知识目标、能力目标、情感价值目标。说本次教学的重点、难点以及为什么要这样确立和突破的方法。幼儿是学习的主人，确立重点、难点一定要分析幼儿原有的基础、知识层次、心理特征、学习中可能遇到的困难、发展方向等，要有针对性，不可盲目地求全求高。

2. 说教法

说教法是指主要述说以下三方面的内容：①诉说主要运用怎样的教学方法、教学形式和教学技能来组织活动达成教学活动目标，包括以哪种方法、形式和技能为主，哪些方法、形式和技能为辅，以及教学方法、形式和技能所依据的理论根据。②述说教学手段和媒体的运用，阐述活动中如何使用教具、学具和电教手段，并说出设计的依据。③述说如何在面向全体幼儿的同时，做到因材施教，注重个别差异，实施个别教育。

3. 说学法

说学法是指与教法相对应，述说通过采用哪些方法和手段来调动幼儿的积极性，如何鼓励幼儿在活动中进行实物操作、探索和建构知识、发展能力和培养习惯等。

4. 说程序

说程序即说出教学过程的整体安排，是说课的重点。述说教师如何设计活动过程的结构、整体安排活动的过程,包括过程设计为几个活动环节,各个环节如何围绕目标、重点,同时又环环相扣、层层递进,每一个环节如何设计安排小步骤,为什么这样安排的依据等。

以上各步骤不但要有具体的教学设计,并考虑可能出现的情况及调控措施,要说清楚教师突破难点教学的主要环节设计、化解教学难点的具体步骤,说清楚师生双边活动的具体安排及学情依据,说清楚课题设计意图等。一般在说课时,教师可将说课内容制作成PPT文稿,边说边演示,更便于大家的共同研究和探讨。

在实际教学中,要提高教师的教学业务水平、教学能力,必须把说课与集体教研、实际教学过程等形式结合起来。只有这样,才能从整体上提高教师的水平。

第三节　教师适应幼儿园工作的策略

一、了解幼儿园教师的工作内容

主要是明确幼儿园教师在每学期初(末)、每月、每周要做的工作内容。

学期初,教师要针对幼儿的年龄特点,结合园内情况,制订学期初幼儿发展计划,内容包括健康、语言、艺术、科学、社会等领域。学期末,教师要根据一学期的工作,自我反思班级教学实践工作情况,写出工作总结,内容包括政治思想、教学能力、遵纪出勤、工作业绩等内容。

每月初教师要根据一学期目标,将各大领域内容按难易、季节等原则制订每月幼儿教育工作重点,要点是下一个月的月工作重点要对上月工作中未完成部分进行调整和补充。

每周初,教师要根据当月工作重点,围绕各领域内容制订出周工作安排,内容包括生活活动、教学重点、活动区、活动安排、户外活动、家长工作等。

建议:教师应在制订每个计划前都对上一个计划进行反思和总结,找出工作中的问题与不足,并在下一个计划中进行调整。

二、了解本班幼儿的基本情况

(一)幼儿的年龄构成

了解本班幼儿的年龄构成,主要目的是为了更好地制定教育活动的目标和计划,以及采用何种教育方式、教育方法等提供依据。幼儿园一般是按年龄分班,但因各种原因,同一班的幼儿在年龄上也有差距。一般来讲,幼儿的年龄越小,之间的差距越明显,哪怕只相差两三个月,他们在智力、动作、语言等方面的发展也会存在明显的差距。

(二)幼儿的身体状况

主要了解幼儿的某些隐性状态的疾病状况,对有心脏病、哮喘、癫痫等疾病的幼儿,在组织运动时要特别注意其运动量的大小,对那些对某些食物过敏的幼儿、爱流鼻血的幼儿、易脱臼的幼儿、体重过胖的幼儿、动作发展极不协调的幼儿等,教师都要给予特别的关注。

(三)幼儿的性格特点

好动、好奇、好问、好模仿、好冲动是幼儿性格的一些典型特点。但幼儿之间存在着明显的差异。通过观察和向家长及原班教师了解孩子的性格特点,如活泼好动的、文静腼腆的、胆小的、爱说爱笑的、不言不语等,针对他们的性格特点,有意识地组织各类活动,培养幼儿形成活泼开朗,积极向上的性格。

(四)幼儿的家庭背景

了解幼儿生活的家庭环境,如家庭的结构,是几代同堂的大家庭,还是三口之家的小家庭;了解父母的年龄、职业、文化程度、经济状况、教育观念、教育方法等,以及是是单亲家庭等。这些都有利于在今后的工作中与家长进行更好的沟通与合作。

以上这些情况的了解可以通过多种渠道,并在最短的时间内弄清楚。有的可以通过幼儿入园的登记表了解,也可以向老教师询问,也可以设计调查问卷让家长填写,但主要还是需要通过教师自己的观察及与家长的接触进行了解。了解的越细致越全面,对幼儿的因材施教就越有基础和支撑。同时,这也使家长能更好地参与幼儿园的教育,积极支持幼儿园开展的各种家长进校园的活动。如我们可以请那些做交警的家长到幼儿园来为小朋友们讲解交通规则,家长的专业性可以更好地让幼儿了解交通等常识,但是教师也要提前与家长一同备课,注意内容选择的难易、方法的运用、语言的组织,从而更好地贴近幼儿的年龄特点与实际情况。

三、明确幼儿一日生活的主要环节及要求

幼儿在园内的一日活动,主要分为生活活动、教育活动、区域活动。由于年龄班的不同,一日活动的常规要求也不完全相同。教师首先要明确本班各个环节的时间表、活动内容及活动要求。这里的活动要求不仅有对幼儿提出的要求,还有对教师的工作本身提出的要求。

(一)生活活动

生活活动在一日活动中的时间占有量上居一日活动之首,主要有以下环节。

1.入园

(1)目标

有序进行晨间活动;学会整理自己的物品;学习使用礼貌用语。

(2)要求

幼儿:整理自己物品(衣物、包、书等);漱口和挂毛巾(专人专用);中大班参加晨间劳动(为自然角动植物换水、浇水、擦桌椅等)。

教师:要站在门口微笑迎接每名幼儿和家长,热情主动的与家长打招呼,回应幼儿和家长的需求,有的要与家长交接幼儿服药的情况。

(3)注意的问题

根据每名幼儿的不同特点和表现,提出不同期望;关注有特殊需要的幼儿,如情绪有波动、生理有疾病的幼儿。教师对幼儿的积极期望,可以使幼儿产生积极行为。来园环节时间紧张,有些家长会提出许多要求,教师处理得当巧妙,会建立良好的幼儿与教师、教师与家长之间的关系。

2. 盥洗

(1)目标

学会正确洗手方法,养成饭前便后洗手,饭后漱口的习惯;形成轮流、等待和自控意识;了解水及会节约用水。

(2)要求

幼儿:幼儿轮流洗手。

教师:指导幼儿正确洗手方法;洗手过程中提示幼儿专心做事,节约用水,不玩耍打闹。

(3)注意的问题

教师要关注幼儿在盥洗过程中的一些问题,如挤、撞、潦草应付。教师在组织安排中要讲究教育艺术和方法,如针对洗手应付的现象可让幼儿用显微镜观察自己的手,以此引起幼儿的重视。

3. 值日生

(1)目标

学习简单劳动技能,增强任务意识。

(2)要求

幼儿:为大家擦桌子,分发碗筷,检查小朋友洗手。

教师:关注值日生工作,引导幼儿学会合理的分工、合作。

(3)注意问题

值日生要有能力强弱的搭配。可以和幼儿一起制订值日生公约,增强他们自主发展的积极性。

4. 进餐

(1)目标

喜欢吃各种食物,正确使用餐具,保持干净(桌面、衣服)。

(2)要求

幼儿:独立进餐,不挑食,细嚼慢咽,干稀搭配。

教师:照顾幼儿进餐,少盛多添,培养幼儿好的进餐习惯,关注有特殊需要的幼儿,如肥胖、体弱、食物过敏等幼儿。

(3)注意的问题

进餐保持在半小时左右,太快太慢对幼儿都不宜,教师要用诱导的方式鼓励幼儿进食,不要用强迫的方法督促幼儿进食。教师可以开展助餐活动,听听优美的音乐,能让幼儿进餐更有趣。

5. 睡眠

(1)目标

学习按顺序穿脱整理衣服,养成良好睡眠习惯。

(2)要求

幼儿:自己穿脱衣服,尽快入睡。

教师:午检(幼儿体温与不携带小物体上床),巡视纠正幼儿入睡习惯及为幼儿盖被子。

(3)注意的问题

关注个别不爱入睡幼儿和身体异常幼儿,及时解决。可以在睡前放录音,听小故事和摇篮曲等,为幼儿创设一个安静宽松的入睡环境。

6.如厕

(1)目标

养成便后洗手、自主如厕、定时大便的良好习惯。

(2)要求

幼儿:主动如厕,逐步学会独立整理衣服。

教师:指导幼儿正确使用卫生纸的方法,观察个别幼儿如厕情况。

(3)注意的问题

关注如厕过程中幼儿出现的打闹、推挤现象,及时疏导。卫生间经常是孩子们的秘密小天地,教师要给予适时的关注。

7.离园

(1)目标

整理自己的衣物与教师、小朋友礼貌道别。

(2)要求

幼儿:拿好自己的衣物,礼貌地和大家道别。

教师:晚检(健康检查),与家长简单沟通。

(3)注意的问题

对个别幼儿在园一天的情况要向家长说明(服药、小划伤、进餐、大小便等情况)。在这一环节适宜进行安静的小游戏,让孩子们在结束一天的幼儿园生活时保持愉悦心情。

(二)区域活动

区域活动是满足幼儿不同兴趣和需要的最好途径,不同的幼儿可根据自己本园的条件开设各种区域。

1.目标

满足不同幼儿的兴趣和需要;让幼儿的特长得到更好发展,使幼儿获得成功体验;为幼儿相互交流、合作学习提供环境;学习相应社会行为规范等。

2.要求

幼儿:自己选择喜欢的区域和伙伴,熟悉各区域内各种玩具材料的基本玩法,学习一定的归类、整理游戏材料的能力,在活动中与同伴进行协商、合作与分享。

教师:根据本班幼儿的发展水平和兴趣创设各种区域,并和幼儿一起为区域准备材料,制定规则;观察和引导幼儿开展游戏;做幼儿区域游戏的合作者、促进者、支持者。

3.注意的问题

教师要善于观察幼儿,了解幼儿的心理特点,不要过多控制幼儿的游戏行为;将自己"变"成一个孩子,你就能走到孩子们中间去,最终也能走入他们的心中。

（三）教育活动

教育活动在促进幼儿的全面发展中具有重要作用。

1.目标

适应集体生活，分享学习经验；在活动中促进幼儿社会化；在活动中，提高幼儿表达、交流思想、相互学习能力。

2.要求

幼儿：通过参观、庆祝、运动会、做操、讨论、欣赏、集体教学活动等形式学习各种经验。要求幼儿具备相应的智力技能，即"七会"。

会听：能听懂教师在特定情景中提出的任务，即要解决的问题是什么。例如，"这两个长得一样的娃娃，一个是用鸡蛋做的，一个是用鸡蛋壳做的，在不弄坏娃娃的条件下，你能用什么方法把他们分辨出来？"（比轻重），其中"在不弄坏娃娃的条件下"是问题的关键。但有的幼儿依然提出把鸡蛋打碎了就知道了，说明没有听懂问题。

会看：会观察发现环境、材料中提供的可以利用的条件是什么，能看懂蕴含在操作材料以及图片范例中所提供的解决问题的思路、操作规则、方法是什么。

会想：建立问题与已有的生活经验、知识之间的联系，从中寻找解决问题的思路、方法。

会做：按照已想出的办法，去动手操作、实验，若行不通，还能找到别的办法。例如，幼儿在多次数鸭子时会发现，鸭子的多少与摆放成何种形式、与点数鸭子的起点都没有关系，关键在于每只鸭子只能数一次，再点数时不能重复、不能遗漏，这样鸭子的数目就是不变的。那么，幼儿为了一只鸭子只数一次，可以运用移动式（数一个就放在另一边）的方法或排列式的方法进行，以免重数或漏数。

会说：能借助语言整理自己探索认识活动的结果和做法；能相互交流，参加小组讨论，会演示、解释自己的操作结果和过程，并说出原因和自己的方法。

会用：能将所学到的知识迁移到其他问题中去，迁移到生活中去，解决其他问题和生活问题。

会收：会收放和整理材料、玩具、文具，养成良好的学习习惯。

教师：根据幼儿发展目标和兴趣，选择内容、形式、材料，引导幼儿学习、观察和引导幼儿积累相关生活经验。

3.注意的问题

教师要不断更新教育观念，善于汲取生活中许多人、事、物包含的教育因素，体现生活即教育。

参考文献

[1]叶岚.幼儿园经历学习课程[M].南京:南京师范大学出版社,2017.

[2]黄维灿,米倩,杨子萍.幼儿园活动设计与指导[M].武汉:中国地质大学出版社,2017.

[3]关贤.幼儿园安全健康主题课程大班[M].北京:教育科学出版社,2017.

[4]曾彬.幼儿园课程[M].北京:清华大学出版社,2017.

[5]苏敏,朱立萍.幼儿园课程设计与组织[M].上海:华东师范大学出版社,2017.

[6]朱家雄.幼儿园课程的实施[M].郑州:海燕出版社,2017.

[7]裴指挥.幼儿园课程与活动设计[M].天津:南开大学出版社,2017.

[8]刘丽.幼儿园社会教育资源[M].北京:人民教育出版社,2017.

[9]苏艳红.幼儿园本真课程建构及实践[M].济南:济南出版社,2017.

[10]陈学群,王晓玲.幼儿园特色课程实施方案[M].南京:南京师范大学出版社,2017.

[11]王丽新.幼儿园课程、说课与评课[M].北京:北京理工大学出版社,2018.

[12]王文乔,秦建勋.当代幼儿园课程与教育专题研究[M].北京:中国书籍出版社,2018.

[13]彭茜.幼儿园游戏化课程的理论与实践[M].广州:广东高等教育出版社,2018.

[14]沈艳凤.幼儿园民间游戏课程开发与实施[M].福州:福建教育出版社,2018.

[15]焦敏.幼儿园课程[M].北京:国家开放大学出版社,2018.

[16]刘曲,卢玲.幼儿园课程[M].上海:上海交通大学出版社,2018.

[17]孙亚娟,褚远辉.幼儿园课程设计与实施[M].武汉:华中科技大学出版社,2018.

[18]李曼莹.幼儿园积木建构主题活动课程指导[M].北京:清华大学出版社,2018.

[19]戴平,邓雪竹.幼儿园体育活动与体育特色课程研究[M].北京:北京体育大学出版社,2018.

[20]刘宁.幼儿园课程资源包[M].北京:北京师范大学出版社,2018.

[21]王春燕,王秀萍,秦元东.幼儿园课程论[M].杭州:浙江工商大学出版社,2019.

[22]冯伟群,徐慧,罗娟.跨越围墙的幼儿园课程[M].南京:江苏人民出版社,2019.

[23]孟瑾."生活化、游戏化"幼儿园课程[M].南京:南京师范大学出版社,2019.

[24]郑智梅,潘晓云.民间游戏走进幼儿园课程的实践探索[M].福州:福建人民出版社,2019.

[25]沈群英.幼儿园传统文化主题式课程研究[M].上海:上海交通大学出版社,2019.

[26]么娜.幼儿园建构活动课程游戏化模式研究[M].北京:中国原子能出版社,2019.

[27]王怡.幼儿园课程[M].南京:南京大学出版社,2019.

[28]王春燕,秦元东.幼儿园课程概论(第三版)[M].北京:高等教育出版社,2019.

[29]陈纳,王彦波.幼儿园园本课程开发[M].武汉:华中师范大学出版社,2019.

[30]孙月枝.构建以幼儿发展为本的"和润"园本课程[J].辽宁教育,2019(24):65-67.

[31]胡华.幼儿园生活化课程[M].北京:北京师范大学出版社,2019.

[32]杨瑞芬.幼儿园乡土课程文化建设协同研究[M].北京:学苑出版社,2019.